JN441332

영유아 발달과 교육

이진희 · 임진형 공저

Early Childhood Development and Education

학지사

머리말

『영유아 발달과 교육』 교재에 관하여……

영유아기는 인간 발달에서 기초가 형성되는 결정적 시기이다. 영유아 발달에 대한 지식과 이해는 교사들이 기본적으로 갖추어야 할 역량 중의 하나이다. 교사들이 교육 과정을 계획 · 운영 · 평가하는 데 있어서 영유아의 발달에 대한 이해를 기반으로 하였을 때 영유아에게 의미 있는 교육의 실제를 제공할 수 있다. 예비 교사들이 이 교재를 통해 영유아기의 발달 특성과 교육적 지원에 대한 이해를 지속적으로 넓혀 간다면 현직 교사가 되었을 때 영유아 발달에 적합한 경험 제공, 영유아와의 상호작용을 더 잘 이해하고 지원할 수 있을 것이다.

『영유아 발달과 교육』 교재의 구성은……

『영유아 발달과 교육』은 영유아기 발달과 교육에 대한 내용을 학습하는 과목이다. 예비 교사 교육과정을 이수하는 학생들이 영유아 발달을 이해하고 교육 현장에 실제 적용 가능하도록 내용의 난이도를 조절하면서 집필하고자 하였다. 또한 각 발달 영역별로 교육 현장에 반영할 수 있는 사례나 실제를 제시하였다.

이 교재의 구성은 영유아 발달을 설명하는 주요 이론과 개념을 중심으로 4개의 영역, 13개의 장으로 이루어졌다. 먼저, 4개의 영역은 영유아 발달의 기초, 영유아 발달과 교육, 특별한 영유아와 교육 지원, 영유아 발달과 사회적 맥락이다. 다음으로, 각 영역과 관련된 내용을 포함하는 13개의 장으로 구성하였다.

Part I 영유아 발달의 기초: 발달의 개념, 단계 및 원리를 통해 발달에 대한 전반적인 이해를 시작으로 성숙 이론, 정신분석 이론, 학습 이론, 인지발달 이론, 동물행동학적 이론, 생태학적 이론을 포함하는 주요 발달 이론과 인간 발달의 시작이 되는 태내 발달과 출산, 신생아 발달의 내용을 다루었다.

Part Ⅱ 영유아 발달과 교육: 영유아의 신체 · 운동 발달, 인지, 언어, 사회성, 정서, 지능 및 창의성 발달의 특징과 더불어 영유아기 발달과 밀접한 관련이 있는 놀이 내용을 다루었으며, 각 발달 영역에 따라 영유아의 발달을 지원할 수 있는 교사의 역할과 교육 실제를 함께 다루었다.

Part Ⅲ 특별한 영유아와 교육 지원: 특별한 영유아를 이해하기 위한 발달장애의 개념과 유형, 장애 영유아 통합교육에 대해 살펴보았으며, 발달 저해 위험 요소들이 있는 장애위험 영유아에 대한 내용을 포함하였다.

Part Ⅳ 영유아 발달과 사회적 맥락: 영유아의 발달에 영향을 미치는 사회적 맥락과 관련한 주요 문제들을 다루고자 하였다. 그중에서도 가족과 영유아 발달, 미디어와 영유아 발달, 조기 사교육과 영유아 발달에 대한 주요 문제와 교육적 시사점을 살펴보았다.

『영유아 발달과 교육』을 배우면서……

- 영유아는 어떤 존재인가?
- 영유아는 어떻게 발달하고 학습하는가?
- 영유아를 위한 좋은 교육은 무엇인가?

앞의 질문은 예비교사가 교사양성과정을 거치는 동안 지속적으로 생각하고 돌아보기를 바란다. 이러한 반성적 사고와 성찰을 통해 향후 영유아들과 함께 성장해 나가는 '좋은 교사'가 되기를 기대해 본다.

『영유아 발달과 교육』 교재 집필을 마치며……

아무쪼록 이 책을 통해 예비교사들이 영유아 발달과 학습, 교육적 지원을 이해하는 데 도움이 되길 바라며 유능한 교사로 성장하는 데 밑거름이 되기를 희망한다.

마지막으로, 이 책이 출판되기까지 그동안 가르치는 기쁨을 준 학생들, 늘 사랑으로 함께 해 주신 부모님과 가족들, 많은 양의 원고를 꼼꼼하게 편집하여 좋은 책으로 만들어 주신 도서출판 학지사에 감사의 마음을 전한다.

2025년 12월

이진희, 임진형

* 참고: 이 책에서는 일반적으로 '영유아'라는 용어를 사용하였으며, 발달 단계나 발달 특성을 서술해야 하는 경우, '영아' '유아' 또는 '아동'으로 구분하였음

 차례

Part III
특별한 영유아와 교육 지원

Part IV
영유아 발달과 사회적 맥락

영유아 발달의 기초

제 1 장

영유아 발달의 이해

학습 개요

영유아기는 인간의 생애주기에서 출생에서 5년까지의 시기에 해당한다. 인생의 다른 시기와 비교해 볼 때 영유아기는 발달의 결정적 시기이다. 우리 속담 중 '세 살 버릇 여든 간다.'라는 말처럼 평생의 기반을 다지는 시기라는 데에 영유아기의 중요성이 있다. 영유아교육은 영유아의 발달을 이해하는 것에서부터 시작되어야 한다. 제1장에서는 영유아 발달을 제대로 이해하기 위한 이론적 기초로 발달의 개념, 발달 원리, 발달단계 등의 내용을 살펴보고자 한다.

학습 목표

1. 영유아 발달 이해의 중요성에 대해 이해한다.
2. 발달의 개념과 원리, 발달의 영역, 발달의 단계를 이해한다.
3. 영유아 발달에 대한 주요 논쟁점에 대해 이해한다.

주요 용어

- 발달, 성장, 성숙, 학습

함께 생각해 봅시다

∴ 여러분은 영유아를 대상으로 하는 교사가 되기 위한 준비 과정에 있습니다. 교사의 역할을 수행하는 데 있어서 영유아의 발달을 이해하는 것은 왜 중요할까요?

1. 영유아 발달 이해의 중요성

'영유아 발달을 이해하는 것은 교사에게 왜 중요한가?'

교사가 교육 과정을 계획 · 실행하기 전에 교육 대상인 영유아에 대한 이해, 즉 영유아의 발달 특성을 이해하는 것은 매우 중요하다. 영유아 발달을 이해하는 것은 교육의 첫 출발점에 해당한다. 교육을 실행하는 데 있어서 교육 대상에 따라 교육 목표, 교육 내용, 교육 방법 등이 달라지기 때문이다. 특히 연령이 어릴수록 할 수 있는 것과 할 수 없는 것, 이해할 수 있는 것과 없는 것이 달라진다. 유아교육 현장에서 영유아의 발달을 제대로 이해하지 못한 채 교사 주도로 이루어지는 활동과 영유아의 발달 수준을 넘어서는 내용을 가르치는 무의미한 활동이 실행되기도 한다(김희진, 2017).

기본적으로 유아교육은 영유아의 발달에 적합해야 한다. 브래드캠프와 코플(Bredekamp & Copple, 1997)은 그들의 저서 『발달에 적합한 실제(Developmentally Appropriate Practice: 이하 DAP)』에서 무엇이 가장 유아를 위한 교육이며, 유아가 어떻게 발달 · 학습하는지와 관련된 신념과 교육 실제를 제시하였다. 게스트윅(Gestwicki, 1999)은 발달에 적합한 실제(DAP)란 '유아교육의 실제에 적합한 의사결정을 하기 위해 발달 지식을 적용하는 것'이라고 정의하였다. 이러한 '발달적 적합성'의 개념은 유아교육 분야에서 보편적으로 수용되고 있다(Charlesworth, 1998; Dunn & Kontos, 1997). '발달의 적합성'에는 '연령의 적합성'과 '개인의 적합성' '문화적 적합성' 개념이 포함된다. 이는 영유아의 연령에 적합할 뿐만 아니라 개인적인 특성에 적합해야 함을 의미하며 영유아가 속한 사회 · 문화적 상황에 적합해야 함을 내포하고 있다.

영유아의 신체, 인지, 언어, 사회 · 정서 발달이 언제, 어떤 방식으로 이루어지는가와 같은 발달의 과정이나 특성을 이해하는 것은 영유아교육에 많은 시사점을 준다. 영유아를 위한 교육과정을 계획하고 실행하기 위해서는 영유아의 발달에 대한 이해를 기초로 하여 발현하려 하거나 이미 발현하여 더욱 견고해지는 영유아의 능력을 지원할 수 있도록 방향을 설정해야 한다. 따라서 교사는 비고츠키(Vygotsky)가 강조하는 근접발달영역의 개념을 이해하고, 영유아의 발달과 학습이 유기적인 연관 속에서 서로 영향을 주며 이루어질 수 있도록 해야 한다(김희진, 2017).

영유아 발달 이해의 중요성을 학문적 측면, 실제적 측면, 인본주의적 측면에서 살펴보면 다음과 같다. 첫째, 학문적 측면에서는 영유아 발달 과정에 대한 지식을 획득하고, 인간 발달 이론을 통한 교육의 적용점을 이해할 수 있다. 둘째, 실제적 측면에서는 교사가 영유아에게 적절한 교육 과정을 계획하고 실행하는 데 있어 개념적 준거가 되며, 영유아 생활지도, 자녀양육을 위한 부모교육 지원, 영유아교육 행정 및 정책 구안에 도움을 줄 수 있다. 셋째, 인본주의적 측면에서는 유아의 성장과 발달에 도움을 줄 수 있고, 영유아 문제행동의 상담과 치료를 지원하는 기반이 될 수 있다.

2. 발달의 개념

발달(development)이란 수정에서부터 죽음에 이르기까지 인간에게 일어나는 일련의 지속적인 변화를 의미한다(조복희, 2006).

○ **발달(development)**: 수정에서부터 죽음에 이르기까지 인간에게 일어나는 일련의 변화

[그림 1-1] 발달의 개념

발달은 신체적 특징의 변화를 지칭하는 성장(growth)과 선천적인 요인에 의해 행동이 변화되는 성숙(maturation), 경험이나 연습에 의해 변화되는 학습(learning)을 포괄하는 개념이다.

1) 성장

성장(growth)은 주로 신체적 특징의 변화를 지칭하며, 일정 시기가 되면 자연히 발생하게 되는 신체적 · 생리적 변화에 의한 양적 변화를 말한다. 주로 신장과 체중, 골격 등과 같은 신체적 · 생리적 측면의 양적 증가를 의미한다.

2) 성숙

성숙(maturation)은 선천적인 요인에 의해 이미 결정되어 있는 발달적 변화의 시기와 과정들이 시간이 흐름에 따라 나타나는 생물학적 과정을 의미한다. 성숙은 성장을 기초로 해서 나타나는 질적 변화이며, 선천적으로 결정된 성장, 신체적 · 심리적 변화가 순서에 따라서 자연적으로 일어나는 현상이다. 어느 순간 영아가 기고, 걷는 것과 사춘기의 2차 성징은 성숙에 기인한 것이다.

3) 학습

학습(learning)은 후천적인 경험이나 연습에 의한 변화를 포괄하는 개념이다. 외국어의 습득이나 자동차 운전 기술, 악기 다루는 기술 등은 특정한 훈련과 연습에 의해 학습된 행동이라 할 수 있다.

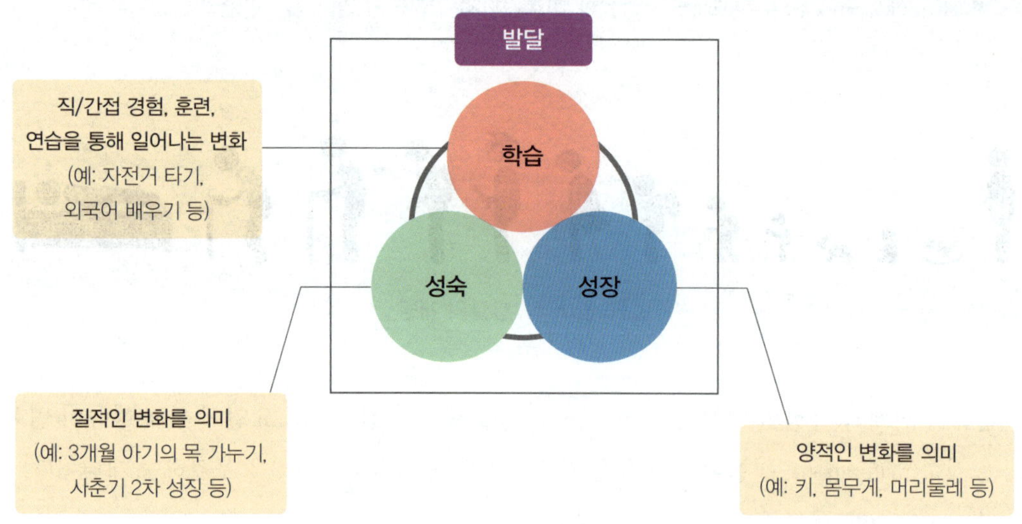

[그림 1-2] 성장, 성숙, 학습의 개념

3. 발달의 영역

발달영역과 각 영역의 내용들은 학자들의 관점에 따라 다르게 구분될 수 있다. 예를 들면,

언어발달을 인지발달의 한 측면으로 포함시키기도 하며 사회 · 정서 발달을 사회성 발달과 정서발달로 구분하여 분류하기도 한다(이영 외, 2017).

영유아의 발달은 신체 · 운동 발달, 인지발달, 언어발달, 사회성 발달, 정서발달 영역으로 구분된다. 신체 · 운동 발달은 생물학적 발달과 관련되며 신체의 크기, 비율, 신체의 기능, 뇌와 감각기관, 운동기능의 발달 등이다. 인지발달은 지각, 기억, 문제해결력, 지능, 창의력과 관련된다. 언어발달은 듣기, 말하기, 읽기, 쓰기를 통한 의사소통능력 등이다. 사회성 발달은 자아개념, 친사회성, 도덕성 발달을 포함한다. 정서발달은 정서인식, 정서이해, 정서표현, 정서조절, 기질, 애착 등을 포함한다.

표 1-1 발달의 영역과 내용

발달 영역	내용
신체 · 운동 발달	• 신체의 크기, 비율, 신체의 기능, 뇌와 감각기관, 운동기능 등
인지발달	• 지각, 기억, 문제해결력, 지능, 창의성 등
언어발달	• 듣기, 말하기, 읽기, 쓰기, 의사소통능력 등
사회성 발달	• 자아개념, 친사회성, 도덕성, 성역할 등
정서발달	• 정서인식, 정서이해, 정서표현, 정서조절, 기질, 애착 등

4. 발달의 단계

발달의 단계를 연령으로 분류하면 태아기, 신생아기, 영아기, 유아기, 아동기, 청소년기, 성인기, 중년기, 노인기로 구분한다. 일반적으로, 영유아기는 출생에서 만 5세까지의 시기를 말하며, 출생에서 2세까지의 영아기와 3세부터 5세까지의 취학 전 시기를 유아기로 구분한다.

표 1-2 발달의 단계

발달단계	시기	주요 발달 내용
태아기	수정~출생	• 기본적인 신체 구조와 기관이 형성됨 • 신체의 성장이 일생 중 가장 빠른 속도로 이루어짐 • 태내 환경으로부터 크게 영향을 받음

신생아기	출생~ 생후 1개월	• 신생아는 의존적이지만 다양한 능력을 가지고 있음 • 출생 시의 모든 감각기관이 작용함 • 학습능력과 기억력이 신생아기에도 형성됨
영아기	생후 1개월 ~2세	• 신체의 성장과 발달의 속도가 매우 빠름 • 첫돌 무렵에 부모에 대한 애착이 형성됨 • 생후 2년째가 되면 자아에 눈뜨기 시작함
유아기	3~5세	• 운동기능과 체력이 신장됨 • 자기중심적인 사고를 가짐 • 자율성, 자기통제력이 증가함
아동기	6~12세	• 신체의 성장은 유아기에 비해 느려짐 • 체력과 운동기능이 더욱 더 신장됨 • 기억력과 언어기능, 자아개념이 발달함
청소년기	13~19세	• 신장과 체중이 급격히 성장하고 체형이 변화함 • 성적 성숙이 이루어지며 추상적 사고가 가능함 • 또래집단이 형성되고 영향력이 커짐
성인기	20~40세	• 신체발달과 건강이 최고조에 달하다가 서서히 감퇴 • 지적 능력이 더 복잡해짐
중년기	40~65세	• 신체 건강이 감퇴하기 시작함 • 여성들은 폐경을 경험함
노년기	65세 이상	• 신체적 능력이 다소 감퇴하지만 대부분 건강하고 활동적임 • 반응시간이 늦어지고, 지적 능력과 기억력이 감퇴

1) 태내기(Prenatal Period: 수정~출생)

태내기는 자궁 내 착상의 순간부터 10개월까지의 기간에 해당하며, 어머니의 뱃속에 있는 시기를 말한다. 이 시기 동안 정자와 난자로 결합한 하나의 세포는 빠른 속도로 생명체로 성장하게 되며, 기본적 신체 구조와 기관이 형성된다.

2) 신생아기(Neonatal Period: 출생~생후 1개월)

신생아기는 출생 후 1개월까지의 시기를 말한다. 탯줄을 끊고 어머니의 뱃속 세상에서 나와 이 세상 환경에 적응해 가야 하는 시기이다. 한 달은 매우 짧은 기간이지만 신생아는 호흡, 체온조절 등 태내 환경과는 다른 외부 환경에 적응해야 한다. 하루 시간 중 대부분 잠을 자고 먹는 일만 반복하지만 생존하는 데 필요한 여러 능력을 이미 가지고 있다.

3) 영아기(Infancy: 생후 1개월~2세)

영아기는 출생에서 36개월 미만의 시기를 말한다. 영아(infant)는 출생에서 18개월까지의 아기를 일컫는다. 아기는 8개월 정도면 기어다닐 수 있고 어떤 아기는 걷기 시작한다. 'infant'라는 단어는 '아직 말하지 못함'의 뜻을 가진 라틴어에서 유래되었다. 이 단어는 아기가 할 수 없는 것을 강조하고, 성인에 대한 완전한 의존성을 나타낸다.

18~36개월까지의 영아는 걸음마기 영아(toddler)라고 한다. 'toddler'라는 단어는 영아의 늘어나는 운동능력과 싹트는 독립심에 초점을 맞춤으로써 'infant'와는 다른 관점의 변화를 보여 준다. 이 시기는 신체와 인지능력이 매우 빠른 속도로 발달하며, 스스로 이동할 수 있는 능력이 생기면서 자기 의지의 표현이 발달된다.

4) 유아기(Early Childhood: 3~5세)

유아기는 만 3세부터 초등학교 취학 전 만 5세까지로 구분한다. 키, 몸무게가 늘어 체격이 성장하며, 자율성이 증가하고 운동 기술은 더욱 정교해진다. 상상놀이가 활발히 일어나며 언어능력과 사고능력은 놀랄 정도로 확장되고 또래 관계가 활발해진다.

5. 발달의 원리

인간의 발달이란 정자와 난자가 수정되는 순간에서부터 죽음에 이르기까지의 지속적인 변화의 과정이다. 이러한 발달의 과정에는 다음과 같은 원리가 작용한다.

1) 발달은 유전과 환경의 역동적인 상호작용을 통해 이루어진다.

- 발달은 유전의 영향뿐만 아니라 양육 환경, 또래, 미디어 등의 환경의 영향을 받는다.

발달에 있어 유전과 환경의 영향에 대한 논쟁이 끊이지 않으나, 보편적으로 유전과 환경의 상호작용의 결과로 본다. 부모로부터 물려받은 뛰어난 유전인자로 인해 신체적인 조건이 우수할 수 있으나, 후천적으로 주어지는 영양, 건강 상태에 따라 달라질 수도 있다. 선천적인 조건과 후천적으로 주어지는 경험 또는 환경 요인이 함께 작용하여 발달이 이루어진다.

[그림 1-3] 발달: 유전 vs 환경

출처: http://sigmapress.co.kr/shop/shop_image/g57762_1413869357.pdf

2) 발달의 각 영역은 서로 밀접하게 연결되어 있다.

- 발달은 신체 · 운동, 언어, 사회, 정서, 인지 등 각 영역의 발달이 통합적으로 이루어진다.

발달 영역은 신체 · 운동, 인지, 언어, 사회성, 정서 영역으로 구분된다. 발달의 각 영역은 개인의 내부에서는 서로 긴밀한 영향을 주고받으며 이루어진다. 예를 들면, 신체발달은 사

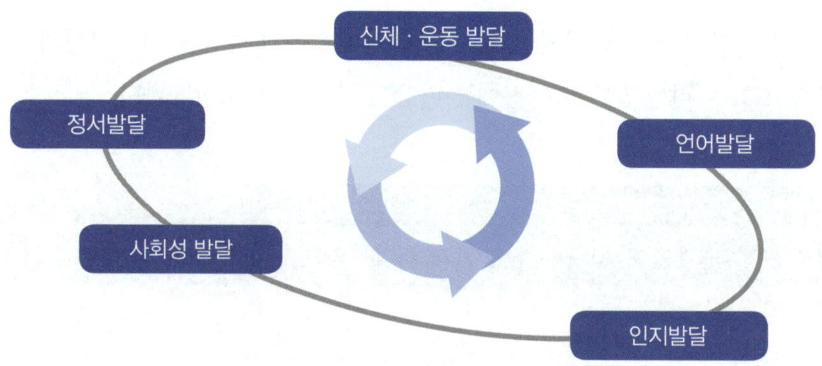

[그림 1-4] 발달의 통합성

회성 발달에 영향을 미치고 사회성 발달은 정서발달에 영향을 미친다. 신체적으로 건강한 유아가 또래와의 관계가 긍정적일 수 있으며, 또래와의 원만한 관계는 정서적인 안정에도 기여하게 된다.

3) 발달은 일정한 순서(방향)에 따라 이루어진다.

◦ 발달은 두미발달의 원칙, 세분화발달의 원칙, 근원발달의 원칙과 같이 방향과 순서가 있다.

발달이 진행되는 순서와 방향에는 몇 가지 원리가 작용한다. 첫째, 중심에서 말초 방향으로 발달한다. 예를 들면, 팔 전체를 사용하다가 점차 손목과 손가락을 움직이는 순서를 밟는다. 둘째, 머리에서 발 방향으로 발달한다. 예를 들어, 머리가 사지보다 먼저 발달한다. 셋째, 전체에서 세분화되는 방향으로 발달한다. 물건을 잡을 때 처음에는 손바닥 전체를 이용하여 잡다가 점차적으로 손가락만을 이용하여 잡게 된다(이현림, 김영숙, 2016).

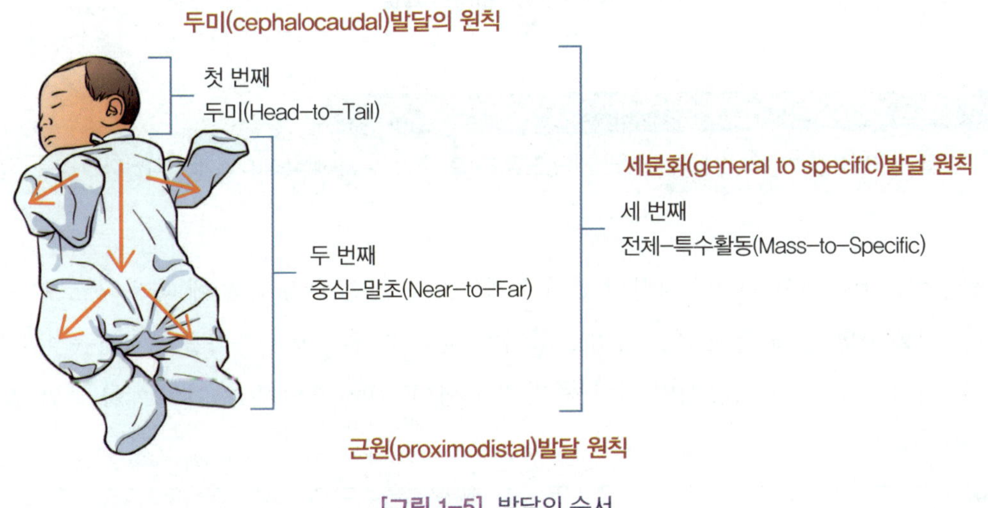

[그림 1–5] 발달의 순서

4) 발달은 계속적으로 이루어지나 속도는 일정하지 않다.

◦ 발달은 지속적으로 이루어지나 각 시기별 속도는 다르다.

발달은 지속적으로 이루어지나 각 시기별 속도는 다르다. 특정한 시기에 특정한 영역이 급격히 발달하기도 하고 완만하게 발달이 진행되기도 하면서 그 속도가 일정하지 않다. 예를 들면, 영아기에는 키, 몸무게 등의 신체적인 성장이 급속도로 이루어지며 유아기에는 어휘력이 풍부해지면서 언어발달이 급속히 일어난다. 사춘기에는 신체 호르몬의 변화로 2차 성징이 나타나면서 생식기관의 발달이 빠르게 일어난다(이영 외, 2017).

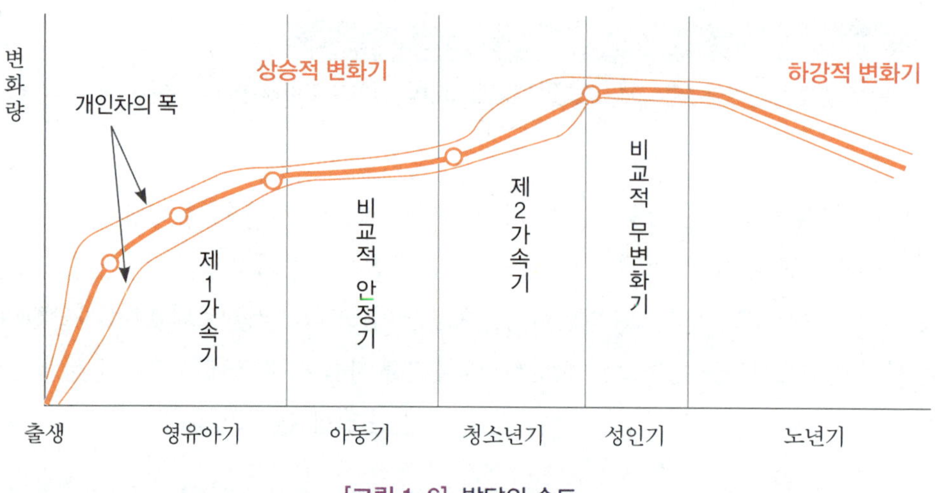

[그림 1-6] 발달의 속도

5) 발달은 개인차가 있다.

- 발달의 보편적인 순서와 방향이 있지만 개인(인종, 성별, 환경, 유전)에 따라 다르게 나타난다.

발달에는 보편적인 순서와 방향이 있지만 개인(인종, 성별, 환경, 유전)에 따라 다르게 나타난다. 예를 들면, 첫돌 전에 걷는 아이도 있지만, 돌이 지난 후에 걸음마를 시작하는 아이도 있다. 개인차에는 개인 간, 개인 내의 두 가지 유형이 있다. 개인 간 차이의 예를 들면, 3세

[그림 1-7] 발달의 개인차

동일 연령 내에서도 2세 수준 또는 4세 수준인 유아가 있으며, 개인 내 차이는 동일한 개인 내에서도 언어발달은 빠르나 신체발달은 더딘 유아가 있을 수 있다.

6) 발달은 누적성의 원리가 적용된다.

- 발달에서 전 단계에 일어났던 발달행동이 누적되어 다음 발달의 기초가 된다.

발달의 과정에는 매 단계에서 해결해야 하는 발달과업이 있다. 건강한 발달을 위해서는 각 시기마다 해결해야 할 발달과업을 성취하면서 다음 단계에 도달해야 한다. 영아기 부모와의 안정적인 애착형성은 유아기의 또래 관계에 영향을 미치며, 유아기의 부정적인 정서 경험은 성인이 된 이후의 인간 관계에 부정적인 영향을 미칠 수 있다.

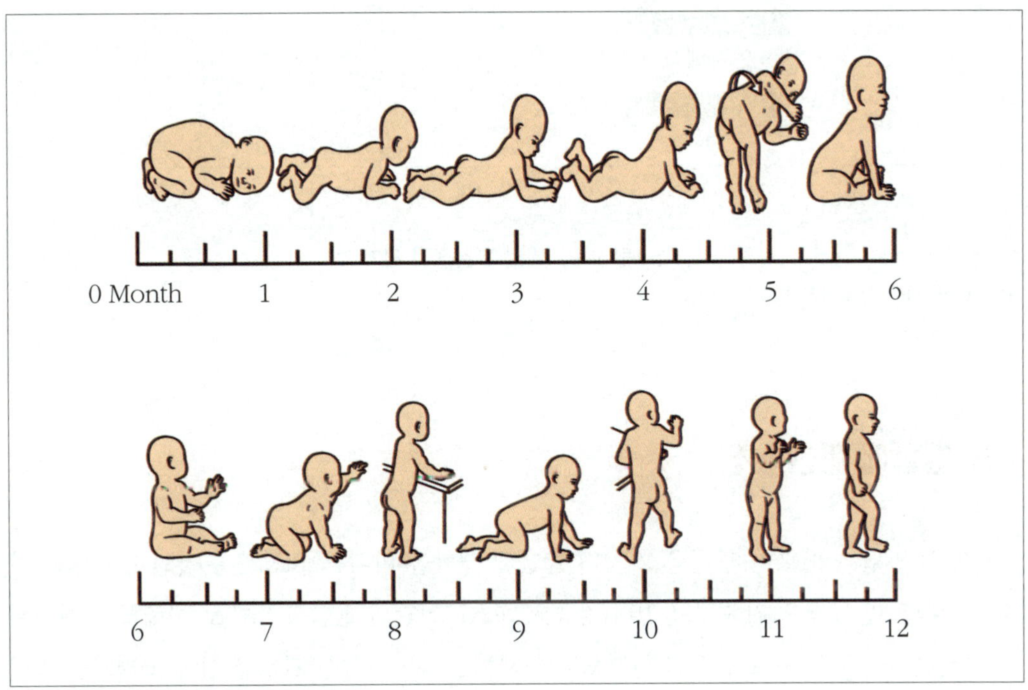

[그림 1-8] 발달의 과정

7) 발달에는 결정적 시기가 있다.

- 발달 과정에서 발달이 가장 용이하게 이루어지는 최적의 시기가 있다.

발달 과정에서 발달이 가장 용이하게 이루어지는 최적의 시기가 있다. 발달은 계속적인 변화의 과정으로, 이러한 변화 중에서 어떤 것은 특정 시기에 매우 빠르게 일어나지만 다른 시기에는 느리게 일어난다. 발달에 있어 중요한 영향을 미치는 특정한 시기인 결정적 시기가 존재한다는 것이다. 예를 들면, 영유아기와 청소년기의 신체 변화는 다른 어느 시기보다 빠른 속도로 진행되며 미묘한 심리적 변화가 수반된다(정옥분, 2025).

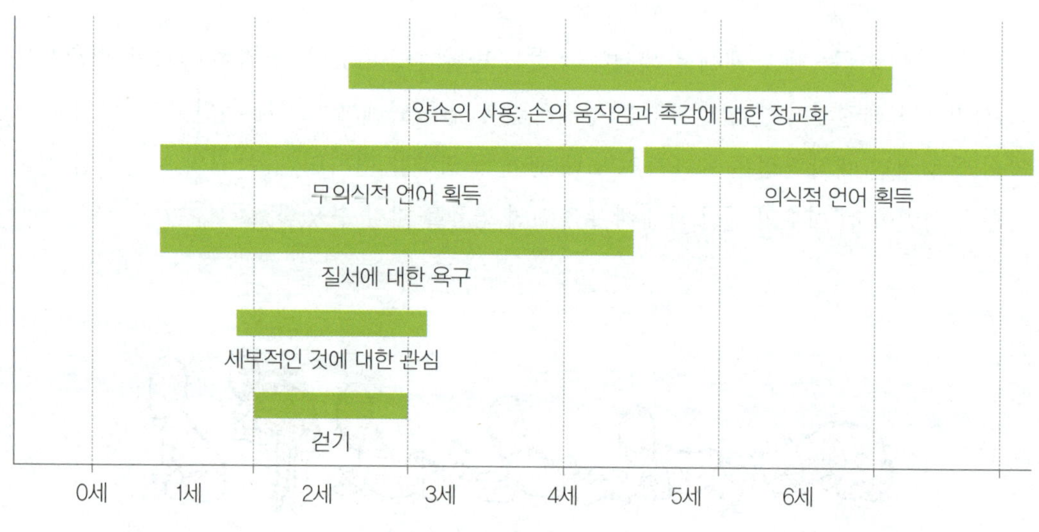

[그림 1-9] 발달의 결정적 시기

출처: Crain (1983). 발달의 이론, p. 101.

6. 발달에 대한 논쟁

인간의 발달은 어떠한 과정을 거치며 발달에 영향을 미치는 요인은 무엇인지에 대한 관점은 다양하며 논쟁은 지속되고 있다(정옥분, 2025). 인간의 발달을 제대로 이해하기 위해서는 이러한 논쟁들을 서로 상반된 입장으로 이해하기보다 다양한 관점을 함께 고려하는 것이 바람직하다.

1) 유전과 환경

발달의 근원이 태어날 때 부모로부터 물려받은 특질에 의한 것이냐, 아니면 태어난 후 학습에 의한 것이냐의 서로 다른 관점이 존재한다. 인간 발달에서 유전과 환경의 영향을 분리하는 것은 쉽지 않다. 인간의 발달은 선천적인 유전적 요인과 후천적인 환경 간 상호작용의 결과라고 볼 수 있다. 신체발달의 한 예에서 부모로부터 물려받은 유전적 요인으로 인해 키가 클 수 있으나, 후천적인 영양 상태가 열악할 경우에 큰 키를 장담할 수 없다.

2) 성숙과 학습

성숙과 학습에 대한 논쟁은 유전과 환경에 대한 논쟁과 유사한 내용이다. 성숙주의자들은 후천적으로 주어지는 환경이 인간 발달을 저해하는 요인이 될 수는 있으나, 기본적으로 성장(growth)은 성숙(maturation)에 의존한다고 주장한다. 반면, 학습주의자들은 인간 발달에 있어서 후천적으로 주어지는 경험 또는 환경의 영향이 절대적이라고 주장한다.

3) 연속성과 비연속성

한 개인이 성장하기까지 발달이 서서히 점차적으로 이루어지는 건지 아니면 특정 시기에

〈발달의 연속적 과정 예〉

〈발달의 비연속성 과정 예〉

[그림 1-10] 발달의 연속성과 비연속성

출처: 이사라 외(2013). 영아발달.

급격한 변화를 통해 이루어지는 건지에 대한 이견이 존재한다. 발달의 연속성을 주장하는 학자들은 출생에서 죽음까지 연속적이고 점진적인 축적된 변화로 본다. 유아가 처음 말을 시작할 때 갑작스럽고 비연속적인 것으로 보이지만, 연속적인 견해에서 보면 몇 달, 몇 년에 걸친 성장과 연습의 결과이다. 반면, 발달의 비연속성을 강조하는 학자들은 추상적인 사고를 할 수 없었던 유아가 추상적인 사고를 할 수 있게 되는 것은 발달이 질적이고 비연속적인 변화라고 주장한다.

4) 초기 경험과 후기 경험의 중요성

인생의 초기 경험을 강조하는 입장은 어린 시기의 경험이 이후의 발달에 중요한 영향을 미친다고 주장한다. 예를 들면, 생후 2년간의 영양 공급의 부족은 뇌 발달에 치명적인 영향을 미치며, 이는 이후의 충분한 영양공급에도 불구하고 되돌릴 수 없는 결과를 가져오게 된다. 초기 단계의 결핍은 이후 언어 · 인지 · 사회성 · 정서 발달 영역에도 부정적인 영향을 가져온다(이현림, 김영숙, 2016). 어린 시기의 결핍된 경험 및 환경은 이후의 개선된 환경으로도 극복되기 어렵다고 본다. 한편, 후기 경험을 강조하는 학자는 인간의 발달이 영유아기의 변화 이후 불변하는 것이 아니라 끊임없이 변화한다고 주장하며, 초기 경험 못지않게 후기 경험도 중요하다고 본다.

표 1-3 발달에 관한 주요 쟁점

쟁점	제기되는 질문
발달의 본질	발달 과정에 영향을 미치는 주요 요인은 무엇인가? 유전인가? 환경인가?
발달을 유도하는 과정	발달의 주요 원인이 되는 중요한 과정은 무엇인가? 성숙인가? 학습인가?
발달의 형태	발달은 점진적이고 계속적인가? 또는 비약적 단계로 진행되는가?
초기 경험과 후기 경험의 중요성	발달에 있어서 초기 경험이 중요한가? 아니면 후기 경험이 중요한가?

학습내용 확인

※ 다음 문제를 읽고 ○, ×로 답하시오.

1. 발달에는 개인차가 있다. ( )
2. 영유아의 발달은 통합적으로 이루어진다. ( )
3. 발달은 전 생애에 걸쳐 속도와 시기가 일정하게 지속적으로 진행되는 과정이다. ( )

※ 다음 ( ) 안에 알맞은 내용을 쓰시오.

4. 발달단계를 구분하면 태내기, 신생아기, (   ), 유아기, 아동기로 나눌 수 있다.
5. 발달은 지속적인 과정이나 발달의 (   )는 일정하지 않다.
6. 발달은 양적인 변화만이 아니라 (   ) 변화를 모두 포함하는 의미이다.
7. (   )은 경험이나 교육, 연습 등에 의해 일어나는 변화를 의미한다.

※ 다음 문제를 읽고 ( ) 안에 알맞은 번호를 쓰시오.

8. 발달과 관련하여 옳은 것은 무엇인가? ( )
   ① 인간은 수정되면서 죽을 때까지 발달의 속도가 일정하다.
   ② 인간의 발달은 유전 요인보다는 환경적 요인에 의해서 결정된다.
   ③ 영유아의 초기 발달은 후기 발달과 관련이 없다.
   ④ 발달은 출산의 순간부터 죽음에 이르기까지 전 생애에 걸쳐 성숙과 경험에 의해 일어나는 양적 변화와 질적 변화 과정이다.

9. 발달의 변화 과정 중 학습에 해당하는 설명으로 옳은 것은 무엇인가? ( )
   ① 유전적 요인에 따라 인지 구조와 정서 · 행동 능력이 변화하는 성숙
   ② 신체의 크기나 양이 변하는 성장
   ③ 유전적 요인에 의해 나타나는 타고난 변화
   ④ 경험이나 연습, 훈련 등에 의해 일어나는 후천적 변화

※ 다음 문제에 대해 서술하시오.

10. 발달의 원리 세 가지를 기술하고, 각각에 대한 예를 들어 보시오.

11. 발달에 대한 쟁점 중 한 가지를 선택하여 구체적인 예를 찾아보시오.

활동해 봅시다

활동 1-1 **'영유아 발달'에 대한 개념도를 작성해 보세요.**

- 종이 중앙에 원을 그린 후, '영유아 발달'이라고 써 보세요.
- 생각나는 단어들을 적고, 유사한 내용을 묶어서 분류해 보세요.

제 2 장

영유아 발달 이론 I

학습 개요

영유아의 발달을 체계적으로 이해하기 위해서는 영유아의 성장 · 발달 과정에 대한 이론들을 살펴보는 일이 중요하다. 하나의 이론으로 인간의 발달을 설명하는 데는 한계가 따른다. 각 발달 이론들은 상호보완적인 성격을 지닌다. 다양한 이론에서 설명하고 있는 인간 발달에 대한 여러 가지 관점을 유지할 때 영유아의 역동적인 발달 과정을 제대로 이해할 수 있다. 발달 이론에 대한 충분한 이해를 위해 제2장과 제3장에서 나누어 살펴보고자 한다. 먼저, 제2장에서는 성숙 이론, 정신분석 이론, 학습 이론에 대해 살펴보고자 한다.

학습 목표

1. 발달 이론의 주요 개념과 발달에 대한 관점의 차이를 이해한다.
2. 발달 이론이 영유아교육에 주는 시사점을 이해한다.

주요 용어

- 성숙 이론: 성숙, 표준행동목록, 준비도
- 정신분석 이론: 원초아, 자아, 초자아, 방어기제
- 학습 이론: 고전적 조건형성, 조건형성, 강화, 소거, 모방, 관찰학습

함께 생각해 봅시다

∴ 자신이 성장하고 발달하는 데 영향을 미친 주요 요인은 무엇이라 생각하나요? 그 이유와 함께 자신의 성격이나 능력, 외모, 행동 특성 중 특히 어떤 부분에 영향을 주었나요?

1. 성숙 이론

성숙 이론은 '인간 발달은 환경이나 경험에 이루어지는 것이 아니라 내적인 생물학적 시간표에 따라 이루어진다'는 입장이다. 인간 개체가 성숙한 단계에 이르게 되는 결정적인 힘은 개체가 가진 유전적 요인에 전적으로 의존한다는 것이다. 성숙 이론에 기초한 교사들은 영유아 자신의 속도에 맞게 발달할 수 있도록 영유아 중심의 양육 환경을 제공할 것을 강조한다.

1) 게젤의 성숙 이론

게젤
(1880~1961)

게젤(A. Gesell, 1880~1961)은 아동이 환경보다는 성숙에 의해 성장한다는 발달 예정론을 제시하였다. 게젤은 아동발달 연구기관인 예일 클리닉(Yale Clinic)에서 그의 동료들과 아동의 운동신경 발달에 관한 광범위한 연구를 통해 표준행동목록(behavior norms)을 제시하였다. 표준행동목록은 연령별 유아 행동의 표준을 제시한 것으로 인간 발달의 규칙성과 보편성을 보여 준다. 표준행동목록은 아직도 소아과 의사와 심리학사들을 위한 기본 정보 자료로 사용되고 있다.

(1) 성숙과 준비도

성숙(maturation)은 유전자가 발달 과정을 방향 짓는 중요한 기제이다. 성숙은 외직 환경의 영향과는 구별되는 것으로 교육이나 연습의 효과와는 대조적이다. 발달은 내적 성숙 요인에 의해 좌우되며, 성숙 스케줄보다 앞서 가르치려는 노력을 할 필요가 없다. 성숙 이론학자들은 유아의 발달 수준을 넘어서는 성취를 강요하지 말아야 하며, 충분히 성숙하여 준비되어 있을 때까지 기다려야 한다는 준비도(readiness)의 개념을 제시하였다.

(2) 발달의 원리

성숙 이론에 따르면, 인간발달은 보편적인 순서와 방향에 따라 진행된다. 영유아 발달은 유전 및 환경 요인에 따라 개인차가 있지만 다음과 같은 원리에 의해 이루어진다(이명순 외, 2014).

① 발달 방향의 원리

발달은 생물학적으로 일정한 순서, 방향에 따라 이루어진다. 예를 들어, 아기는 특정한 순서로 자신들의 능력을 발달시킨다. 머리가 먼저 발달하고 목, 어깨, 팔, 손, 손가락, 몸통, 다리, 발 등의 순서로 발달이 이루어진다. 대부분 같은 순서를 거쳐 발달하나 발달의 속도에서 개인차가 나타난다. 성장 속도의 개인차는 신경계의 성장과 더불어 발달하는데, 신경계의 성장은 유전자에 의해 결정된다.

② 상호교류의 원리

인간은 두 반구(좌반구, 우반구)로 나뉘어진 뇌, 두 눈, 두 손, 두 다리 등 대칭으로 이루어져 있다. '상호교류'란 대칭으로 이루어진 양측이 점차적으로 체계화되어 가는 과정을 의미한다. 예를 들어, 양손 사용 발달에 있어, 아기는 처음에는 한 손을 사용하다가 다음에는 두 손을 함께 사용하게 되며, 그 후 다시 다른 한 손을 그리고 다시 두 손을 함께 사용하는 과정을 반복하면서 결국 어느 한 손을 우세하게 사용하게 된다.

상호교류의 원리는 신체발달뿐만 아니라 성격 형성 과정에서도 나타난다. 즉, 성격의 특성에서 외향적인 성향과 내향적인 성향이 공존하는데, 3세경까지는 내향적인 성향, 4세에는 외향적인 성향이 우세하다가 5세에는 두 성향이 통합되고 균형을 이룬다. 발달에 있어 상호교류의 과정을 거치면서 결국 우세한 부분이 결정된다. 이렇게 선호도 및 성향이 바뀌는 속성을 비유하여 상호교류라는 용어를 사용한다.

③ 기능적 비대칭의 원리

인간의 발달은 상호교류의 과정을 거치면서 균형적으로 발달하지만, 완벽한 균형을 이루기는 어렵다. 불균형과 비대칭의 경향성이 발달을 촉진시키기도 한다. 예를 들어, 신생아의 긴장성 목 반사(tonic neck reflex)는 영아가 고개를 한쪽 방향으로 돌리고 돌린 방향의 손과 발은 쭉 펴는 반면, 반대쪽의 손과 발은 구부린 상태이다. 양손과 발의 움직임이 균형 잡혀 있기보다는 비대칭의 상태라 할 수 있으며, 이는 마치 펜싱하는 자세와 비슷하다. 이러한 자세는 영아의 눈과 손의 협응을 촉진하는 기능을 하며 4~5개월경에 사라진다.

④ 자기규제의 원리

영아는 스스로 자신의 수유 주기나 수면 주기 또는 깨어 있는 상태의 주기 등을 규제하는 능력이 있다. 영아가 스스로 자기 행동을 조절하는 특성을 자기규제(self-regulation)라 한다.

자기규제는 영아가 자신의 수준에 맞게 성장을 조절하고 이끌며, 너무 일찍 많은 것을 가르치려는 주변의 시도로부터 영아 자신을 보호해 주는 역할을 한다.

2) 성숙 이론의 시사점

성숙 이론의 교육적 시사점은, 첫째, 자신의 속도에 적합한 발달을 이루기 위해서는 성숙할 때까지 기다려야 한다는 준비도의 개념을 강조하였다. 각 유아의 발달 속도는 개인차가 있으므로, 획일적인 학습 경험보다는 유아의 발달단계에 맞는 활동과 자료를 제공해야 한다. 둘째, 성장과 활동의 주도권은 유아 자신에게 있으며 유아 스스로 성장할 기회를 주는 것이 바람직하다고 보았다. 교사는 유아의 자발적인 탐색과 놀이를 위한 안전하고 풍부한 환경을 제공하고, 개입을 최소화하며 자연스러운 성장을 지원해야 한다. 셋째, 가르친다는 것은 유아가 갖고 있는 자발적인 욕구와 흥미를 반영하는 것이다. 교사는 유아가 보이는 흥미와 관심이 무엇인지 파악하고 환경이나 상호작용을 통해 지원해 주어야 한다.

2. 정신분석 이론

정신분석 이론은 인간의 무의식 세계, 즉 감정, 정서, 충동, 환상 등 보이지 않는 내면 세계의 이해를 강조한다. 겉으로 드러난 행동을 이해하기 위해서는 내적인 세계를 알아야 한다는 입장이다. 특히 개인 생의 초기 경험과 관련하여 부모-자녀의 관계가 영유아의 발달에 중대한 영향을 미친다는 점을 강조한다.

1) 프로이트의 정신분석 이론

프로이트(Sigmund Freud, 1856~1939)는 정신분석 이론의 창시자이며, 신경계통을 전공한 의사로 정신분석학에 대한 이론을 발전시켰다. 프로이트는 환자들의 삶에 대한 이야기를 들으며, 인생 초기 경험이 전 인생 동안 지속되는 특정 패턴을 만들어 낸다는 것을 확인하였다(이영 외, 2017).

(1) 성격의 구조

프로이트
(1856~1939)

프로이트는 인간의 성격 구조를 원초아(id), 자아(ego), 초자아(super ego)의 세 가지로 구분하여 설명하고 있다. 그 성격을 빙산에 비유하여 물 위에 떠 있는 부분이 의식이고, 물속에 잠겨 보이지 않는 부분이 무의식의 세계이며 파도가 출렁거릴 때마다 표면으로 나타나기도 하고 잠기기도 하는 부분을 전의식이라고 하였다. 프로이트는 인간 행동의 대부분은 무의식에 의해 지배된다고 하였다(이기숙 외, 2023; 정옥분, 2016; 조복희, 2006).

① 원초아

원초아(id)는 성격의 가장 원초적인 생물학적 본능으로, 쾌락의 원리에 의해 행동하며 지배된다. 먹고 자고 배설하는 것과 같은 본능적인 욕구를 의미하며, 출생 시부터 신체적 욕구를 즉각적으로 행사하도록 압력을 행사한다.

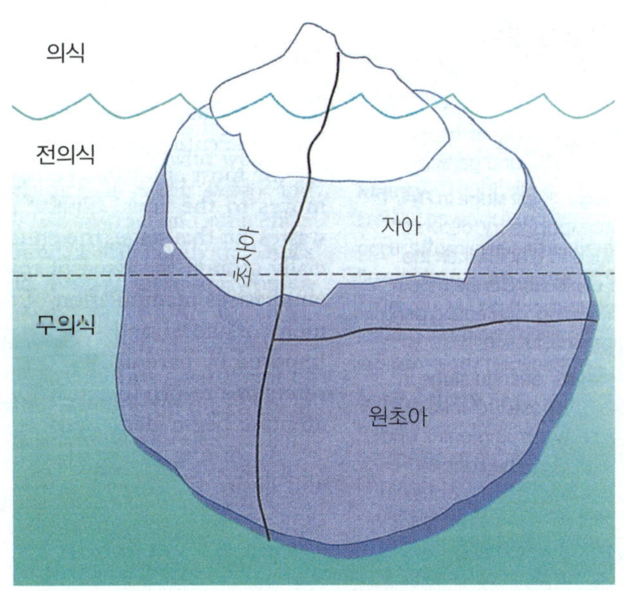

[그림 2-1] 프로이트의 인간의 성격 구조

출처: 정옥분(2025). 영유아발달의 이해(4판).

② 자아

자아(ego)는 현실의 원리에 입각해서 행동한다. 현실적으로 가능한 것과 가능하지 않은 것을 깨닫게 하며, 때로는 만족지연이 바람직하다는 이성적 수준의 성격이다. 원초아와 초자아 간 갈등이 발생했을 때 갈등을 적절하게 해결해 주는 역할을 담당한다.

③ 초자아

초자아(super-ego)는 원초아와는 달리 출생 시 갖고 태어나는 것이 아니라 학습에 의해 얻어지며 흔히 양심으로 통용된다. 초자아는 부모 또는 타인과의 동일시를 통해 얻어지는 사회적 가치와 규범이 내면화된 표상이다.

(2) 심리성적 발달단계

프로이트는 리비도(libido)가 집중되는 신체 부위에 따라 구강기, 항문기, 남근기, 잠복기, 생식기 5단계로 구분하였다. 리비도는 개인의 일반적인 성적 에너지를 말하며, 에너지가 집중된 신체 부분을 성감대라 한다. 리비도의 매 단계마다 추구하는 쾌락이 충족이 되어야 다음 단계로 넘어가며, 쾌락의 욕구가 좌절되면 다음 단계로 넘어가지 못하고 그 단계에 머무르는 고착(fixation) 현상이 일어난다.

① 1단계: 구강기: 출생~생후 1년

구강기(oral stage)는 출생에서 생후 1년 정도의 시기며, 성적 에너지가 구강에 집중되어 빠는 행위 자체에서 쾌감을 경험한다. 아기는 빨고, 삼키면서 만족감을 얻고 긴장을 해소시킨다. 배고프지 않아도 손가락이나 다른 물건을 빠는 이유가 여기에 있다. 구강 욕구가 덜 충족되거나 과하게 되면 빨기 행동이 고착되어 나타난다. 구강기에 고착되어 있다면 음식에 집착하거나 특정 사물을 빨거나 물어뜯는 행위에서 편안함을 느끼는 등 구강을 통한 쾌감에 몰두하게 된다.

② 2단계: 항문기: 1~3세

항문기(anal stage)는 1~3세까지의 시기이며, 성적 에너지가 항문 부위로 집중된다. 이 시기는 배변 훈련이 이루어지는 시기로 대소변의 배출이나 보유로 만족감을 경험한다. 항문기 동안 적절한 대소변 훈련이 이루어지지 않는다면, 고착 현상이 나타나 항문기 강박적 성격을 지니게 된다. 특히 신체적으로 충분히 성숙하지 않을 때 훈련이 시작되거나 훈련 과정에서 지나치게 청결을 강요한다면 이러한 현상은 더 확연해진다.

③ 3단계: 남근기: 3~6세

남근기(phallic stage)는 대략 3~6세까지의 시기이며, 성적 에너지가 성기로 이동하게 되면서 성기 부분에 대한 자극이 쾌감을 가져온다는 것을 알게 된다. 프로이트는 남근기 동안 나타나는 중요한 현상을 오이디푸스 콤플렉스(oedipus complex)와 엘렉트라 콤플렉스(electra complex)로 설명하고 있다. 오이디푸스 콤플렉스는 남아가 경험하는 심리적 특성으로, 어머니를 애정의 대상으로 삼고 아버지를 경쟁자로 여기게 된다. 아버지는 신체적으로도 월등하기 때문에 적대감을 느끼며 자신의 중요한 부분인 성기를 제거할 것이라는 거세불안(castration anxiety)까지 상상하게 된다. 이러한 적대감은 아버지에 대한 동일시를 하면서 해결하게 된다. 반면, 엘렉트라 콤플렉스는 여아가 경험하는 심리적 특성으로 아버지를 애정의 대상으로 원하나, 어머니에 의해 좌절되는 경험을 하게 되어 어머니가 아버지의 애정에 대한 경쟁자가 된다. 여아 역시 어머니에 대한 동일시의 과정을 통해 심리적 갈등을 해결한다. 이 시기의 여아는 자신이 지니지 못한 성기에 대한 부러움으로 인해 남근선망(penis envy)을 경험하기도 한다.

④ 4단계: 잠복기: 6~12세

잠복기(latency stage)는 6세에서 12세까지의 초등학교 시기에 해당된다. 잠복기라는 용어에서 알 수 있듯이 아동들의 공격적인 행동, 성적인 환상들이 억제되어 대부분 잠복 상태에 이르러 평온한 시기이다. 아동들은 동성 친구와의 관계를 맺으며 사회규범을 배우는 등 강한 사회적 유대를 확립하나 이성 친구에 대해서는 배타적이다. 잠복기에 대한 고착은 성인이 되어서 이성에 대해 안정감을 갖지 못하고 이성과 원활한 관계를 형성하지 못하는 등의 특성으로 나타나게 된다.

⑤ 5단계: 생식기: 12세 이후

생식기(genital stage)는 12세경에 시작되어 19세 정도까지이다. 사춘기에 들어서면서 잠복해 있던 성적인 관심이 나타난다. 잠복기에 동성 친구와 어울렸던 반면, 생식기에 이르면서 이성에 대한 관심이 시작된다. 프로이트는 이 시기의 과제를 '부모로부터 자유로워지는 것'이라고 하였다. 이는 남아의 경우, 어머니와 연결된 끈을 풀고 자신의 여자를 발견하는 것을 의미한다. 여아의 경우도 어머니와의 경쟁심을 버리고 아버지로부터 자유로워지는 것

표 2-1 프로이트의 심리성적 발달단계

단계	연령	특징
구강기	출생~1세	• 리비도가 입에 머무는 시기 • 입을 통한 고착, 불만족이 발생함
항문기	1~3세	• 리비도가 항문에 머무는 시기 • 배변 훈련에 따라 특징이 달라짐
남근기	3~6세	• 성 정체성의 기초를 형성하는 시기 • 남아는 오이디푸스 콤플렉스, 여아는 엘렉트라 콤플렉스
잠복기	6~12세	• 성적인 관심이 잠시 멈추는 시기 • 동성 친구와 친하게 지내며 이성 친구는 배척
생식기	12세 이후	• 남근기의 생리학적 역동이 다시 나타나는 시기 • 관심이 동성 친구에서 이성 친구로 옮겨 감

을 의미한다. 이 전이가 성공적으로 이루어졌을 때, 성적 본능을 성숙한 방법으로 만족시키게 되며 이성에 대한 건전한 애정으로 발전하게 된다.

방어기제(defence mechanism)

방어기제란 부적응 상태나 스트레스를 받는 상황에서 스스로를 보호하기 위해 사용되는 기제를 말한다. 갈등 상황, 중압감, 욕구의 억제 불안, 좌절 등을 피하기 위해 사용된다(이기숙 외, 2023; 정옥분, 2015).

- **억압**(repression): 충격적인 경험이나 사건, 스스로 용납할 수 없는 충동을 무의식에 묻어버리는 것이다. 억압은 합리화에 비해 현실적이다.
  예) 어린 시절에 겪었던 학대 사실을 기억하지 못한다.
- **퇴행**(regression): 좌절이 큰 경우 만족이 주어졌던 이전의 발달 수준으로 돌아가 미숙한 반응을 나타내면서 불안이나 위협을 극복하려는 것이다.
  예) 동생이 태어나자 손가락을 빨거나 배변 실수를 한다.
- **합리화**(rationalization): 스스로 용납이 어려운 자신의 충동이나 행위에 대해 그럴 듯하게 보이는 이유나 동기를 제시해 불안을 해소하는 것이다.
  예) 손이 닿지 않아 포도를 못 먹게 된 여우가 포도는 시니까 안 먹는다고 한 것이다.

- **투사**(projection): 자신의 문제나 결점의 원인을 다른 사람이나 환경의 탓으로 돌리는 것이다.
  예) 친구들이 다 자기를 좋아하지 않고 미워한다고 불평한다.
- **동일시**(identification): 동일시는 다른 사람의 태도, 가치, 행동양식 등을 자신의 것으로 받아들이는 것이다. 남근기 유아의 경우, 오이디푸스(엘렉트라) 콤플렉스의 성공적 해결은 동성 부모와의 동일시를 통해서 이루어진다.
  예) 좋아하는 연예인 사진을 붙여 놓고 패션이나 행동을 따라 한다.
- **전치**(displacement): 어떤 대상에 대한 불안이나 죄책감이 드는 충동과 욕구, 태도를 나타내는 것이다. 전치에는 공격적인 전치, 애정적인 전치가 있다.
  예) 선생님에게 꾸중을 듣고 집에 와서 엄마에게 화를 낸다(공격적 전치).
  이성에 대한 애정을 반려동물에게 쏟는다(애정적 전치).
- **보상**(compensation): 자신의 결점에 따른 열등감과 불안을 긍정적인 행동과 태도를 통해 해소하는 것이다.
  예) 키가 작은데 농구를 열심히 하거나, 외모에 자신이 없어 패션에 신경을 많이 쓴다.
- **승화**(sublimation): 충동을 사회적으로 용납되는 가치 있는 일을 통해 만족시키는 것이다.
  예) 자녀를 갖지 못한 사람이 아동복지를 위한 봉사 활동에 열심히 참여한다.
- **반동형성**(reaction formation): 용납하기 어려운 충동이 드러나지 않도록 정반대로 행동하는 것이다. "미운 아이 떡 하나 더 준다."라는 속담과 맥락이 같다고 볼 수 있다.
  예) 속으로는 두려운 것이 많고 겁이 많은 아이가 불량아처럼 행동한다.
- **부정**(denial): 부정은 가장 원초적인 방어기제로, 현실을 왜곡하고 현실 자체를 부정하여 회피하려는 것이다. 부정은 무의식적이라는 점에서 거짓말과는 구별된다.
  예) 아버지의 죽음을 받아들이지 못해 멀리 출장 중이라고 생각한다.
- **대치**(substitution, 치환): 용납이 어려운 충동의 대상을 그와 비슷한 것으로 바꾸어 대리만족하는 것이나. "꿩 대신 닭."이란 속담과 같은 맥락으로 볼 수 있다.
  예) 아버지에게 남성적 매력을 느끼는 여성이 아버지와 비슷한 남자와 결혼한다.

2) 에릭슨의 심리사회적 이론

에릭슨(Erik Erikson, 1902~1994)은 프로이트의 정신분석 이론 개념을 기반으로 하여 발달 과정을 사회 · 문화적인 영향 내에서 이해하고자 하였다. 그는 자신의 저서인 『아동기와 사회』(1950)에서 "인간의 성격 발달은 전 생애에 걸쳐서 이루어지며, 사회적 요인과 또래 관계를 포

에릭슨
(1902~1994)

함한 상호작용을 통해 발달한다."라고 하였다. 그는 인간의 발달단계를 8단계로 구분하고 각 단계마다 습득해야 할 과제를 제시하였다. 에릭슨 이론에서의 주요 개념은 자아정체감의 발달이다. 그는 자아정체감 확립을 위해 평생을 통해 여덟 가지의 위기를 성공적으로 해결해야 한다고 하였다(권민균 외, 2015; 김경철 외, 2024; 정옥분, 2025).

(1) 1단계: 신뢰감 대 불신감(trust vs. mistrust)

1단계는 출생에서 약 1세까지의 시기로 프로이트의 구강기에 해당되는 시기이다. 이 시기의 주된 과제는 세상에 대한 신뢰감을 형성하는 것으로 주 양육자, 주로 어머니와의 관계가 중요한 관건이다. 영아의 신체적 심리적 요구와 관련된 애정 어린 보살핌은 신뢰감을 형성하게 하고, 반면 그렇지 못할 경우 불신감을 형성하게 된다. 주 양육자는 영아가 보내는 신호에 민감하고 일관된 반응을 보임으로써 세상에 대한 안정감을 갖게 해야 한다. 그러나 완전한 신뢰감만이 바람직한 것은 아니다. 자칫 인생에서의 과도한 신뢰가 해가 되는 경우도 발생하게 한다. 분별 있는 신뢰감을 위해서는 적절한 비율이 필요하다. 물론 불신감보다 신뢰감이 비중이 더 커야 한다.

(2) 2단계: 자율성 대 수치심 및 회의감(autonomy vs. shame and doubt)

2단계는 프로이트의 항문기에 해당하는 시기로 약 1세에서 3세까지의 시기이다. 이 시기에는 혼자 걸을 수 있는 능력이 생기면서 주변 환경을 적극적이고 능동적으로 탐색하기 시작한다. 언어사용능력이 생기면서 '내가 내가' '내 거야' '아니 아니' 등의 단어를 사용하며 자기주장을 시작한다. 물리적 · 심리적으로 안전한 환경을 제공함과 동시에 스스로 할 수 있는 경험이 누적되면서 자율성이 확립된다. 간혹 자율성 획득을 위한 의지는 떼쓰기나 거부하는 행동으로 나타날 수 있다. 새로운 것을 독립적으로 탐색할 기회가 제한되거나 과잉보호로 인한 행동에 대한 제지와 통제는 자신의 능력에 대한 수치심 또는 회의감을 느끼게 한다.

(3) 3단계: 주도성 대 죄책감(initiative vs. guilt)

3단계는 3세에서 6세까지의 시기로 유아기에 해당된다. 이 시기의 유아는 언어 발달이 급격히 이루어지면서 사물에 대한 끊임없는 질문과 호기심을 발휘하며 주변 세계에 대해 이해력을 넓혀 간다. 자신의 행동에 대한 목표와 계획을 세우고 목적을 달성하기 위한 실행 과정에서 주도성을 확립해 나간다. 유아들은 에너지가 넘치고 활동반경이 넓어지며 또래 관계도 활발해진다. 이 과정에서 유아의 행동이 항상 바람직하지 않을 수가 있는데, 부모의 일방적 제재나 일관적이지 못하고 부정적일 때 유아는 죄책감을 경험하게 된다. 부모는 자신의 권위를 바람직하게 사용해야 하며, 유아의 자발적인 흥미와 관심에 의한 활동을 존중함으로써 유아가 주도성을 확립할 수 있도록 해야 한다.

(4) 4단계: 근면성 대 열등감(industry vs. inferiority)

4단계는 프로이트의 잠복기에 해당하며 6세부터 12세까지의 시기이다. 프로이트는 이 시기를 리비도가 잠복하는 비활동적인 시기로 본 반면, 에릭슨은 이 시기가 아동의 근면성에 결정적인 시기라고 하였다. 이 시기는 학교교육이 시작되는 시기로 읽기, 쓰기, 셈하기의 학문적 기술(academic skills)과 친구와의 관계를 통해 사회적 기술(social skills)을 습득해야 한다. 이러한 기술이 숙달되면서 아동은 근면성과 성취감을 경험한다. 만약 이러한 기술을 습득하지 못하게 되면, 아동은 자신감을 상실하게 되고 열등감을 느끼게 되면서 잠재능력의 발현이 어렵게 된다. 이때 주변의 성인 특히 교사가 아동에게 적절한 과제를 제시하여 과제에 대한 성취감을 경험하면서 근면성 개발에 도움을 줄 수 있다.

(5) 5단계: 정체감 대 역할 혼미(identity vs. role confusion)

5단계는 약 12세에서 18세까지로 프로이트의 생식기에 해당하는 시기이다. 에릭슨은 정체감은 평생의 과정에서 이뤄야 하는 과제이기도 하나, 특히 청소년기가 정체감 형성에 결정적인 시기임을 강조한다. 이 시기는 아동기에서 성인기로 전이하는 과도기이며, 급격한 신체적 변화와 성적 성숙이 이뤄지고, 진학 문제, 이성 문제 등 많은 선택과 결정을 해야 하는 시기이기 때문이다. 자신에 대한 확고한 인식을 갖고 긍정적 자아정체감을 형성하면 건강한 성인으로 성장하게 된다. 반면에 정체감 탐색에 실패할 경우, 정체감 혼미에 따른 불안으로 만성적 비행이나 성격장애를 가져올 수 있다.

(6) 6단계: 친밀감 대 고립감(intimacy vs. isolation)

6단계는 청년기에서 성인기에 이르는 초기 성인기로 타인과의 관계에서 친밀감을 발달시켜야 하는 시기이다. 친밀감이란 다른 사람과 감정이나 가치관을 교류하는 성숙된 인간 관계이며, 자신의 정체감과 타인의 정체감을 융합시킬 수 있는 능력이다. 청소년기에 합리적인 자아정체감을 확립한 사람이 친밀감을 원만하게 획득할 수 있다. 타인과의 건강한 관계를 만들지 못하는 사람은 사회적으로 고립감을 느끼게 된다.

(7) 7단계: 생산성 대 침체감(generativity vs. stagnation)

7단계는 중년기에 해당되며 생산성 대 침체감에 대한 위기를 경험하게 된다. 결혼한 부부는 대부분 자녀를 출산하고 양육하게 되면서 생물학적 생산성을 경험하게 된다. 이 시기의 생산성은 출산에만 국한되는 게 아니라 직장에서도 직업과 관련된 성취를 경험하며, 학문적 성취와 예술적 업적을 통해서도 사회적인 생산성을 발휘하게 된다. 생산성이란 성숙한 성인이 다음 세대를 구축하는 데 관심을 가지는 것을 의미한다. 생산성을 경험하지 못한 사람은 다음 세대를 위해서 자신이 한 일이 없음을 느껴 침체감을 경험한다. 생산성을 통해 중년기 성인들은 다음 세대와의 연결을 통해 사회 존속과 유지에 공헌하게 된다.

(8) 8단계: 자아통합 대 절망감(ego integrity vs. despair)

8단계는 노년기로 노인들은 죽음에 직면하게 되면서 자신의 삶이 의미 있고 가치로운 삶이었는지 되돌아보게 된다. 이 과정에서 자신의 삶이 만족스럽고 별다른 후회가 없다고 느끼면 삶에 대한 통합감을 느낀다. 반면, 자신의 삶이 불만족스럽고 후회스럽다면 절망감에 빠지게 된다. 시간이 흘러 다른 삶을 살아 볼 기회가 없다고 느끼고, 죽음에 대한 공포를 경험하면서 절망감으로 인생을 마무리하게 된다.

표 2-2 에릭슨의 심리사회적 발달단계

단계	연령	에릭슨의 단계	중요 요인	프로이트의 단계
1단계	0~1세	신뢰감 대 불신감	일관성 있는 보살핌	구강기
2단계	1~3세	자율성 대 수치심 및 회의감	배변 훈련, 독립적인 먹기와 입기	항문기
3단계	3~6세	주도성 대 죄책감	주도적인 활동과 도전	남근기
4단계	6~12세	근면성 대 열등감	지적인 호기심과 과제의 완성	잠복기
5단계	청소년기	정체감 대 역할 혼미	자신에 대한 고민과 통찰	생식기
6단계	성인 전기	친밀감 대 고립감	이성과의 친밀한 관계	–
7단계	성인 후기	생산성 대 침체감	자녀양육, 직업적 발달	–
8단계	노년기	자아통합 대 절망감	자신의 삶에 대한 성찰	–

3) 정신분석 이론의 시사점

정신분석 이론은 인간의 사회 · 정서 발달 측면을 설명하는 이론이다. 정신분석 이론의 시사점은, 첫째, 인간의 정신 구조와 성격 발달에 대한 학문적인 이해의 틀을 제공하였다는 것이다. 둘째, 초기 경험의 중요성을 강조하면서 부모의 자녀양육 방법과 영유아기 교육의 중요성에 시사하는 바가 크다. 셋째, 인간의 성격과 태도, 행동 패턴 등 발달상의 문제를 해결하기 위한 다양한 접근법(놀이치료, 미술치료 등)을 제공하는 데 기여하였다.

3. 학습 이론

학습 이론은 인간 발달에서 유전적 요인보다 후천적 환경 요인의 영향을 강조한다. 인간을 자극에 따라 반응하고 환경에 적응하는 수동적인 존재로 보고, 학습자의 자발적이고 능동적인 학습보다는 교사 주도에 의한 반복적인 학습이나 훈련이 이루어지게 한다. 또한 학습 이론은 직접 관찰하고 측정 가능한 행동에 관심을 가진다. 학습 이론은 인간의 행동을 자극에 따른 반응의 결과로 보고 행동형성과 행동수정 기법을 제안하였다.

1) 파블로프의 고전적 조건형성 이론

파블로프(I. Pavlov, 1849~1936)는 현대 학습 이론의 창시자로 자극과 반응 간의 관계를 최초로 연구하였다. 그는 개의 타액 분비에 관한 실험을 통해 고전적 조건형성 이론(classical conditioning theory)을 발전시켰다.

파블로프
(1849~1936)

(1) 고전적 조건형성 실험

배고픈 개에게 음식을 주면 개는 침을 분비한다. 이때 개가 분비한 침은 무조건 반응(unconditoned response)이며, 이러한 반응을 일으킨 음식은 무조건 자극(unconditoned stimulus)이다. 개에게 음식물과 같은 무조건 자극이 아닌 종소리와 같은 중성 자극을 제공하면 침을 분비하지 않는다. 그러나 무조건 자극인 음식물과 중성 자극인 종소리를 연합하여 반복적으로 제공한다면, 마침내 개는 종소리만 듣고도 침을 흘리는 조건형성이 된다. 이때 중성 자극이었던 종소리는 조건 자극(conditoned stimulus)이 되고, 침을 흘리는 반응은 조건 반응(conditoned response)이 되며, 이 과정을 고전적 조건형성(classical conditioning)이라 한다.

(2) 고전적 조건형성의 주요 개념

파블로프의 실험에서 종소리에 침을 분비하도록 조건화된 개는 종소리와 유사한 다른 종소리에도 비슷한 반응을 나타내는데, 이러한 현상을 자극 일반화(stimulus generalization)라고 한다. 유사한 종소리에도 침을 분비하던 개가 유사한 종소리와 연합하여 먹이를 주

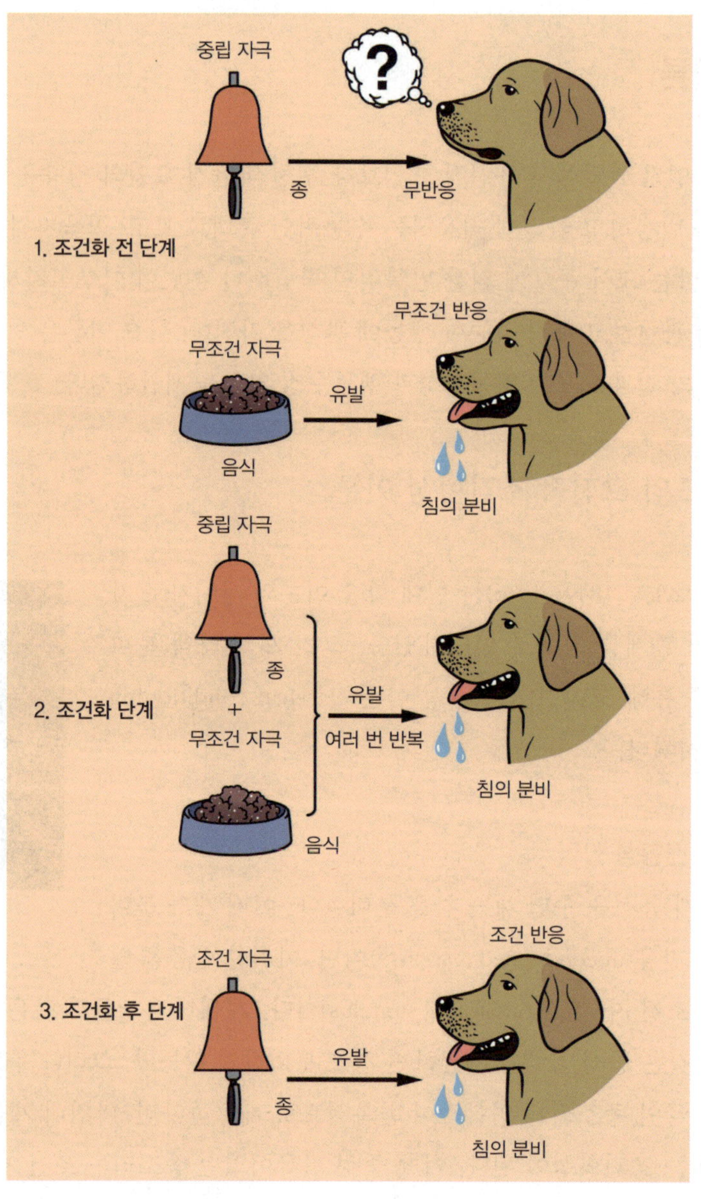

[그림 2-2] 고전적 조건형성 실험

출처: 정옥분(2025). 영유아발달의 이해(4판).

지 않으면, 점차 원래 조건 자극이었던 종소리에만 반응한다. 이러한 현상을 자극 변별화(stimulus discrimination)라고 한다. 조건형성이 한 번 이루어졌다고 해서 조건 자극이 끝까지 작용하지는 않는다. 개에게 종소리를 들려준 후에 음식물을 점차적으로 제공하지 않는다면, 침의 양은 점점 줄어들어 조건 자극(종소리)이 주어져도 더 이상 침을 분비하지 않는데, 이를 소거(extinction)라고 한다(정옥분, 2015).

2) 스키너의 조작적 조건형성 이론

스키너(B. F. Skinner, 1904~1990)는 고전적 조건형성의 제한점을 인식하고, 유기체가 자발적으로 조작하는 행동을 설명하기 위한 조작적 조건형성 이론을 제시하였다. 관련된 주요 개념으로는 강화(정적 강화, 부적 강화), 벌 등이 있다.

스키너
(1904~1990)

(1) 조작적 조건형성

스키너가 연구한 조건형성의 주요 모델은 파블로프의 조건형성과는 차이가 있다. 파블로프의 고전적 조건형성에서는 자극이 반응에 앞서 나타남으로써 자동적으로 유기체의 반응을 유도해 낸다. 스키너의 조작적 조건형성에서는 유기체가 원하는 결과를 얻기 위해서 실행하는 반응이라는 점에서 고전적 조건형성과의 차이가 있다.

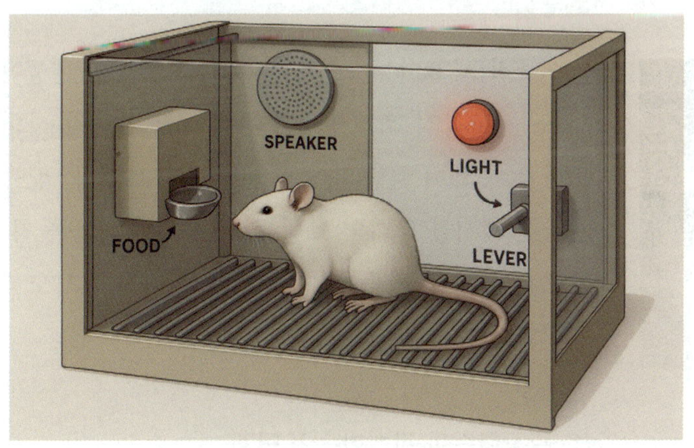

[그림 2-3] 스키너 상자

스키너는 조작적 조건형성을 연구하기 위해 스키너 상자를 개발하였다. 상자 안에 쥐를 넣어 두고 쥐가 우연히 지렛대를 누르면 먹이가 나온다. 이 과정이 반복되면서 쥐는 지렛대를 누르면 먹이가 나온다는 것을 학습하게 된다. 한편, 먹이라는 긍정적 결과를 얻었을 때 그 반응이 지속되지만, 반대로 전기충격 등 부정적인 결과를 얻게 되면 지렛대를 누르는 반응이 낮아지거나 없어진다. 이 실험에서 지렛대를 누르는 행동을 조작적 행동이라 하며 먹이를 보상이라 한다.

(2) 조건형성의 원리

조작적 조건형성에서 강화는 학습의 중요한 요인이 된다. 강화란 반응 뒤에 주어지는 보상을 통해 유기체의 행동이 증가하는 과정이다. 강화에는 정적 강화(positive reinforcement)와 부적 강화(negative reinforcement) 두 유형이 있다.

정적 강화란 먹이와 같이 긍정적인 자극을 제공하여 행동을 증가시키는 것을 의미한다. 예를 들어, 방 정리를 잘할 때마다 칭찬이나 용돈을 주면서 정리하는 습관을 기르는 것이다. 부적 강화란 혐오 자극을 제거함으로써 특정 행동을 증가시키는 것을 의미한다. 예를 들어, 방 정리를 잘할 때마다 화장실 청소 횟수를 줄여 주면서 정리하는 습관을 기르는 것이다. 부적 강화와 처벌(punishment)은 차이가 있다. 부적 강화는 정적 강화와 마찬가지로 특정 행동의 빈도를 높이는 것이다. 반면, 처벌은 특정 행동의 빈도를 감소시키는 것이다. 예를 들어, 장난감을 사달라고 떼쓰는 유아에게 벌을 가함으로써 그 행동을 감소하게 하는 것이다.

3) 밴듀라의 사회학습 이론

밴듀라
(1925~2021)

밴듀라(A. Bandura, 1925~2021)는 인간의 행동은 고전적 조건형성 또는 조작적 조건형성을 통해서가 아니라 사회적 상황 속에서 모방을 통하여 학습되어 나타난다고 보았다. 밴듀라는 학습 이론가들이 제시한 강화와 보상 등의 주요 기제들을 지지하면서 관찰을 통해서 새로운 행동을 획득할 때의 내적인 사고 과정을 중요하게 제시했다.

(1) 관찰학습과 관찰학습의 단계

밴듀라(Bandura, 1976)는 인간은 사회적 상황 속에서 다른 사람들의 행동을 관찰함으로써 학습한다고 주장한다. 인간은 단순히 자극에 의해 기계적이고 조작적으로 반응하는 존재가 아니다. 즉, 관찰학습을 통해 다른 사람의 행동을 관찰하거나 모방을 통해서도 학습되는데, 이를 모방 또는 모델링이라 한다(정옥분, 2015). 타인의 행동만을 모방하는 것이 아니라 주변의 성인, 부모나 교사가 사용하는 언어, 성역할, 친사회적 행동, 공격적 행동 등을 모방하게 된다. 관찰학습 또는 모방학습은 다른 사람의 행동을 관찰한 것을 기억하고, 그 행동이 어떤 결과를 가져오는지를 보게 한다. 이러한 과정을 대리적 강화(vicarious reinforcement)라고 하였다.

밴듀라의 관찰학습은 학습에서 인지 과정의 중요성을 강조하였고, 주의집중, 파지, 운동재생, 동기화의 4단계로 이루어진다고 설명하고 있다.

① 주의집중: 주의집중 과정은 먼저 모델에 주의를 기울이지 않는다면 모델을 모방할 수 없다. 모델은 주의를 끌 수 있을 만큼 매력적이어야 한다.
② 파지: 모델을 관찰한 후 어느 정도의 시간이 지난 후에 그 모델을 모방하기 때문에 모델의 행동을 상징적인 형태로 기억하는 파지(retention)의 과정을 거친다. 파지의 형태는 이미지, 그림, 문자 등이다.
③ 운동 재생: 행동을 정확하게 재생하려면 필요한 운동 기술을 갖추어야 한다. 인지적으로 저장된 모델의 행동은 운동 기술을 통하여 외현적으로 재생산하는 과정을 거친다.
④ 동기화: 관찰한 모든 행동을 모방하지는 않는다. 강화 가능성에 따라 재생할 수도 있고 그렇지 않을 수도 있다.

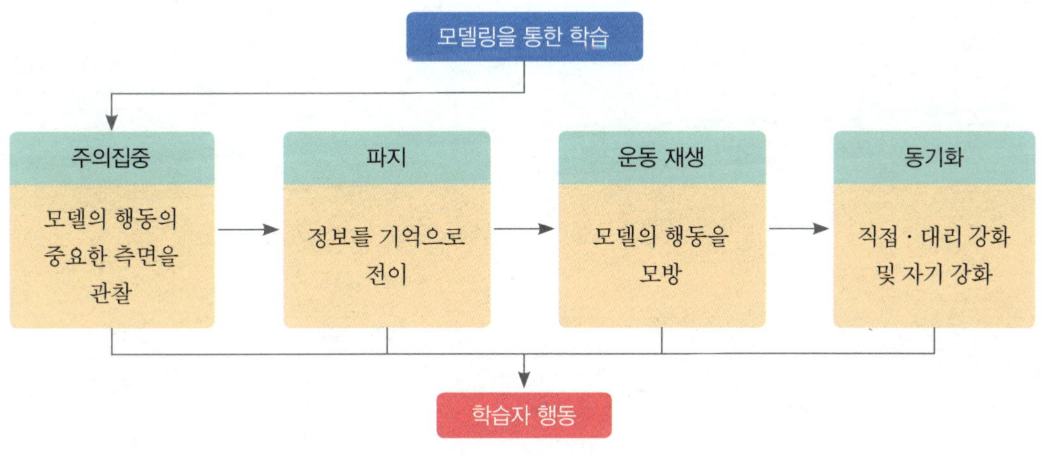

[그림 2-4] 밴듀라의 모델링을 통한 관찰학습 과정

참고 자료 EBS 다큐프라임-아이의 사생활 5부 도덕성 <밴듀라의 보보인형 실험>

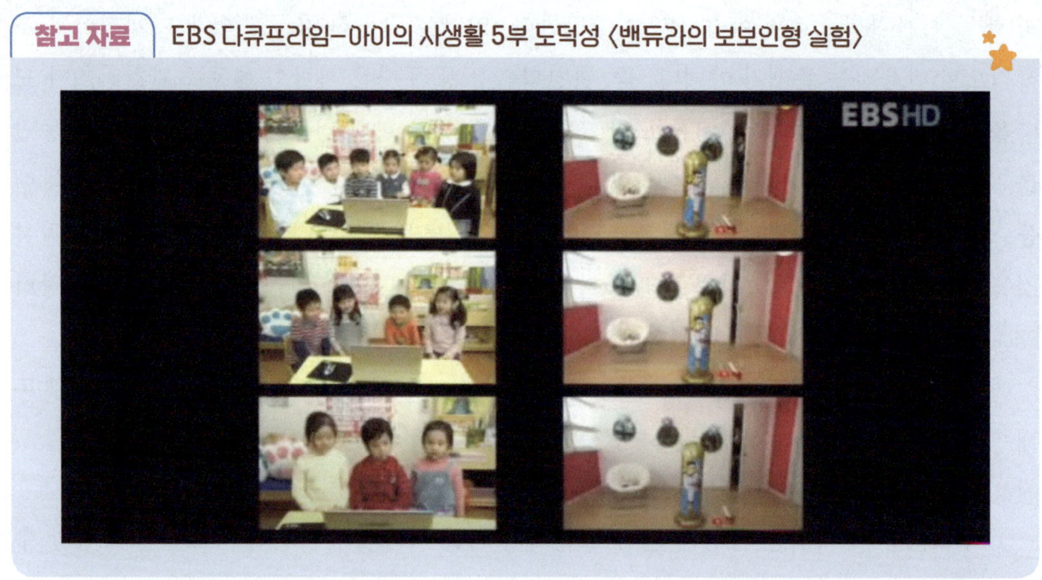

4) 학습 이론의 시사점

학습 이론은 인간의 발달에 있어서 환경의 중요성을 강조한 이론에 해당하며, 성장 과정에서 어떤 경험과 학습을 했는지가 중요하다고 보았다(이연규 외, 2024). 밴듀라의 사회학습 이론은 영유아 주변의 영향력 있는 부모, 교사 등 의미 있는 타인의 중요성을 일깨워 주면서 모방 및 관찰학습의 중요성을 제시하였다. 스키너의 학습 이론은 칭찬과 보상, 소거 등 조건 형성의 원리를 제시하면서, 문제행동 지도를 위한 구체적이고 실제적인 지침을 제공하였다.

학습내용 확인

※ 다음 ( ) 안에 알맞은 내용을 쓰시오.

1. (   )은 표준행동목록을 만들어 평균적인 행동지표를 제시하였다.
2. (   )은 성격 발달 이론에서 심리사회적 위기라는 개념을 강조하였다.

※ 다음 문제를 읽고 ○, ×로 답하시오.

3. 성숙 이론은 발달의 진행 과정에서 환경 요인을 가장 중요한 요인으로 본다. ( )
4. 정신분석 이론은 인간 성장 발달 과정에서의 의식적인 기제를 강조한다. ( )
5. 스키너는 조작적 조건형성 이론을 제시하였다. ( )
6. 밴듀라는 사회적 상황 속에서 다른 사람들의 행동을 관찰함으로써 학습한다고 보았다. ( )

※ 다음 문제를 읽고 ( ) 안에 알맞은 번호를 쓰시오.

7. 게젤의 발달 원리 중 발달이 일정한 순서에 따라 진행된다는 원리는 무엇인가? ( )
   ① 자기규제의 원리 ② 기능적 비대칭의 원리
   ③ 상호교류의 원리 ④ 발달 방향의 원리

8. 프로이트의 심리성적 발달단계 중 리비도가 항문 부위에 집중되는 시기는 언제인가? ( )
   ① 구강기 ② 항문기
   ③ 남근기 ④ 잠복기

9. 파블로프의 고전적 조건형성에서 '조건 자극'이란 무엇인가? ( )
   ① 학습 이전에 반응을 일으키는 자극 ② 학습 후에 반응을 일으키는 자극
   ③ 반응을 억제하는 자극 ④ 무조건 자극과 무관한 자극

10. 스키너의 소삭석 조건형성에서 '정적 강화'는 무엇을 의미하는가? ( )
   ① 혐오 자극을 제거하여 반응을 강화하는 것
   ② 긍정적인 자극을 제공하여 반응을 강화하는 것
   ③ 반응을 억제하는 것
   ④ 행동을 무시하는 것

※ 다음의 문항을 읽고 서술하시오.

11. 스키너의 조작적 조건형성 이론에서 강화와 처벌의 차이를 설명하시오.

12. 밴듀라가 제시한 효과적인 관찰학습의 4단계에 대하여 서술하시오.

활동해 봅시다

활동 2-1 교육에 있어서 성숙 이론, 정신분석 이론, 학습 이론의 시사점을 이야기해 보세요.

활동 2-2 성숙 이론, 정신분석 이론, 학습 이론 중에서 중요한 내용이라 생각되는 학습 문제를 3개 이상 만들어 보세요.

제 3 장

영유아 발달 이론 II

학습 개요

발달 이론들은 발달 과정에 대해 각기 다른 입장을 취할 뿐만 아니라 발달의 각기 다른 측면에 초점을 맞추어 설명한다. 각 이론들은 서로 상반되기보다는 발달에 대한 이해에 기여하는 바가 다르다고 할 수 있다. 인간 발달에 대한 여러 관점을 이해할 때 영유아 발달의 역동적인 과정을 통합적으로 알 수 있다. 제2장에 이어 제3장에서는 인지발달 이론, 동물행동학적 이론, 생태학적 체계이론에 대해 살펴보고자 한다.

학습 목표

1. 발달 이론의 주요 개념과 발달에 대한 관점의 차이를 이해한다.
2. 발달 이론이 영유아교육에 주는 시사점을 이해한다.

주요 용어

- 인지발달 이론: 도식, 동화, 조절, 평형화, 근접발달영역, 비계설정
- 동물행동학적 이론: 각인, 결정적 시기, 애착, 민감기
- 생태학적 체계이론: 미시체계, 중간체계, 외체계, 거시체계, 시간체계

함께 생각해 봅시다

∴ 영유아의 발달을 설명하는 이론 중에 자신이 가장 선호하는 이론의 주요 내용과 함께 그 이론을 선택한 이유는 무엇인가요?

1. 인지발달 이론

인지발달 이론에서는 '발달은 인간의 능동적인 성숙 요인과 함께 물리적 · 사회적 환경과의 계속적인 상호작용을 통해서 이루어진다.'라고 본다. 유아의 의미 있는 발달은 환경과 상호작용을 통하여 인지 구조가 확장되고, 사물과 사건의 논리적인 내적 조작에 의해 영향을 받게 된다. 피아제의 인지발달 이론과 비고츠키의 사회문화적 발달 이론을 살펴보겠다.

1) 피아제의 인지발달 이론

피아제
(1896~1980)

피아제(J. Piaget, 1896~1980)는 영유아가 자발적으로 환경과 계속적인 상호작용을 하면서 포괄적인 인지 구조를 능동적으로 형성한다고 보았다.

(1) 인지발달 이론의 주요 개념

피아제(Piaget, 1985)는 인간의 인지 구조를 설명하기 위해 도식, 동화, 조절, 평형화의 개념을 사용하였다.

① 도식

도식(schema)은 지식의 기본 단위로 외부 세계의 사물을 인지하기 위해 사용하는 심리적인 구조이며, 이해의 틀이다. 도식은 선천적으로 가지고 태어나기도 하지만, 대부분은 경험을 토대로 새롭게 개발하거나 기존의 것을 변화시킨 것이다(정옥분, 2015).

② 동화

동화(assimilation)란 새로운 경험과 자극이 들어왔을 때 기존의 지식 구조에 통합되는 과정이다. 즉, 기존의 도식에 맞게 새로운 자극을 이해하는 것이다(조복희, 2006). 예를 들면, '날개가 있고, 날아다니는 것은 새'라는 도식을 갖고 있는 유아가 새롭게 경험한 비행기를 보고 새라고 인식하는 것이다.

③ 조절

조절(accommodation)이란 새로운 도식을 획득하거나 새로운 자극을 이해하기 위해 기존의 인지 구조를 변화시키는 과정이다. 예를 들면, 새와 비행기는 모양, 크기 등이 다르다는 것을 알고 새로운 도식인 비행기를 알게 된다.

④ 평형화

평형화(equilibration)란 동화와 조절이 이루어지는 과정에서 사고 구조가 불평형 상태에서 평형 상태를 이루는 것을 의미한다. 예를 들면, 비행기라는 새로운 대상을 이해한 유아는 자신의 인지 구조와 환경 간의 조화를 이루며 평형 상태를 유지한다.

(날아다니고 짹짹거리는 새를 보며)
민지: 엄마! 저건 뭐예요?
엄마: 새야. 새!
→ 민지는 하늘을 날아다니는 것은 '새'라고 생각함 (새에 대한 도식을 만듦)

(하늘을 날아가는 비행기를 보고)
민지: 와~ 새다!
→ 민지는 기존에 가지고 있던 '도식'으로 비행기를 '새'라고 '동화'를 함
→ 하지만 아무리 생각해 봐도 새보다 크고 짹짹 울지도 않아서 이상함
→ 불평형을 경험함

민지: 아빠! 저것은 뭐예요?
아빠: 새가 아니고 비행기야.
민지: 아…… 비행기…….
→ 민지는 '새보다 훨씬 크고 날아가는 것은 비행기다.'라고 조절하고 새로운 도식을 가지게 됨
→ 새로운 도식을 가지는 적응을 함
→ 그러면서 불평형했던 것을 '평형' 상태로 유지하게 되는 것

[그림 3-1] 도식, 동화, 조절, 평형화 개념

(2) 인지발달단계

피아제(1985)에 의하면 인간의 지적 능력은 몇 개의 질적인 다른 단계를 거쳐 발달한다. 그가 제시한 인지발달단계는 다음과 같다.

① 감각운동기(sensory motor stage: 출생~2세)

감각운동기의 영아는 대부분 보고 듣는 것 등의 감각적인 자극에 대한 반응 행동을 한다. 감각 기관을 활용하여 외부 세계를 이해하며, 운동능력이 생기면서 지적 능력이 생겨난다.

감각운동기 초기에는 주로 반사운동을 하나, 후기에는 대상영속성 개념 획득, 모방 행동 증가 등 서서히 지적 활동이 시작된다. 대상영속성 개념이란, 사물이 시야에서 사라지나 이 세상 어딘가에 존재하고 있다는 것을 이해하는 것이다.

② 전조작기(preoperation stage: 2~7세)

전조작기는 사고의 논리적인 조작(operation)이 이루어지기 전이라는 의미이다. 조작이란 인지발달의 구성적인 측면으로 이해력, 추리력, 사고력 등을 의미한다. 전조작기의 유아는 성인들과는 다른 방식으로 사고한다. 언어능력이 발달하고 상징적인 사고능력도 증가한다. 그러나 전조작적 특성으로 인하여 유아기만의 독특한 사고 양식인 자기중심성, 물활론적 사고, 보존개념 부족, 비가역적 사고 등의 특성이 나타난다.

자기중심성이란 자신의 입장에서만 보고 듣고 생각하여 타인의 관점을 이해하지 못하는 것으로, 이기적인 것과는 구별되는 개념이다. 물활론적 사고는 생명이 없는 대상에게 생명과 감정을 부여하여 사고하는 것을 의미한다. 직관적 사고는 사물의 두드러진 부분에 집중하여 그 대상을 이해하는 것으로 전조작기 유아는 사물의 모양이 달라져도 그 양이나 속성은 변하지 않는다는 보존개념을 이해하기 어려워한다.

③ 구체적 조작기(concrete operation stage: 7~11세)

구체적 조작기의 유아는 논리적인 조작이 가능해진다. 전조작기의 특성인 자기중심성에서 벗어나 가역적인 사고가 가능해진다. 길이, 넓이, 부피, 질량 등이 그 형태나 순서가 바뀌어도 변하지 않는다는 보존 개념을 획득하며 유목화 등의 개념을 획득하게 된다.

④ 형식적 조작기(formal operation: 11세 이후)

형식적 조작기는 논리적인 사고가 가능하며 인지적 성숙이 이루어지는 단계이다. 문제해결 시, 과학적으로 추론하며 가설을 세우고 검증하는 등 논리적 사고능력을 문제 상황에 적용할 수 있다.

표 3-1 피아제의 인지발달 이론

단계	연령	특징
감각운동기	출생~2세	• 감각 운동에 의한 학습 • 비언어, 반사 행동, 모방
전조작기	2~7세	• 직관적 사고 • 자기중심성 • 보존개념능력 결여, 비가역성 • 물활론적 사고 • 상징적 표상능력 증가 • 타율적 도덕성
구체적 조작기	7~11세	• 보존개념 및 가역성 획득 • 다양한 관점 수용 • 추리적인 사고 가능
형식적 조작기	11세 이후	• 추상적 사고능력 발달 • 가설을 통한 논리적 추론, 검증 가능 • 문제해결력 발달

2) 비고츠키의 사회문화적 인지발달 이론

비고츠키(L. V. Vygotsky, 1896~1934)는 인간의 발달에서 문화와 사회적 관계를 강조하였다. 그는 유아가 성장하고 있는 문화적 배경을 고려하지 않고는 유아의 발달을 제대로 이해할 수 없다고 주장하였다. 비고츠키의 이론은 피아제가 간과했던 사회문화적 요인의 중요성을 강조함으로써 인지발달을 이해하는 데 새로운 견해를 제시하였다. 인지발달에 있어서 문화적 보편성을 강조했던 피아제와 달리 비고츠키는 인지발달의 문화적 특수성을 강조하였다(정옥분, 2017).

비고츠키
(1896~1934)

(1) 근접발달영역(the Zone of Proximal Development: ZPD)

근접발달영역은 유아가 혼자의 힘으로 해결할 수 있는 실제적인 발달 수준과 누군가의 도움을 받아 성취할 수 있는 잠재적인 발달 수준의 간격을 의미하며, 학습이 가장 역동적으로 일어나는 곳이다([그림 3-2], [그림 3-3] 참조).

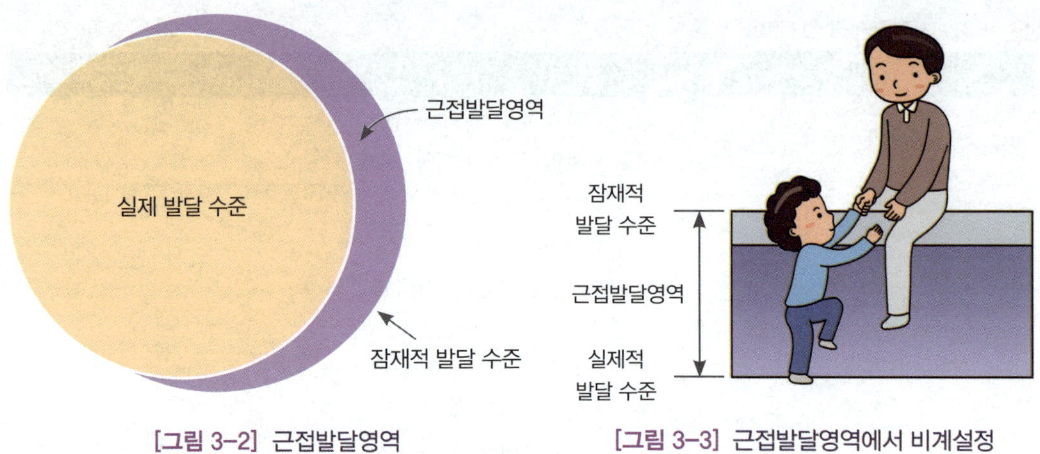

[그림 3-2] 근접발달영역

[그림 3-3] 근접발달영역에서 비계설정

(2) 비계설정

비계설정(scaffolding)은 근접발달영역과 밀접한 연관이 있는 개념이다. 비계는 원래 건축학에서 건물이 높게 쌓아 올라갈 수 있도록 하는 지지대로 발판 역할을 하는 임시구조물을 일컫는 용어이다.

비계설정은 유아가 스스로의 힘으로 문제를 해결할 수 있도록 성인이나 유능한 또래가

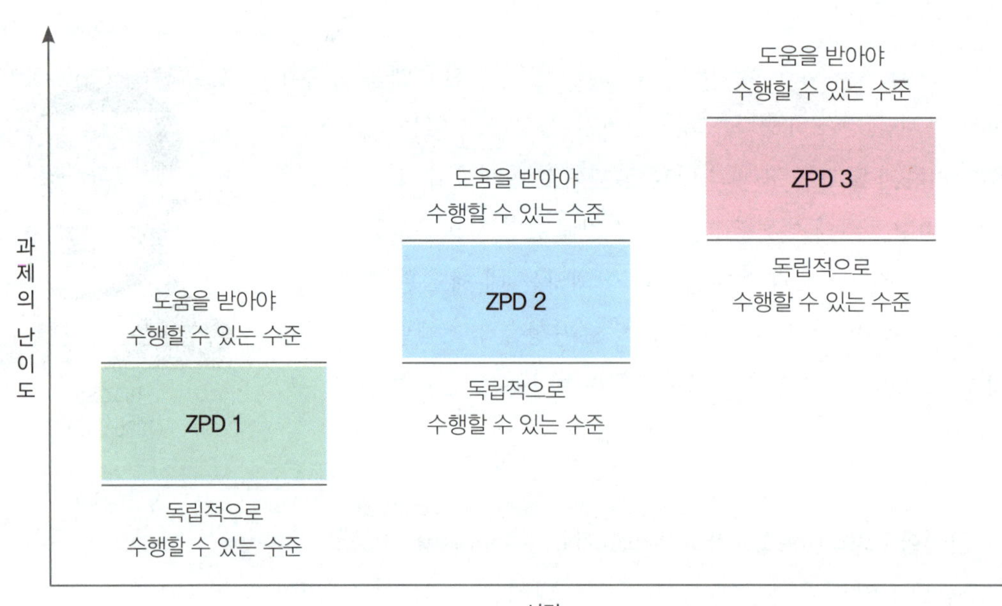

[그림 3-4] 근접발달영역의 역동적 특성

출처: Bodrova, E., & Leong, D. J. (1996). *Tools of the Mind: A Vygotskian Early Childhood Curriculum*, p. 75.

도움을 제공하는 것을 말한다(김경철 외, 2024). 즉, 유아가 어떤 과제를 수행할 때 성인이 유아에게 암시, 힌트 등을 제공하여 과제를 마칠 수 있도록 도와주는 것이다. 예를 들면, 자신의 방에서 놀이를 하다가 무엇부터 정리를 해야 할지 모르는 유아에게 "책을 먼저 정리하고, 그다음 블록과 소꿉놀이했던 것을 정리하자."라고 성인이 옆에서 정리하는 과정을 구조화해 주면, 유아는 스스로 정리할 수 없었던 것을 할 수 있게 된다. 유아의 발달 수준에 맞게 도움을 주고 조절하는 비계설정의 역할은 중요하다. 근접발달영역에서 유아는 교사나 유능한 또래와의 적절한 상호작용을 통해 학습한다. 유아가 도움 없이 과제를 스스로 해결하도록 두기보다 도움의 양을 조절해 주면 학습에 훨씬 효과적이다(이기숙 외, 2023; 정옥분, 2025).

다음의 〈표 3-2〉는 피아제와 비고츠키의 이론을 발달의 요인, 양상, 영향 요인 등으로 비교한 것이다(이연규 외, 2024).

표 3-2 피아제와 비고츠키의 이론

구분	피아제	비고츠키
강조점	문화적 보편성 강조	문화적 특수성 강조
발달의 요인	유아의 능동성 · 자발성 강조	발달이 빠른 또래나 성인의 역할 강조
발달의 양상	유사한 인지발달단계를 거침	상이한 인지발달을 보임
영향 요인	개인의 내적 발달 요인 강조	사회문화적 영향 요인 강조

참고 자료 EBS 21세기 교육 패러다임–세계의 PBL교육(피아제, 비고츠키 이론)

3) 인지발달 이론의 시사점

인지발달 이론은 영유아의 능동적인 사고 과정에 주목함으로써 발달심리학에 많은 변화를 가져왔다. 피아제는 성인과는 질적으로 다른 영유아만의 사고 특징에 대해 체계적으로 설명할 수 있는 이론적 근거를 제시하였다. 또한 영유아는 환경으로부터 일방적으로 영향을 받는 수동적인 존재가 아니라 적극적으로 환경을 탐색하면서 지적 발달을 이루어 가는 능동적인 존재임을 강조하였다. 비고츠키는 근접발달영역과 비계설정의 개념을 제시함으로써 학습과 발달의 관계에서 학습이 발달을 이끌 수 있다고 보았다. 비계설정의 개념은 교사의 역할에 대한 많은 시사점을 던져 주면서, 영유아는 교사의 도움을 받기는 하나 교사(성인)로부터 일방적인 가르침을 받는 존재가 아니라, 유아가 주도적인 역할을 하며 능동적으로 새로운 지식을 구성한다는 점을 강조하고 있다(김경철 외, 2024).

2. 동물행동학적 이론

동물행동학은 동물과 인간의 행동을 연구하는 학문이며, 다윈(Darwin)의 진화론적 관점에서 유래되었다. 동물에서 발견된 지식을 인간에게 적용한 것은 비교적 최근이다. 동물행동학자들은 인간이 생물학적으로 갖고 태어난 선천적인 행동 특성을 강조하며, 인간 행동의 많은 부분은 유전적으로 결정되어 있으며, 유전적 결정인자는 학습에도 영향을 미친다고 주장한다. 유럽의 동물학자인 로렌츠(Lorenz)는 동물행동학의 기초를 확립하였고, 1960년대에 와서 볼비(Bowlby)는 동물행동학적 이론을 인간의 발달에 적용하였다.

로렌츠
(1903~1989)

1) 로렌츠의 각인 이론

로렌츠(K. Z. Lorenz, 1903~1989)는 현대 동물행동학의 아버지로 불린다. 동물행동학자들은 동물의 행동을 자연환경 속에서 연구할 때에 동물의 행동 패턴을 이해할 수 있다고 확신한다.

(1) 각인

로렌츠의 연구에서 거위 새끼들을 어미 대신 로렌츠가 키웠더니 새끼들은 어미 거위를 무시한 채 로렌츠를 어미로 여기고 따라 다녔다([그림 3-5] 참조). 거위 새끼들은 생의 초기에 그를 애착의 대상으로 삼아 그에 대한 각인(imprinting)을 형성하였다. 로렌츠는 거위들이 부화한 후 처음 보는 움직이는 대상을 따르도록 생물학적으로 프로그래밍되어 있다고 주장하였다(권민균 외, 2015; 서봉연, 1983).

[그림 3-5] 각인 현상

(2) 결정적 시기

결정적 시기는 특정 유형의 학습이 일어날 수 있는 발달 시기를 말한다. 로렌츠에 의하면 거위들이 부화한 후 하루 내에 움직이는 대상을 보아야만 한다. 하루가 지나면 거위는 움직이는 대상을 각인하지 못한다. 즉, 각인의 결정적 시기는 약 하루 동안만 지속되며 결정적 시기에만 각인 현상이 일어난다는 것이다. 결정적 시기 이전이나 이후에는 동일한 학습이 일어나기 어려워진다(권민균 외, 2005; 서봉연, 1983).

2) 볼비의 애착 이론

볼비(J. Bowlby, 1907~1990)는 수용시설에서 키워진 아동들에 대해 관심을 가지고 고아원에서 자란 아동들이 타인과 친밀한 관계를 형성하지 못하는 등 정서적 문제가 나타나는 것을 발견하였다. 볼비는 생의 초기에 양육자에 대한 애착형성의 중요성을 강조하였다.

볼비
(1907~1990)

(1) 각인으로서의 애착

동물행동학에서도 초기 경험의 중요성과 결정적 시기의 중요성을 강조한다. 볼비는 아기가 태어나서 자신을 돌보는 사람, 특히 주 양육자인 어머니와의 강한 정서적 유대 관계를 맺게 되는데, 이를 애착이라고 하였다. 아기의 애착 행동인 미소 짓기, 옹알이하기, 울기, 매달리기 등은 선천적인 사회적 신호이다. 이러한 행동은 부모로 하여금 아기를 돌보도록 유인하며 위험으로부터 보호하고 건강한 성장에 필요한 자극과 애정을 기울이게 한다(정옥분, 2006).

(2) 민감기

결정적 시기의 개념이 동물에게는 각인과 같은 발달의 특정 측면을 설명하지만, 인간 발달에서는 민감한 시기가 더 적절한 개념이다(정옥분, 2017). 민감한 시기는 특정 능력이나 행동이 출현하는 데 최적의 시기로 유아기에는 특정한 자극에 더욱 민감한 반응을 보인다. 예를 들면, 볼비는 생후 첫 3년이 주 양육자와 친밀한 정서적 유대 관계를 맺는 데 민감한 시기라고 하며, 이 시기 동안 정서적 유대 관계를 경험하지 못하면 이후의 인간 관계에서 많은 어려움을 겪을 수 있다고 말한다.

3) 동물행동학적 이론의 시사점

동물행동학적 이론은 인간의 발달을 이해하는 데 있어 생물학적 · 환경적 영향에 추가하여 진화론적인 관점을 도입하면서 발달에 대한 관점을 넓혔다. 특히 각인 이론과 애착 이론을 통해 어린 시기 경험의 중요성이 입증되면서 가정과 유아교육기관에서의 초기 경험의 중요성에 시사하는 바가 크다. 초기 경험이 이후 발달의 모든 것을 결정하지는 않지만, 유아기 이후의 발달의 가능성을 제한할 수 있다는 점에서 의미가 있다. 특히 최근 들어, 현대 사회 아동들의 정서 · 행동 문제 요인이며, 모든 발달을 촉진하는 중요한 요인 중 하나로 애착의 중요성이 강조되고 있다는 점은 주목할 만하다(송현종 외, 2017; 이숙재 외, 2020).

3. 생태학적 이론

생태학적 이론은 인간의 발달은 가족, 이웃, 국가라는 주변 환경에 둘러싸여 서로 영향을 주고받으면서 발달이 이루어진다는 관점이다. 브론펜브레너의 생태학적 체계이론을 살펴보겠다.

1) 브론펜브레너의 생태학적 체계이론

생태학적 체계이론은 '인간이 생물로서 다양한 환경에 적응해 간다'는 입장이다. 대표적인 학자 브론펜브레너(U. Bronfenbrenner)는 영유아의 발달을 사회문화적 맥락에서 이해해야 하며 유아를 둘러싼 환경이 중요하다는 점을 강조하였다. 그는 유아가 속한 환경 생태계를 미시체계, 중간체계, 외체계, 거시체계, 시간체계로 구분하여 제시하였다.

브론펜브레너
(1917~2005)

(1) 미시체계

미시체계(microsystem)는 유아에게 가장 근접해 있는 환경으로 가족, 친구, 이웃, 유아교육기관 등이다. 미시체계는 유아와 밀접하게 상호작용함으로써 발달에 영향을 미친다. 예를 들면, 부모의 양육 태도는 영유아의 기질, 성격에 따라 달라지고 영유아의 행동은 부모의 양육 태도와 행동에 의해 영향을 받는다.

(2) 중간체계

중간체계(mesosystem)는 미시체계들 간의 상호관계를 의미한다. 예를 들면, 가족에게 거부되는 양육 경험을 한 유아의 경우에 유아교육기관에서의 또래와의 긍정적 관계를 형성하는 데 어려움이 있으며, 부모와 교사와의 관계 또한 영유아의 발달에 영향을 미치게 된다.

(3) 외체계

외체계(exosystem)는 유아가 직접 참여하지 않지만 유아에게 영향을 미치는 사회적 환경을 의미한다. 예를 들면, 부모의 직장, 대중매체, 교통 · 통신시설, 지역사회의 여건 등이 포함된다. 유아가 외체계에 직접적으로 관여하지는 않지만, 그 체계로 인해 유아의 경험이 달라질 수 있다. 예를 들면, 부모의 퇴근 시간에 따라 유아의 일상생활은 달라질 것이고 유아의 발달에 영향을 미치게 된다. 지역사회의 양육지원은 가정에서의 양육과 관련되어 영유아의 발달에 영향력을 발휘하게 된다(조복희, 2006).

(4) 거시체계

거시체계(macrosystem)는 미시체계, 중간체계, 외체계에 포함된 관습, 신념과 가치, 법률 및 정책, 제도 등 이념적인 측면을 의미한다. 거시체계는 유아의 삶에 직접적으로 개입하지 않으나, 전체적으로 보면 유아의 삶 전반에 걸쳐 영향을 미친다. 예를 들면, 영유아보육 및 복지 정책에 따라 영유아의 삶과 발달에 영향을 미치게 된다.

(5) 시간체계

시간체계(chronosystem)는 브론펜브레너가 초기에 발표한 생태학적 모델에는 포함되지 않았으나, 인간의 발달을 설명하는 데 필요한 체제로 후에 포함되었다. 시간체계는 시간적으로 특정한 시점이나 사건, 경험이 아닌 전 생애에 걸쳐 일어나는 개인과 사회역사적인 환경의 변화를 포함한다. 예를 들면, 개인적 차원에서 부모의 이혼으로 인한 영향은 이혼 시기에 따라 정도가 다를 것이며 사회문화적인 차원에서 여성들은 20~30년 전에 비해 더욱 직업을 갖는 것을 희망한다(정옥분, 2017).

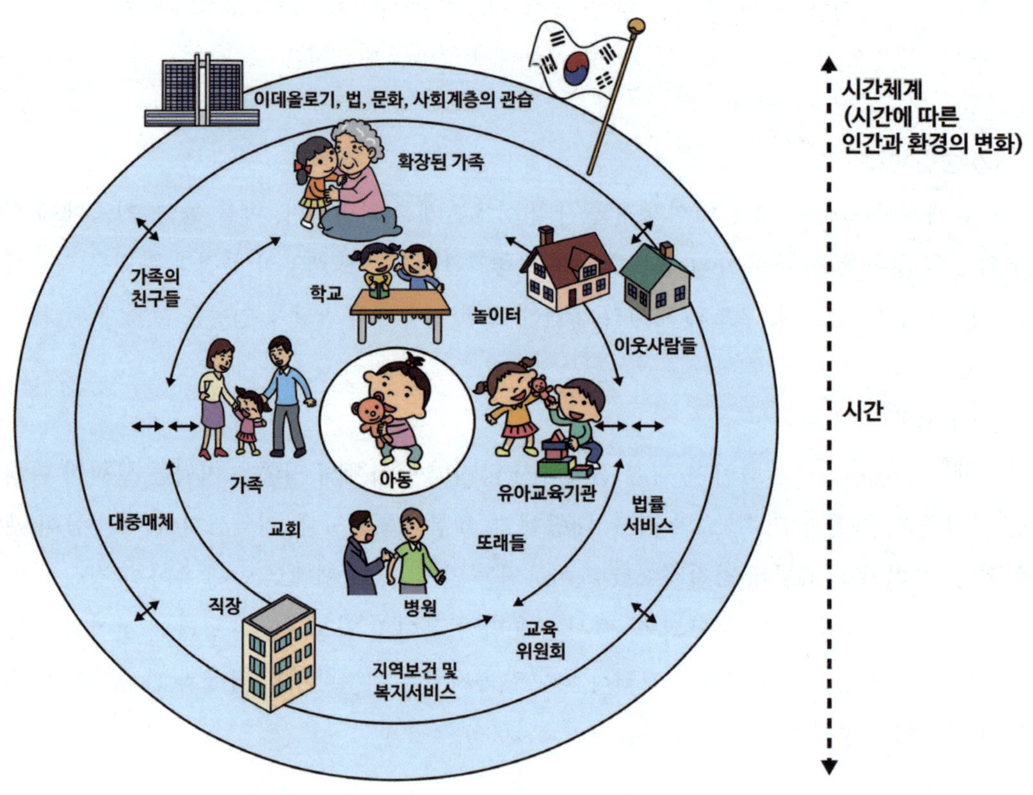

[그림 3-6] 브론펜브레너의 생태학적 체계이론

출처: Shaffer, D. R. (1999). *Developmental psychology: Childhood and adolescence* (5th ed.).

2) 생태학적 체계이론의 시사점

생태학적 체계이론은 영유아를 둘러싼 환경을 체계적으로 구조화하고 이들 각 체계와 영유아 발달 간의 관계를 설명함으로써, 영유아를 이해하는 데 있어 전체적인 관점을 제시해 주었다. 어느 이론보다 인간과 환경이 상호작용하는 과정을 면밀하게 설명해 준 이론이다. 또한 생태학적 체계이론에서는 인간이 눈에 보이는 환경과 자극뿐만 아니라, 전혀 모르는 타인과 직·간접적으로 영향을 주고받으며 살아가고 있다는 점을 보여 주고 있다. 그러나 영유아의 발달이 일어나는 맥락과 발달에 영향을 미치는 맥락을 모두 고려하고 있기는 하나, 실제로 이러한 모든 맥락을 고려하여 연구를 진행하기에는 어려운 점이 많다(이연규 외, 2024; 정옥분, 2008).

학습내용 확인

※ 다음 (　　) 안에 알맞은 내용을 쓰시오.

1. 유아 스스로의 힘으로 문제를 해결할 수 있도록 성인이나 유능한 또래가 도움을 제공하는 것을 무엇이라 하는가? (　　　　　　)
2. 아기가 태어나서 주 양육자와 정서적인 유대 관계를 맺는 것을 (　　　　　　)이라 한다.
3. 영유아에게 직접적 영향을 미치는 체계로 부모, 친구, 이웃과 상호작용하는 맥락을 (　　　　　　) 라 한다.

※ 다음 문제를 읽고 ○, ×로 답하시오.

4. 피아제이 인지발달 이론의 개념 중에서 '도식'은 지각의 틀, 인식의 틀로 이해할 수 있다. (　　)
5. 생후 초기 노출된 대상에 대해 애착을 보이고 추종하게 되는 행동을 강화라 한다. (　　)
6. 브론펜브레너의 생태학적 체계이론에서 영유아와 직접적으로 연계는 없으나 간접적으로 영향을 받을 수 있는 환경은 미시체계이다. (　　)

※ 다음 문제를 읽고 (　　) 안에 알맞은 번호를 쓰시오.

7. 피아제의 인지발달 이론에서 '동화'와 '조절'의 차이를 옳게 설명한 것은? (　　)
   ① 동화는 새로운 정보를 기존의 도식에 맞추는 것이고, 조절은 기존의 도식을 바꾸는 것이다.
   ② 동화는 기존의 도식을 바꾸는 것이고, 조절은 새로운 정보를 기존의 도식에 맞추는 것이다.
   ③ 동화와 조절은 모두 새로운 도식을 형성하는 과정이다.
   ④ 동화와 조절은 기존의 도식을 없애는 과정이다.

8. 피아제의 인지발달단계에서 영아가 대상영속성을 획득하게 되는 단계는 언제인가? (　　)
   ① 감각운동기　② 전조작기　③ 구체적 조작기　④ 형식적 조작기

9. 피아제의 이론에서 상징적 사고와 자기중심적 사고가 두드러지게 나타나는 시기는? (　　)
   ① 감각운동기　② 전조작기　③ 구체적 조작기　④ 형식적 조작기

※ 다음 문제에 대해 서술하시오.

10. 피아제 이론의 도식, 동화, 조절, 평형화 개념에 대하여 설명하시오.

11. 비고츠키의 근접발달영역에 대해 서술하시오.

활동 2-1 피아제와 비고츠키 이론에 기초한 교사의 역할에 대해 이야기해 보세요.

활동 2-2 브론펜브레너의 생태학적 체계이론은 영유아 발달에 어떤 시사점을 주는지 이야기해 보세요.

제 4 장

태내 발달과 출산, 신생아

학습 개요

하나의 생명체로 출발하는 수정의 순간부터 출산까지 태내기 10개월은 인간이 가장 빠르게 성장하는 시기이다. 출산과 동시에 아기가 태내 밖 환경에 적응해 가며 성장 · 발달해 가는 과정을 이해함으로써 아기의 존재에 대한 이해와 함께 신생아가 어떻게 양육되어야 하는지를 알 수 있다. 제4장에서는 태내기 발달 과정과 태내 발달에 영향을 미치는 환경 요인을 살펴보고 출산의 과정과 신생아기의 특성에 대해 살펴보고자 한다.

학습 목표

1. 태내 발달의 과정과 태내 발달에 영향을 미치는 요인을 이해한다.
2. 출산의 과정을 이해한다.
3. 신생아 발달의 특징과 돌보는 방법을 이해한다.

주요 용어

- 태내 발달, 출산, 신생아

함께 생각해 봅시다

∴ '스승의 십년 가르침이 어머니가 임신하여 열 달 기르는 것만 못하다.'– 「태교신기」

「태교신기」는 사주당 이씨가 저술한 최초의 임산부 태교법 교습서입니다.

태교의 의미와 그 중요성은 무엇인가요? 태교를 위해 할 수 있는 어떤 것이 있을까요?

1. 태내 발달

1) 태내 발달단계

태내 발달은 수정란이 착상되면서 이루어지는 약 40주에 해당하며, 태내 발달은 배종기, 배아기, 태아기의 3단계로 이루어진다. 태내 발달단계를 살펴보면 다음과 같다(김경철 외, 2024; 이기숙 외, 2023; 이연규 외, 2024; 정옥분, 2016).

(1) 배종기(수정~약 2주)

배종기는 수정란이 자궁벽에 착상하는 2주까지의 기간에 해당하며, 발아기, 발생기라고도 한다. 수정란이 자궁벽에 착상함으로써 모체와의 밀접한 의존 관계가 시작된다. 수정란은 급속하게 세포 분열을 하게 되는데, 수정 직후 이분 분열을 시작하여 2일 후에는 4개의 세포로, 3일 후에는 32개의 세포로 그리고 수정 후 일주일이 지나면 약 100~150개의 세포로 분열한다. 착상이 완전히 이루어지려면 약 일주일이 걸리는데, 착상과 동시에 배종기가 끝나고 배아기가 시작된다.

(2) 배아기(약 2~8주)

배아기는 수정란이 자궁벽에 착상한 이후부터 8주까지에 해당한다. 이 시기에 분화하는 유기체를 배아라고 부른다. 배아기 동안에는 중요한 신체 기관과 신경계가 형성된다.

배아기 초기인 4주경에는 심장이 뛰고 뇌와 신경조직 분화, 입, 소화기관, 태반, 간, 허파, 신장이 형성되며, 약 6주경에 순환계와 얼굴, 사지, 내장기관, 신경관과 뇌 등이 형성된다. 수정 후 8주가 되면 태아의 모든 발달 과정의 95%가 형성되어 얼굴의 입, 눈, 귀가 분화되고 팔, 다리, 손발, 성기가 형성되며 배아기 동안 계속해서 태반이 발달하고 탯줄이 형성된다(이연규 외, 2024). 배아기는 주요 신체 계통과 기관이 거의 완성되는 매우 중요한 시기이며, 선천적인 기형인 무뇌증, 언청이, 뼈 기형, 지적 장애 등이 발생할 수 있다.

(3) 태아기(8주~출생)

태아기는 수정 후 8주에서 출생할 때까지의 기간에 해당한다. 이 시기의 태아는 외형적으로 완전한 인간의 모습을 갖추고 있으며, 각 기관 체계와 사지, 근육들이 기능하게 된다. 대략 8주에 첫 뼈세포가 형성되어 손가락이 분명해지며 발가락뼈가 나타난다(이연규 외, 2024).

태아기 중기는 임신 4~6개월 사이인데, 이 시기에는 초기 3개월 동안 형성된 신체의 모든 기관과 구조가 성숙해 간다. 15주 때 감각기관이 형성되며 기관과 근육의 기능이 시작되고 18주가 되면 입과 입술의 윤곽이 형성된다. 5개월부터 모체가 태아의 움직임을 느낄 수 있고, 6개월경부터 태아의 청각이 기본적인 기능을 수행할 수 있다. 시각은 다른 감각에 비해 가장 늦게 발달하지만, 기본적인 시각기관이 완성된다.

태아기 말기는 임신 7~9개월 사이로 태아의 모든 기관이 완성되고 출산 전까지 신체 각 부분의 발달이 마지막 단계에 이르며, 이 시기에 대뇌피질이 커져 뇌가 급격히 발달한다. 태아는 발로 차고 꿈틀거리고 머리를 돌리기 시작하며, 결국 몸통 전체를 돌릴 수 있게 된다. 빛에 대한 강한 반응과 감지가 가능하며, 입을 벌리고 적은 양의 양수를 삼키며 빠는 동작을 취한다. 약 36주경이면 대부분의 태아는 머리가 아래로 위치하며 정착하게 된다. 이러한 형태는 자궁 내에서 보다 많은 공간을 확보하게 해 줄 뿐만 아니라 출산을 용이하게 해 준다(정옥분 외, 2007).

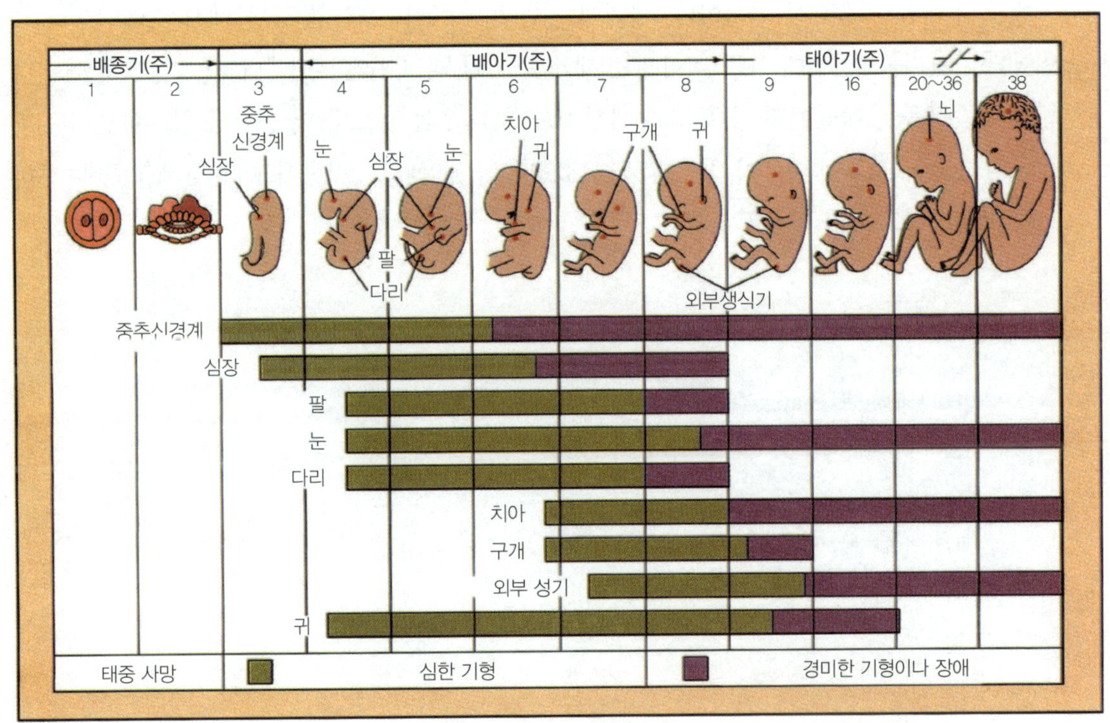

[그림 4-1] 태아의 성장 과정

출처: 정옥분(2025). 영유아발달의 이해(4판).

2) 태내 발달에 영향을 미치는 요인

태아기는 무엇보다 모체의 태내 환경에 많은 영향을 받는다. 대부분의 태아는 건강하게 태어나지만, 일부 이상이 있는 태아들은 질환 요소를 가지고 태어나기도 한다. 이상이 있는 태아들은 자연적으로 유산이 되는 편이지만, 간혹 선천적으로 이상을 지닌 채 태어나는 경우도 있다(이연규 외, 2024). 태내 발달에 영향을 미치는 요인에는 유전적 요인과 환경적 요인이 있다. 유전적 요인은 통제하기 어렵지만 환경적 요인은 많은 부분을 통제할 수 있기에 태아에게 바람직한 환경을 제공하기 위한 노력이 필요하다(김경철 외, 2024). 태아는 모체와 생리적 · 심리적으로 밀접하게 연결되어 있어서 산모의 연령, 건강 및 영양 상태, 정서 상태, 흡연, 음주, 약물복용 등이 영향을 미칠 수 있다.

3) 태내기 교육

태내기는 인간의 발달적 측면에서 보면 매우 짧은 기간이지만, 출생 이후의 성장과 발달에 초석이 되는 중요한 시기이다. 태내기 동안 이루어지는 태교는 동양에서 오래전부터 시행되어 왔다. 조선시대 사주당 이씨는 세계 최초의 태교 단행본인 『태교신기』에서 어머니의 태중교육 10개월이 출생 후 스승에게 10년을 배우는 것보다 더 중요하다고 하였다(이연규 외, 2024). 최근에 이루어지는 태교는 태담태교, 음악태교, 미술태교, 명상태교 등 다양하게 이루어지고 있다(전선옥, 2019).

참고 자료

- 아이사랑 포털: https://www.childcare.go.kr
- EBS 다큐프라임-퍼펙트 베이비 1부 태아 프로그래밍
- EBS 역사채널 E-태교신기
- KBS 의학 다큐멘터리-태아 1편 '만남'

2. 출산

출산이란 아기가 모체의 자궁 밖으로 나오는 과정이며, 출산의 단계, 출산 과정에서 발생할 수 있는 문제점을 살펴보면 다음과 같다.

1) 출산의 단계

출산 예정일에 반드시 아기가 태어난다는 것이 아니므로, 출산 예정일이 가까워지면 산모는 출산 준비를 한다. 출산은 예정일보다 며칠 빠르거나 늦을 수도 있다. 태아가 모체 안에 있는 임신 기간이 일정한 것은 아니지만, 대체로 최종 월경일부터 280일(1개월을 28일로 본 10개월, 즉 40주)을 임신 기간으로 본다. 출산 예정일은 태아의 크기, 자궁의 크기, 호르몬의 수준, 외부의 생리적 · 심리적 영향에 따라서 달라질 수 있다. 출산 예정일에 꼭 맞추어 분만을 하는 경우는 매우 드물고 예정일 중심으로 전후 2주간은 정상적인 범주에 속한다고 본다.

출산의 진행 과정은 사람마다 다르며, 긴 임신 기간을 거쳐 마침내 맞이하는 출산은 진통과 함께 시작된다. 출산에 걸리는 시간은 초산의 경우 보통 16~18시간, 경산의 경우에는 6~8시간 정도이지만 산모에 따라서 개인차가 크므로 정확하게 예측하기는 어렵다. 진통이 5~10분 간격으로 규칙적으로 오게 되면 출산이 본격적으로 시작되며, 정상 분만의 경우 다음과 같은 세 단계로 진행된다(이연규 외, 2024).

(1) 제1기: 개구기

개구기는 진통이 시작되어 자궁 입구가 태아의 머리가 통과할 수 있는 10~12cm 정도까지 열리는 기간을 말한다. 소요 시간은 초산부의 경우 평균 10~12시간, 경산부는 평균 4~6시간이 걸리는데, 이는 개인마다 차이를 보인다. 일반적으로 진통 간격이 5~6분일 경우 자궁의 입구가 5cm 이하로 벌어지고, 2~3분 간격일 때 7~9cm 정도가 된다. 진통은 자궁이 수축하면서 나타나며, 처음에는 15~20분 간격으로 25~30초 동안 가벼운 진통이 시작되다가 점차 2~5분 간격으로 강하게 나타난다(정옥분, 2015).

(2) 제2기: 출산기

출산기는 자궁경부가 약 10cm가량 완전히 벌어지게 되면서 아기가 산도를 통해 나오는 시기이다. 자궁 입구가 완전히 열린 무렵에는 태아도 꽤 내려오고, 이때부터 힘을 줘서 아기를 낳게 된다. 이 시기는 초산부의 경우에 평균 2~3시간 정도, 경산부는 평균 1시간~1시간 30분 정도 소요되지만 개인마다 다를 수 있다. 자궁 입구가 많이 열리게 되면 양막의 파수가 자연스럽게 일어난다. 태아의 머리가 산도를 통과하여 나오면 그 이후는 어깨, 몸, 다리가 나오면서 출산한다.

(3) 제3기: 후산기

후산기는 태아 분만 직후부터 태반과 탯줄 및 산모의 몸 안에 있는 모든 부속물이 완전히 나오는 시기이며, 평균 10~20분 정도 소요된다. 태반이 모두 밖으로 나오면 자궁 수축이 잘 이루어지면서 출혈이 멈춘다. 이러한 과정을 통해 분만은 종료되지만, 이후에도 자궁이 예전의 크기로 회복되기 위해서 수축하며 다소의 진통을 경험하게 된다(정옥분, 2015).

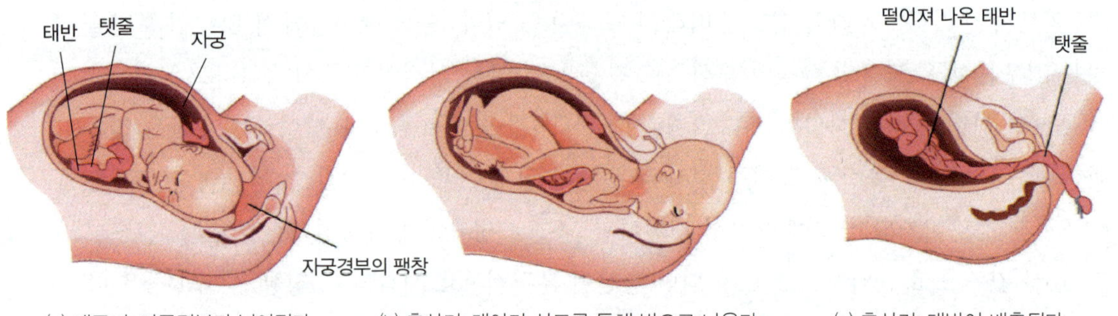

(a) 개구기: 자궁경부가 넓어진다. (b) 출산기: 태아가 산도를 통해 밖으로 나온다. (c) 후산기: 태반이 배출된다.

[그림 4-2] 출산의 단계

출처: 정옥분(2025). 영유아발달의 이해(4판).

2) 출산 시의 문제점

(1) 난산

난산이란 태아를 출산하는 과정에 이상이 있어서 분만이 순조롭지 않은 경우를 말한다. 예를 들면, 골반이 협소한 산도 이상의 경우, 태아가 밖을 나오기 전에 태반이 먼저 자궁벽에서 떨어지는 태반조기박리의 경우, 출산이 진행되기 전 양수가 일찍 터지는 조기 파수의 경우, 태아의 머리가 아닌 태아의 발이나 엉덩이 부분이 먼저 나오는 둔위 전진의 경우, 만출력 이상으로 자궁 수축의 힘이 이상하여 진통이 너무 없거나 너무 큰 경우 등이 있다.

(2) 산소결핍증

산소결핍증은 태아가 태어날 때 둔위 전진, 태반조기박리, Rh 인자, 무통분만을 위한 마취제 사용 등으로 인해 겪는 경우이다. 출산 시 태아의 머리가 아닌 태아의 발이나 엉덩이부터 나오게 되는 둔위 전진의 경우는 태아에게 산소를 공급해 주는 탯줄이 쪼이기 때문에 산소 공급을 받지 못하게 된다. 태반조기박리의 경우에는 산소와 영양 공급이 차단된다. 무통분만을 위해 산모에게 투입된 마취제와 촉진제가 태아에게 전달되는 경우에도 태아에게 산소결핍증이 발생한다. 산모의 혈액형이 Rh−이고, 태아의 혈액형이 Rh+인 경우에 산모의 혈액이 태아의 혈액에 대항하기 위해 항체를 만들게 되고, 이 항체가 태아의 혈액 속으로 들어가게 되면 태아의 적혈구를 파괴하여 산소결핍증이 발생한다. 신생아는 성인보다 산소가 없는 상태를 좀 더 오래 견딜 수는 있지만, 산소결핍증이 3분 이상 지속되면 영구적인 뇌 손상을 입게 된다(이연규 외, 2024).

(3) 조산

조산은 임신 기간을 기준으로 임신 20주 이하의 태아 만출인 유산을 제외하고, 임신 20주에서 37주 미만까지의 분만으로 정의되고 있다. 특히 태아가 28주 이전에 태어나거나 체중이 1.5kg 이하인 경우는 생존에 어려움이 있다. 따라서 조산의 위험이 있는 임산부들을 예측하고 조기에 발견하는 것이 중요하며, 조산을 일으키는 요인들을 사전에 집중적으로 관리하는 것도 필요하다(대한산부인과학회, 2012).

조산으로 태어난 미숙아는 심장 박동이 느리고, 팔다리 움직임이 자연스럽지 않다. 또한 외부 환경 자극에 매우 민감하나 자극을 이겨 내는 능력이 미숙하다. 빨기, 삼키기, 기침 등과 같은 정상적인 반사 작용도 약하며 불규칙하다. 그래서 미숙아는 출생 직후 바로 인큐베이터에 들어가게 되는데, 이러한 초기 격리가 어머니와의 애착형성에 영향을 주어 사회적 · 정서적 발달에 어려움이 있을 수도 있다(이기숙 외, 2023).

3. 신생아 발달

출생 후 첫 1개월을 신생아기라고 한다. 이 시기의 아기는 태내에서 밖으로 나와 환경 변화를 경험하고 환경에 적응하며 성장해 나간다.

1) 신체적 특징

(1) 신장과 체중

우리나라 신생아의 평균 키는 남아 49.9cm, 여아 49.1cm이고, 평균 체중은 남아 3.3kg, 여아 3.2kg으로 남아가 여아보다 약간 큰 편이다(보건복지부, 질병관리본부, 2017). 신생아의 체중은 생후 2~3일경부터 감소하기 시작하여, 생후 일주일이나 열흘에는 약 5~10% 정도까지 감소한다. 이는 출생 당시 양수에 젖어 있던 신생아의 폐와 몸 표면에서 수분이 증발하고 대변이나 소변으로 수분이 빠져나가며 먹는 양이 적기 때문이다. 그러나 신생아가 젖을 잘 먹게 되면 체중이 증가하기 시작한다(정옥분, 2015).

(2) 머리와 가슴

신생아의 머리는 몸 전체 길이의 1/4 정도로 상당히 크다. 평균 머리둘레는 34cm이고, 가슴둘레는 32cm로 머리둘레가 가슴둘레보다 크다. 머리뼈는 하나의 뼈가 아니라 여러 납작한 뼛조각들이 서로 맞물려 있다. 아기의 머리뼈는 머리 크기를 수축시켜 출산 시 좁은 산도를 잘 빠져나올 수 있도록 하며, 성장하면서 뇌의 성장에 따라 머리뼈의 크기도 커질 수 있도록 한다. 뼈와 뼈 사이에는 막으로 구성된 뼈가 없이 말랑한 부분이 있는데, 이는 머리에 있는 6개의 숨구멍으로 이를 천문이라 한다. 그중 정수리 가운데에 있는 대천문과 소천문 2개는 팔딱거리는 것을 육안으로 볼 수 있다. 소천문은 1년 이내에 닫히며, 대천문은 1~2년 사이에 막힌다(김경철 외, 2024).

(3) 피부

신생아의 피부는 쭈글쭈글하고 붉은색을 띠며 몸 전체가 솜털과 끈적끈적한 태지로 덮여 있다. 태지는 세균 감염을 막기 위한 보호막으로 며칠이 지나면 저절로 벗겨지므로 일부러 벗겨 내지 말고 자연스럽게 둔다(이기숙 외, 2023).

2) 생리적 기능

(1) 호흡, 맥박, 체온

신생아의 호흡은 1분당 35~45회 정도이며 불규칙적인 복식호흡을 한다(정옥분, 2015). 심장을 조절하는 장치가 미숙하기 때문에 맥박도 1분에 120~160회 정도로 빠르고 불규칙하다. 중추신경기능이 미성숙하여 체온조절이 어렵고, 체온은 37~37.5℃로 성인보다 다소 높으며, 외부 온도에 민감하게 반응한다. 체온이 높은 이유는 신체의 표면적이 어른에 비해 커서 피부에서 열이 많이 발산되기 때문이다(김경철 외, 2024).

(2) 수면

신생아는 약 2시간 정도 자다 깨기를 반복하며 하루에 18시간 정도 잔다. 신생아가 환경에 적응하면서 위가 커지고 더 많은 양의 젖을 섭취하게 되면 수면 간격은 3~4시간 간격으로 길어진다. 신생아의 수면은 50%가 REM 수면이다. 수면은 REM 수면과 NREM 수면 두 가지로 나눌 수 있다. REM 수면은 불규칙한 혹은 빠른 안구 운동 수면이며, REM 수면 동안 전기 뇌파 활동을 측정하면 깨어 있는 상태와 유사하게 나타난다. 눈은 눈꺼풀 아래로 힐끗 보이고 심장박동, 혈압, 호흡은 고르지 않을 뿐 아니라 몸도 약간 움직인다. 반대로 NREM 수면은 규칙적인 혹은 빠르지 않은 안구 운동 수면으로, 신체는 거의 동요가 없으며 심장박동, 호흡, 뇌파 활동은 느리고 규칙적이다(이연규 외, 2024).

영아돌연사증후군(Sudden Infant Death Syndrome: SIDS)

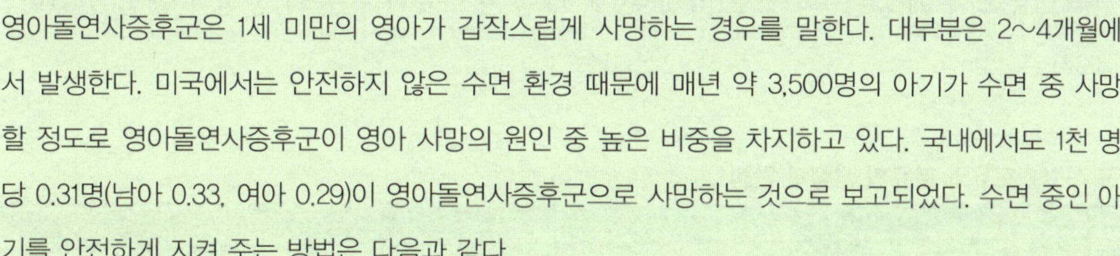
영아돌연사증후군은 1세 미만의 영아가 갑작스럽게 사망하는 경우를 말한다. 대부분은 2~4개월에서 발생한다. 미국에서는 안전하지 않은 수면 환경 때문에 매년 약 3,500명의 아기가 수면 중 사망할 정도로 영아돌연사증후군이 영아 사망의 원인 중 높은 비중을 차지하고 있다. 국내에서도 1천 명당 0.31명(남아 0.33, 여아 0.29)이 영아돌연사증후군으로 사망하는 것으로 보고되었다. 수면 중인 아기를 안전하게 지켜 주는 방법은 다음과 같다.

- 1세 미만의 아기는 '똑바로 눕혀서' 재우도록 한다.
  - 영아돌연사증후군을 예방하기 위한 중요한 방법은 낮잠 시간을 포함한 모든 수면 시 아이가 위쪽을 바라보게 똑바로 눕혀 재우는 것이다.
  - 부드러운 물체, 푹신한 침구류는 함몰, 질식, 목 졸림의 위험이 증가하므로 주의한다.
- 아이는 부모와 같은 공간이지만, 별도의 침대에서 자도록 한다.
  - 적어도 6개월 동안, 바람직하게는 1년까지, 아기를 별도의 공간에 혼자 재우지 말고 부모와 같은 방에서 재우되, 부모와 같은 이불을 사용하지 말고 부모와 가까운 곳에 아이를 눕혀 재워야 한다.

- 가능한 한 오랜 기간의 모유 수유가 영아돌연사증후군 위험을 감소시키는 데 도움이 된다.
  - 약 6개월 동안 적극적인 모유 수유를 권장한다. 아기가 이유식을 시작하더라도 12개월까지 모유 수유를 권장하고, 엄마와 아기가 원하는 경우는 12개월 후에도 모유 수유를 계속할 수 있다.
- 아기가 흡연자와 흡연 장소에서 멀리 떨어져 있게 한다.
  - 임신 중 산모가 흡연하거나 출산 후 부모가 흡연하는 경우, 영아돌연사증후군 위험은 2배 이상 증가한다.
- 낮잠이나 취침 시간에 젖꼭지를 사용하는 것이 도움이 된다.
  - 젖꼭지 사용은 수면 중 호흡 유지와 기도 확보에 도움이 된다. 모유 수유에 방해가 될 수 있으므로 아이가 깨어 있을 때는 피하고, 모유 수유가 익숙해진 생후 1개월부터 사용한다.

출처: 대한소아청소년과학회(2025. 8.).

(3) 수유

출산 후 1~2일이 지나면 산모에게서는 누르스름하고 약간 끈적끈적한 초유가 나온다. 초유에는 단백질, 지방, 비타민 A 등 영양이 풍부하고, 질병에 대한 면역체를 다량 함유하고 있어 태아의 태변 배설에 도움을 주고 면역력도 높여 준다. 초유를 시작으로 신생아는 먹고 자는 생활을 하게 되는데, 신생아의 위는 수직형이어서 한꺼번에 많이 먹지 못하고 2~3시간 간격으로 하루에 7~10회 정도 먹게 된다. 다음은 모유와 분유의 장점과 단점이다(이연규 외, 2024).

표 4-1 모유와 분유의 장점과 단점

구분	모유	분유
장점	• 신생아에게 필요한 면역체와 영양 함유 • 수유과정이 간편하고 감염 우려가 적음 • 소화 흡수율이 높음 • 별도의 비용이 없어서 경제적임 • 모체의 유방암, 난소암의 위험이 줄어들고, 체중 감소에 도움이 됨	• 아기가 배고파서 먹고 싶을 때 바로 수유할 수 있음 • 아기가 얼마나 먹는지 정확히 알 수 있음 • 엄마가 임신 기간 동안 먹지 못했던 음식을 모두 먹을 수 있음
단점	• 소화가 잘 되어 아기가 자주 깨므로 수유를 자주 해야 함 • 엄마가 맵고 짠 음식 등 식이조절을 해야 함 • 모유가 부족하면 분유와 함께 혼합 수유를 해야 함	• 수유를 위한 준비 과정이 길고, 시간이 필요함 • 분유값으로 경제적인 지출이 발생함 • 아기에게 맞는 분유를 찾아야 함 • 외출 시 준비해야 하는 물건이 많음

(4) 배설

신생아는 생후 1~2일이 지나면 태변을 보게 된다. 태변은 아주 짙은 녹색이나 갈색의 끈적끈적한 변으로, 어머니의 뱃속에서 생긴 장의 분비물, 담즙, 점액, 양수에서 삼켰던 물질들이 태내에서 축적되어 있다가 배출된다. 시간이 지나면 정상적인 변을 보기 시작하며 생후 3~4개월이 지나면 노란색의 변을 보게 된다. 모유 수유를 하는 경우에는 하루 3~4회, 인공 수유인 경우에는 하루 1~2회 변을 보게 된다. 신생아는 하루에 10회 이상 소변을 보지만 수분 섭취량에 따라 달라진다. 소변과 대변의 색은 신생아의 건강 상태를 알 수 있는 중요한 척도이기 때문에 수시로 점검하여 수유의 양을 조절하거나 원활한 배변 활동을 도와주어야 한다.

(5) 울음

신생아는 울음을 통해 자신의 요구사항을 표현한다. 울음은 배고픔, 아픔, 졸림 등 자신의 상황을 알리는 의사소통 방법이다. 신생아는 자신의 상태에 따라 울음소리를 다르게 내므로 신생아의 울음의 원인을 잘 살펴서 돌보는 것이 필요하다.

3) 반사 행동

신생아들은 여러 가지 반사운동능력을 가지고 태어난다. 신생아는 자신의 몸을 마음대로 움직여서 자신을 보호하는 능력이 발달되어 있지 않기 때문에 반사운동은 스스로를 보호하고 생명을 유지하는 데 필요한 능력이다(강민정 외, 2024). 반사 행동은 생존 반사, 비생존 반사로 구분할 수 있다(김경철 외, 2024; 김이영 외, 2023; 이연규 외, 2024).

생존 반사는 신생아의 생존이나 보호와 관련된 반사로 근원 반사, 빨기 반사, 삼키기 반사와 같이 주로 수유와 관련된 것이 많다. 생존 반사는 신생아의 기본적인 생존 욕구를 만족시키면서 혐오 자극으로부터 보호해 주는 역할을 하기도 하지만, 양육자에게도 긍정적인 효과가 있다. 엄마가 아기에게 젖을 물렸을 때 편안하고 힘차게 젖을 빨면 엄마는 만족감과 자신감을 느끼게 된다.

비생존 반사는 신생아의 생존과는 직접적인 관계는 없지만 뇌간이나 중뇌에 의해 통제되는 무의식적인 반사 행동이다. 대뇌피질의 중심부들이 성숙하기 시작하면 생후 몇 개월 내에 사라진다. 비생존 반사는 신생아의 생존과는 관련이 없지만 신생아의 발달을 진단하는 중요한 지표가 되기도 한다. 만약 출생 시 신생아가 반사 행동을 보이지 않거나, 영아기 동안 너무 오래 지속된다면 아기의 신경계에 문제가 있음을 의심해 볼 수 있다.

표 4-2 신생아의 반사 행동

반사 유형	종류	내용	사라지는 시기
생존 반사	눈 깜박임 반사	눈에 빛을 비추거나 물체가 다가오면 깜박임	지속
	호흡 반사	호흡을 통해 산소를 공급하고 이산화탄소 방출	지속
	젖찾기 반사	뺨을 만지면 접촉된 방향으로 고개를 돌리고 빨려고 함	생후 몇 주 내
	빨기 반사	입가를 자극하면 입술을 내밀고 빨려고 함	생후 1년
	삼키기 반사	입 속의 음식물을 삼키려고 함	지속
비생존 반사	모로 반사	놀랐을 때 팔다리를 허우적거리거나 목을 길게 빼는 것	생후 3~4개월
	바빈스키 반사	발바닥을 간질이면 발가락을 부챗살처럼 펴는 것	생후 8개월~1년
	잡기 반사	손에 막대기 같은 물체를 주면 강하게 잡는 것	생후 3~4개월
	걷기 반사	평평한 곳에 양발을 딛게 하면 걸음마를 하려는 듯 한쪽 발을 다른 쪽 발 앞에 놓는 것	생후 8주경
	수영 반사	물속에서 숨을 멈추고 팔다리를 움직이는 것	생후 4~6개월

출처: 김이영 외(2017). 영유아 발달.

4) 신생아 건강상태와 행동평가

(1) Apgar 검사

Apgar 검사는 신생아의 건강 상태를 평가하기 위한 의학적 검사 방법이다(정옥분, 2015). Apgar 검사는 다섯 가지 영역에 대한 검사이며, A는 외양, P는 맥박, G는 찡그림, A는 활동 수준, R은 호흡을 나타낸다. 출생 1분 후에 신생아의 심장박동, 호흡, 피부색, 근육 긴장도 및 반사에 대해 검사하며, 다시 5분 후에 반복 검사하여 아기의 상태가 얼마나 향상되었는지를 측정한다.

(2) Brazelton 신생아 행동평가척도

Brazelton 신생아 행동평가척도는 출생 후 1주일경에 신생아의 타고난 20가지 반사의 강도, 영아의 상태 변화, 스트레스에 대한 반응, 주의집중력 등에 대해서 보다 미세하게 측정하는 방법이다. 이 검사로 다양한 일상 경험에 대해 반응이 느린 아기를 확인할 수 있으며, 검사 과정 중에 극도로 무반응을 보이는 아기는 뇌 손상이나 다른 신경학적 문제를 가지고 있는 것으로 판단할 수 있다.

[그림 4-3] 신생아의 반사

출처: 정옥분(2025). 발달심리학(4판), p. 192.

참고 자료 EBS 다큐프라임 – 퍼펙트 베이비 1부 태아 프로그래밍

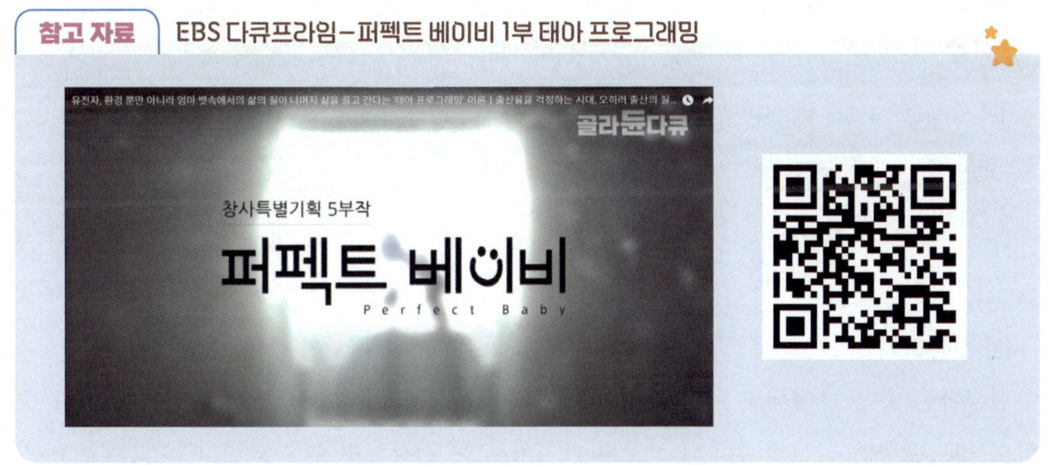

5) 신생아 돌보기

(1) 기저귀 갈기

기저귀를 찬 부위는 세균이나 효모균의 서식처가 되기 때문에 기저귀를 갈아야 할 시간을 잘 맞추어서 갈아 준다. 신생아의 엉덩이와 외음부의 피부는 항상 청결하고 건조하게 유지되도록 기저귀를 간 후에는 엉덩이와 외음부를 씻긴다. 특히 피부가 접히는 곳을 유의해서 닦는다.

기저귀를 가는 동안 신생아에게 부드럽게 이야기하면서 긴밀한 상호작용을 함으로써 기저귀 갈기가 기분 좋은 경험으로 인식되도록 한다. 기저귀의 끝부분이 배꼽을 가리지 않게 배꼽 아래로 기저귀 높이가 오도록 한 다음, 좌우를 맞추어 접착테이프를 붙인다. 허벅지의 기저귀 주름이 벙벙하거나 한쪽으로 몰려 있으면 소변이나 대변이 새어 나올 수 있으므로 기저귀가 헐렁하거나 조이지 않는지 확인한다. 기저귀 발진을 예방하기 위해서는 기저귀를 자주 갈아 주는 것이 좋다. 발진이 났다면 가끔 기저귀를 벗겨 내고 시원한 공기를 쐬게 해 피부를 건조시킨다(이연규 외, 2024).

*** 남아의 기저귀 갈기 ***

남아는 기저귀를 갈기 위해 기저귀를 푸는 도중 갑자기 오줌을 싸는 일이 많다. 따라서 기저귀로 앞쪽을 대면서 천천히 빼는 것이 바람직하다. 엉덩이를 닦을 때 먼저 항문 방향으로 닦은 다음 성기의 뒤쪽과 주름 안쪽은 물론, 사타구니 부분도 닦아야 한다. 기저귀를 채울 때 앞쪽을 두껍게 해서 음낭을 쓸어 올려야 소변 흡수가 잘 된다.

*** 여아의 기저귀 갈기 ***

여아의 경우 성기와 항문이 가까워서 대소변 후 깨끗이 닦아 주어야 냄새도 안 나고 요도 감염의 우려도 없다. 요도를 통해 세균 감염이 일어나기 쉬우므로 앞쪽에서 뒤쪽을 향해 닦아 주는 것이 좋다. 청결히 한다고 안쪽까지 심하게 닦을 필요는 없다.

(2) 수유하기

신생아는 출생 당시에도 이미 소화효소를 분비하고 있어서 음식물을 충분히 소화할 수 있으므로, 보통은 출산 직후부터 산모와 아기가 모두 건강하면 수유를 한다. 처음에는 아기가 먹는 것이 익숙하지 않고 젖도 잘 나오지 않으나 걱정하지 않아도 된다. 특히 초산인 경우에는 5~8일 정도까지 거의 젖의 분비가 없을 수도 있는데, 초조해하지 말고 젖을 자주 빨리면 그 자극이 산모의 간뇌에 작용하여 모유 분비를 촉진하는 호르몬 작용이 활발해져서 모유가 분비된다(이연규 외, 2024).

신생아의 위는 어른과 달리 수직 모양이어서 많이 먹으면 토하게 되므로 2~3시간 간격으로 하루에 7~8회 정도 수유를 한다. 수유의 횟수와 양은 아기마다 개인차가 크므로 지나치게 표준화된 양이나 횟수에 집착하지 않아도 된다. 수유 시에 반드시 신경을 써야 하는 부분은 모유 수유를 하든 분유 수유를 하든 아기를 가슴에 안고 다정하게 눈을 맞추어 대화하며 수유하는 것이다. 이때 바른 자세로 수유하는 것이 중요하며, 필요시 수유 받침대와 수유 쿠션을 사용한다(강민정 외, 2024). 수유 후에는 아기의 배에 가스가 차서 고통을 느끼지 않도록 바로 등을 두드려 트림하게 하여 가스를 제거해 준다.

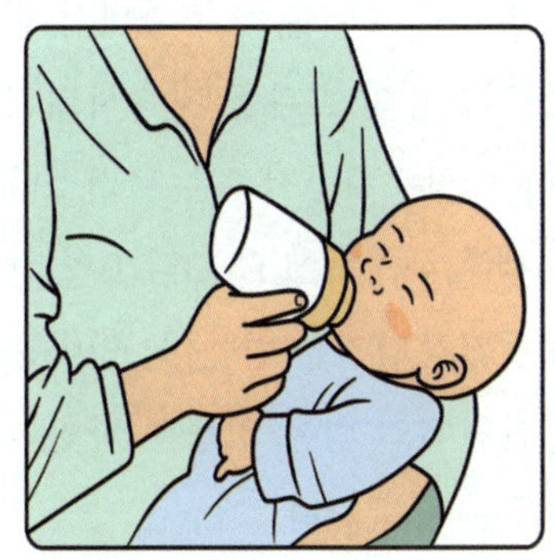
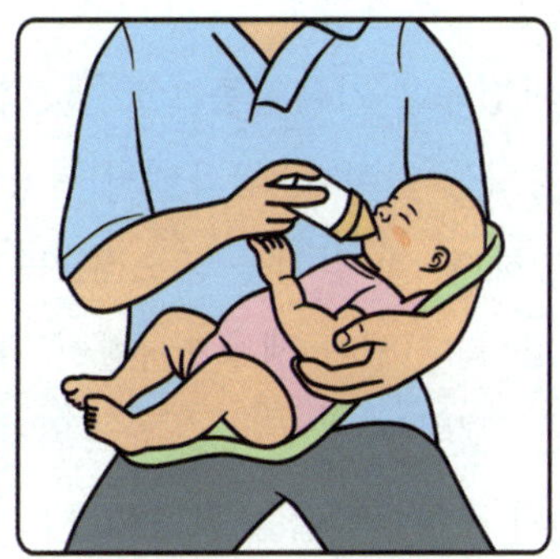
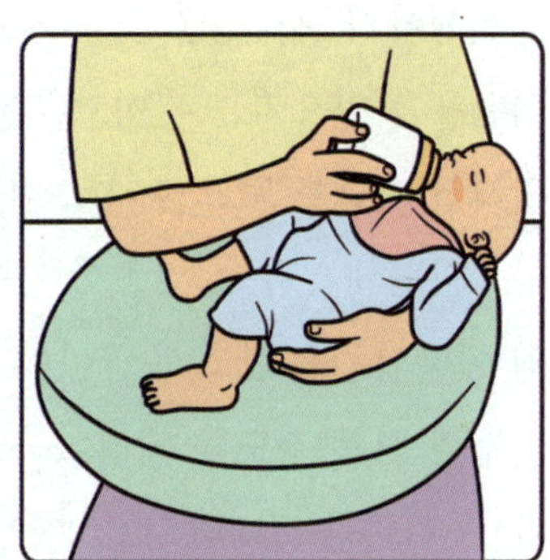

[그림 4-4] 분유 수유 자세

출처: 강민정 외(2024). 영유아 건강교육.

*** 수유 후 트림 시키기 ***

수유 후에 반드시 해야 할 것은 트림 시키기이다. 모유나 분유를 먹으면서 함께 들이마신 공기를 뱉어 내게 해야 우유를 토하는 일이 적다. 영아가 우유를 다 먹고 나면, 영아의 가슴이 양육자 어깨에 닿을 정도로 세워서 안고 토닥토닥 쓰다듬어 트림을 시킨다. 영아가 목이나 허리를 제대로 가누지 못해 안기 어려우면 편안히 엎드리게 한 후 등을 쓸어 주어도 된다. 간혹 젖병을 물고 잠들면 영아를 살짝 안아 등을 토닥여 트림을 시켜야 한다.

(3) 안아 주기

신생아를 안아 일으킬 때는 한쪽 손은 목 아래에 넣어 손바닥 전체로 목을 받치고 다른 한 손은 엉덩이 아래에 끼워 넣어 아기를 성인 쪽으로 끌어당기며 안아 올린다. 신생아를 건네줄 때는 아기의 다리 사이에 한 손을 끼워 넣고 다른 손으로 아기의 목과 어깨를 받친다. 아기의 머리부터 조심스럽게 상대방의 손 위에 올려놓으며 건넨다. 잠든 아기를 내려놓을 때는 아기를 안은 채 그대로 양쪽 무릎을 굽혀 자리에 앉아 엉덩이부터 내려놓고 머리를 베개에 누인 후 등이 배기지 않도록 등 뒤를 쓸어 주며 옷을 정리한다. 달래거나 재울 때 한 손으로는 아기의 목을, 다른 한 손으로 엉덩이를 받치며 세워서 안는다. 아기와 눈을 맞추며 엉덩이를 토닥이고 아기의 몸을 옆으로 살살 흔들어 준다(강민정 외, 2024).

(4) 예방접종 및 정기검진

신생아의 예방접종은 기본접종과 추가접종으로 나뉜다. 기본접종은 항원을 주사해서 면역반응을 일으키는 것이고, 추가접종은 기본접종으로 생긴 면역반응의 효과를 지속시키기 위해서 기간을 두고 추가로 접종하는 것이다. 국가에서 권장하는 필수예방접종은 보건소나 병·의원에서 무료 접종이 가능하다. 첫 검진을 받으러 가는 생후 4주 차에 BCG나 B형 간염 예방접종을 반드시 받아야 한다. 신생아 생후 1개월이 되면 건강검진을 받는다. 엄마는 산후의 회복 정도를 체크하고, 신생아는 발육이 순조로운지 선천적인 병은 없는지 확인한다. 우리나라 질병관리청(2025)의 표준예방접종 일정표는 [그림 4-5]와 같다.

	대상 감염병	백신 종류 및 방법	횟수	출생시	4주이내	1개월	2개월	4개월	6개월	12개월	15개월	18개월	19~23개월	24~35개월	4세	6세	11세	12세
국가예방접종	B형간염	HepB[1]	3	HepB 1차		HepB 2차			HepB 3차									
	결핵	BCG(피내용)[2]	1		BCG 1회													
	디프테리아 파상풍 백일해	DTaP[3]	5				DTaP 1차	DTaP 2차	DTaP 3차		DTaP 4차				DTaP 5차			
		Tdap[4]	1														Tdap 6차	
	폴리오	IPV[5]	4				IPV 1차	IPV 2차	IPV 3차						IPV 4차			
	b형 헤모필루스인플루엔자	Hib[6]	4				Hib 1차	Hib 2차	Hib 3차	Hib 4차								
	폐렴구균 감염증	PCV[7]	4				PCV 1차	PCV 2차	PCV 3차	PCV 4차								
		PPSV[8]	-											고위험군에 한하여 접종				
	로타바이러스 감염증	RV1[9]	2				RV 1차	RV 2차										
		RV5[10]	3				RV 1차	RV 2차	RV 3차									
	홍역 유행성이하선염 풍진	MMR[11]	2							MMR 1차					MMR 2차			
	수두	VAR[12]	1							VAR 1회								
	A형간염	HepA[13]	2							HepA 1~2차								
	일본뇌염	IJEV(불활성화 백신)[14]	5							IJEV 1~2차				IJEV 3차		IJEV 4차		IJEV 5차
		LJEV(약독화 생백신)[15]	2							LJEV 1차				LJEV 2차				
	사람유두종바이러스감염증	HPV[16]	2														HPV 1~2차	
	인플루엔자	IIV[17]	-						IIV 매년 접종									

[그림 4-5] 2025 표준예방접종 일정표

출처: 질병관리청(https://www.childcare.go.kr).

학습내용 확인

※ 다음 문제를 읽고 ○, ×로 답하시오.

1. 출생 후 일주일까지를 신생아라 한다. (　　)
2. 신생아의 촉각, 미각, 후각, 청각, 시각 중에서 가장 늦게 발달하는 감각은 촉각이다. (　　)
3. 신생아가 입 가장자리와 뺨을 건드리면 자극이 있는 쪽으로 머리를 돌리는 것을 모로 반사라고 한다. (　　)

※ 다음 (　　)에 알맞은 내용을 쓰시오.

4. 출산 분만의 과정은 (　　　　), (　　　　), (　　　　)의 3단계로 진행된다.
5. 태내 발달단계 중에서 (　　　　)는 주요 신체 계통과 기관이 형성되는 중요한 시기이다.

※ 다음 문제를 읽고 (　　) 안에 알맞은 번호를 쓰시오.

6. 신생아의 특성과 관련하여 옳은 것은 무엇인가? (　　)
   ① 신생아의 태지는 지저분하므로 깨끗이 씻어 벗겨 낸다.
   ② 신생아의 호흡과 맥박은 성인보다 느리다.
   ③ 신생아는 5~6시간 깨지 않고 자는 편이다.
   ④ 신생아는 여러 가지 반사능력을 가지고 태어난다.

7. 신생아 돌보기와 관련한 설명 중 잘못된 것은 무엇인가? (　　)
   ① 1세 미만의 아기는 똑바로 눕혀서 재우도록 한다.
   ② 푹신한 침구류 등은 질식의 위험이 있으므로 주의가 필요하다.
   ③ 신생아는 출생 시 소화효소가 없어서 출산 직후에는 수유를 하지 않는다.
   ④ 수유 후에는 아기의 배에 가스가 차서 등을 두드려 트림하게 한다.

8. 깜짝 놀랐을 때 팔다리를 허우적거리거나 목을 길게 빼는 반사는 무엇인가? (　　)
   ① 바빈스키 반사　　② 모로 반사　　③ 잡기 반사　　④ 걷기 반사

※ 다음 문제에 대해 서술하시오.

9. 태내 환경에 영향을 미치는 요인을 세 가지 이상 서술하시오.

10. 출산 시 생길 수 있는 문제점에 대하여 서술하시오.

활동해 봅시다

활동 4-1 태내 발달, 출산, 신생아와 관련하여 자신이 궁금한 점은 무엇인가요?

활동 4-2 태내 발달, 출산, 신생아와 관련하여 궁금한 질문에 대해 도움이 되는 정보(인터넷, 서적, 유튜브 등)를 찾아서 적어 보세요.

영유아 발달과 교육

제 5 장

영유아 신체 · 운동 발달과 교육

학습 개요

영유아기는 신체가 가장 빠르게 성장하고 발달하는 시기이다. 영유아기의 정상적인 신체 발육과 대 · 소근육 등의 운동 기능이 발달하고 기본적인 생리적 욕구가 완전하게 충족되어야 한다. 이 시기의 신체발달 및 운동 기능의 발달은 이후 건강하고 행복한 삶의 기반이 된다. 제5장에서는 영유아기의 신체 · 운동 발달의 원리와 특성을 알아보고 신체 · 운동 발달을 지원하기 위한 방법에 대해 살펴보고자 한다.

학습 목표

1. 영유아기 신체발달의 원리와 영역별 발달 특성에 대해 이해한다.
2. 영유아기 신체 · 운동 발달의 중요성을 이해한다.
3. 영유아기 신체 · 운동 발달에 따른 교육 지원방법을 이해한다.

주요 용어

- 신체발달, 운동발달, 두뇌 발달, 대근육 발달, 소근육 발달

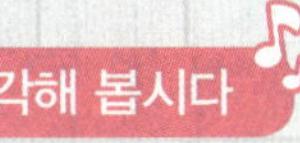

∴ 영아는 돌을 전후로 하여 세상을 향한 첫걸음, 즉 걸을 수 있는 능력이 생겨납니다. 스스로 걷는다는 것은 영아에게 어떤 의미와 어떤 변화가 있을까요?

1. 영유아 신체발달

영유아기의 신체 성장은 일생 중 어느 시기보다 빠르며, 신체 비율은 성인과 달리 머리가 크고 팔다리가 짧은 편이다. 영유아의 신장, 체중, 신체 비율, 근육 및 골격, 뇌와 신경계 발달은 총체적이며 복잡한 과정을 거쳐 이루어진다. 영유아기 신체발달과 관련하여 신체 성장, 생리적 발달, 뇌와 신경계의 발달에 대해 살펴보겠다.

1) 신체 성장

(1) 신장과 체중 및 비율의 변화

신생아의 신장은 출생 시 대략 50cm 내외이며, 1년이 지나면서 출생 시의 1.5배가 된다. 생후 2년이 되면 성인 평균 신장의 약 1/2로 성장한다. 신생아의 체중은 출생 시 3.4kg 내외였으나, 3개월이 되면 출생 시의 2배 정도로 증가하고, 1년이 지나면 출생 시의 3배가 된다. 2세에는 성인 체중의 1/5~1/6로 성장한다. 신체의 비율은 신생아기에 머리가 전체의 1/4이었으나, 만 2세가 되면 전체의 1/5, 만 6세가 되면 전체의 1/6 정도로 변화한다(질병관리본부, 2017).

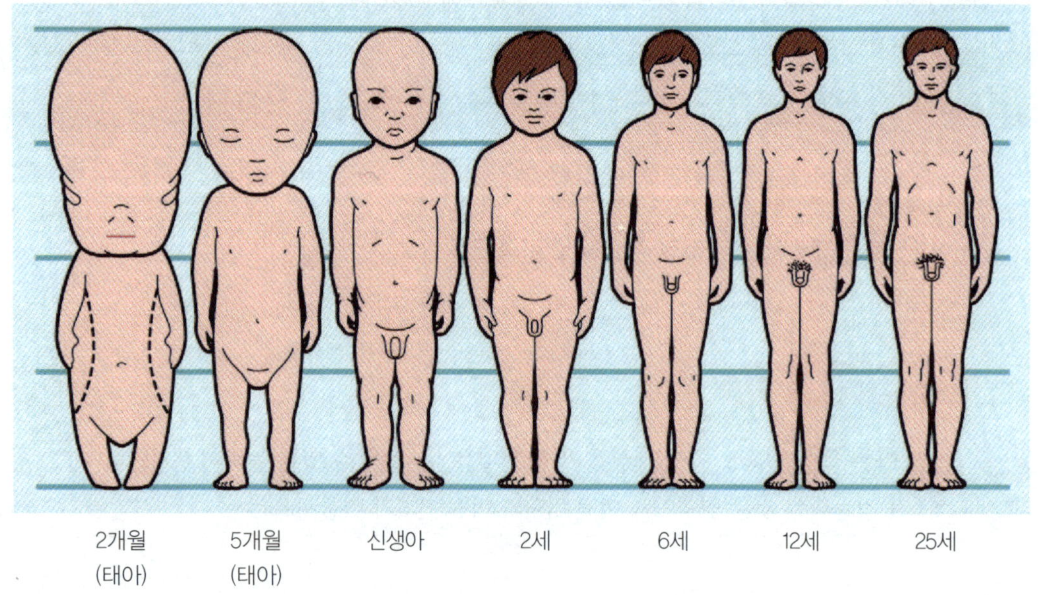

[그림 5-1] 신체의 비율

출처: 정옥분(2025). 영유아발달의 이해(4판), p. 262.

표 5-1 영유아 발육 표준치: 체중, 신장

남아			연령	여아		
체중(kg)	키(cm)	머리둘레(cm)		체중(kg)	키(cm)	머리둘레(cm)
3.3	49.9	34.5	출생 시	3.2	49.1	33.9
4.5	54.7	37.3	1개월	4.2	59.8	36.5
6.4	61.4	40.5	3개월	5.8	59.8	39.5
7.9	67.6	43.3	6개월	7.3	65.7	42.2
8.9	72.0	45.0	9개월	8.2	70.1	43.8
9.6	75.7	46.1	12개월	8.9	74.0	44.9
10.9	82.3	47.4	18개월	10.2	80.7	46.2
1.2	87.1	48.3	24개월	11.5	85.7	47.2
13.3	91.9	48.9	30개월	12.7	90.7	47.9
14.7	96.5	49.8	36개월	14.2	95.4	48.8
15.8	99.8	50.2	42개월	15.2	98.6	49.3
16.8	103.1	50.5	48개월	16.3	101.9	49.6
19.0	106.3	50.8	54개월	17.3	105.1	49.9
21.3	109.6	51.1	60개월	18.4	108.4	50.2
22.7	112.8	51.4	66개월	19.5	111.6	50.6
24.2	115.9	51.7	72개월	20.7	114.7	50.9

출처: 질병관리본부(2017). 2017 소아청소년 성장도표.

(2) 뼈와 근육의 발달

영유아의 뼈는 성인의 뼈보다 매우 약하고 부드러우며 크기도 작고 수도 적다. 연골 조직이 단단해지는 경화(ossification) 현상을 통해 뼈 재질로 강화된다(이숙재 외, 2020). 기본 골격이 생기면 출생 직전에 '골단'이라는 성장센터가 나타나는데, 경화 과정은 성장센터로부터 시작된다. 팔다리의 뼈와 같이 신체의 긴 뼈에는 골단이 양쪽 끝에 나타나게 된다(김경철 외, 2024).

영유아의 근육은 성인의 근육 섬유수와 같으나 키와 몸무게에 비례하여 증가한다. 출생 후 1년까지는 근육을 자발적으로 움직이는 기능이 완전히 발달되지 않은 상태이기 때문에 영아가 신체를 많이 움직이는 활동을 한 경우에는 피곤을 빨리 느낀다(정옥분, 2015).

(3) 유치의 발달

태아기부터 턱 속에 형성되어 있는 유치는 일반적으로 출생 후 6개월경에 나타나기 시작한다. 유치가 나오는 시기는 개인차가 있어서 출생 시 유치가 미리 나와 있는 경우도 있고, 12개월경에 나오는 경우도 있다. 처음 나오는 치아는 아래 앞니 2개이며, 가끔 순서가 바뀌어 송곳니가 먼저 나오는 경우도 있다. 생후 24~30개월이 되면, 유치 20개가 모두 나오게 된다. 유치는 크기가 작고 조직이 연할 뿐 아니라 뿌리도 얇아서 충치가 되기 쉽다(이영 외, 2017; 정옥분, 2004).

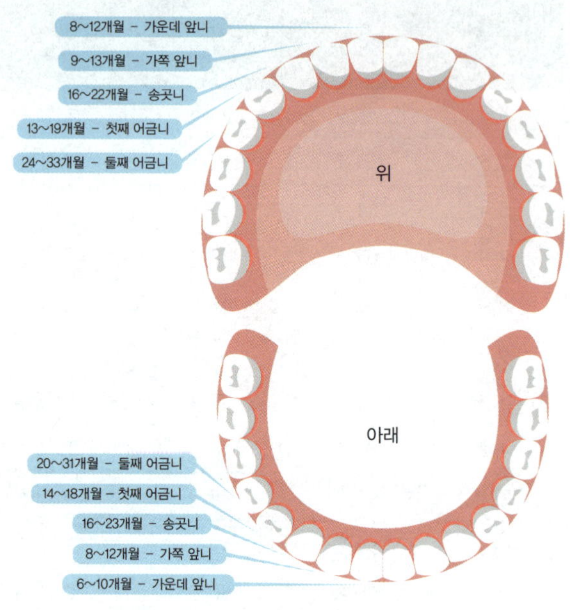

[그림 5-2] 유치의 이름과 나는 시기

2) 생리적 발달

영아기는 신생아기에 비해 수면시간이 점차 감소하며, 수면 상태도 안정적으로 변화한다. 영아기는 젖을 떼고 이유식을 시작하며, 배변 훈련도 시작되는 시기이다. 영아기의 생리적 기능을 수면, 영양, 배변으로 나누어 살펴보면 다음과 같다.

(1) 수면

수면은 영유아기의 건강한 신체발달에 영향을 미친다. 신생아기에는 밤과 낮의 구분 없이 하루 중 16~20시간 동안 잠을 잔다. 6개월이 되면 대부분의 영아는 점차 밤에는 자고, 낮에는 깨어 있는 수면 양상을 보이기 시작한다. 2세가 되면 12시간 정도 수면을 취한다. 이와 같은 수면시간의 감소는 출생 시 미성숙했던 뇌가 출생 후 첫 1~2년간 빠른 속도로 성장한 결과로 볼 수 있다(김이영 외, 2017). 낮에는 깨어 있고 밤에 자는 리듬을 형성하는 것은 초기 영아기의 주요한 발달과업 중 하나이다(이연규 외, 2024).

영아가 잠을 자지 않고 보챌 때에는 배변, 공복감, 복통 등 신체적으로 불편한 경우가 많으므로, 원인이 무엇인지 빨리 알아보고 대처해야 한다. 수면 패턴이 밤낮이 바뀌어서 낮에 자고 밤에 자지 않는 경우에는 가급적 낮에 잠을 자지 않도록 유도하고, 저녁에 잠자리에 들기 전에 목욕을 시키고 수유를 하거나 이야기를 들려주는 방법이 효과적이다(정옥분, 2004). 다음은 영유아의 낮잠 횟수 및 수면시간이다(이숙재, 이봉선, 1999).

표 5-2 영유아 낮잠 횟수 및 수면시간

연령	낮잠 횟수	총 수면시간
0~2개월	7~8회	18~20시간
2~6개월	3~4회	16~18시간
6~12개월	2~3회	14~16시간
12~24개월	1~2회	12~14시간
24개월~5세	1회 내외	10~12시간
5세 이상	1회 내외	10시간 이상

(2) 영양

영유아의 신체발달을 위해서는 충분한 영양 섭취가 중요하다. 모유는 시간이 흐르면서 영양분이 점차 소실되어 영아의 성장발육에 크게 도움이 되지 못한다. 반면, 영아의 활동은 점점 왕성해지면서 더 많은 칼로리와 여러 영양소의 섭취를 필요로 한다. 유치가 나고 모유나 음식에 대한 생리적·심리적 욕구가 생기게 되므로 이때부터 이유식을 시작해야 한다. 이유 시기는 영아에 따라 개인차가 크지만, 아기의 체중이 출생 체중의 2배 이상(약 4개월, 약 6kg)이 될 때 이유식을 시작할 수 있다. 또한 머리를 들어 유아용 의자에 앉을 수 있고, 음식을 보고 손을 뻗으면 준비가 된 것으로 볼 수 있다(대한소아청소년과학회, 2025. 8.). 이유식을 시작해도 최소한 12개월까지 모유 혹은 분유 수유를 병행하여 영양 공급이 이루어질 수 있도록 한다.

유아기는 식품 및 음식 기호가 형성되는 시기이므로 식품 수용 태도와 소화능력 등 개인의 상황에 맞게 영양 관리가 되어야 한다. 영유아기 동안은 가족뿐 아니라 또래집단의 식습관이 영유아의 식습관 형성에 영향을 미칠 수 있다(강민정 외, 2024). 또한 영유아기에 빈혈, 설사, 식품알레르기, 비만 등의 건강 문제가 발생할 수 있으므로 적절한 영양과 식습관 관리가 필수이다. 영유아 연령에 따른 하루 에너지 및 단백질 섭취기준은 다음과 같다(질병관리청, 2025).

표 5-3 영유아 하루 에너지 및 단백질 섭취기준

연령	에너지 필요 추정량(kcal)	단백질 권장 섭취량(g)
0~5개월	500	10
6~11개월	600	15
1~2세	900	20
3~5세	1,400	25

(3) 배변

일반적으로 영아는 잠에서 깨어났을 때, 수유를 시작하기 전, 수유 도중에 배변을 하게 된다. 생후 7개월 이전에는 대변과 소변을 통제하는 근육 및 신경의 미성숙으로 직장과 방광이 꽉 차게 되면 반사적으로 배설하게 된다. 7개월 이후에는 점점 근육과 신경이 성숙하게 되면서 대소변을 점차 조절할 수 있게 된다(김경철 외, 2024).

대부분의 영아는 18~24개월경에는 배변 훈련을 시작할 수 있을 만큼의 신경학적 · 신체적 · 언어적 · 사회 · 정서적 발달이 이루어진다. 배변 훈련은 신체 특정 기관이 성숙되었다는 것을 넘어서 대뇌 및 신경계의 발달, 불수의 근육과 수의 근육의 발달, 언어발달, 사회 · 정서 발달 등이 이루어져서 협응될 수 있을 때 시작할 수 있다. 충분히 준비가 된 경우라면 시작한 지 1~2개월 내에 배변 훈련이 완성될 수 있다. 그러나 개인에 따라 3세 이후가 되어야 준비가 되는 경우도 있다(강민정 외, 2024).

표 5-4 배변 습관의 발달 과정

연령	배변 습관의 발달 과정
12~15개월	젖은 기저귀나 옷을 가리키거나 만지며 불편함을 표현한다.
12~18개월	괄약근의 조절이 가능해지며 배변의 느낌을 이해하여 배변행동으로 연결시킬 수 있다.
18~24개월	소변을 잠깐 참을 수 있으며, 기저귀를 바꿔 달라고 말할 수 있다. 대소변에 관련된 간단한 용어들을 이해하고 사용한다. 스스로 하고자 하는 자율성, 독립성이 나타나기 시작한다.
2~3세	배변의 의사를 표현할 수 있다. 화장실 사용 방법을 이해하고 기억할 수 있고, 혼자 화장실에서 용변을 볼 수 있다. 옷을 벗을 수 있다. 밤에 자는 동안 소변을 참을 수 있다.
3~4세	비교적 오래 소변을 참을 수 있다. 소화기관과 근육의 발달로 배변의 욕구를 조절할 수 있다. 옷을 잘 벗고 입을 수 있다. 혼자 성공적으로 화장실을 사용할 수 있다.
4~5세	성인처럼 화장실을 사용할 수 있다. 소변을 지나치게 참아서 가끔 실수를 할 수도 있다.

3) 뇌와 신경계의 발달

(1) 뇌의 구조와 기능

뇌 발달은 영아기에 급속도로 이루어져 영아기를 두뇌 성장의 급등기(brain growth spurt)라고 한다(이기숙 외, 2023). 출생 시 신생아의 두뇌 무게는 성인의 약 1/4 정도(350g)이나 생후 약 6개월이 되면 성인 두뇌 무게의 약 50%(700g), 2세 무렵에는 약 75%(1,000g), 5세경에는 약 90%에 이르게 된다. 머리둘레의 크기도 이 시기 동안 가장 빠르게 성장한다. 출생 시 34cm이던 머리둘레가 12개월에는 46cm, 2세에는 48cm 정도로 증가하게 된다(최경숙, 2006).

인간의 뇌는 크게 대뇌, 소뇌, 간뇌 세 가지로 나눌 수 있으며, 간뇌는 다시 중뇌와 연수로 나눌 수 있다. 뇌는 세 겹의 뇌척수막과 두개골에 싸여 있으며 그 사이는 뇌 척수액으로 채워져 있다. 이는 충격을 완화하여 뇌를 보호하기 위한 것이다. 뇌의 구조와 대뇌피질의 영역을 살펴보면 다음과 같다(김경철 외, 2024; 이연규 외, 2024; 이영 외, 2017; 정옥분, 2023).

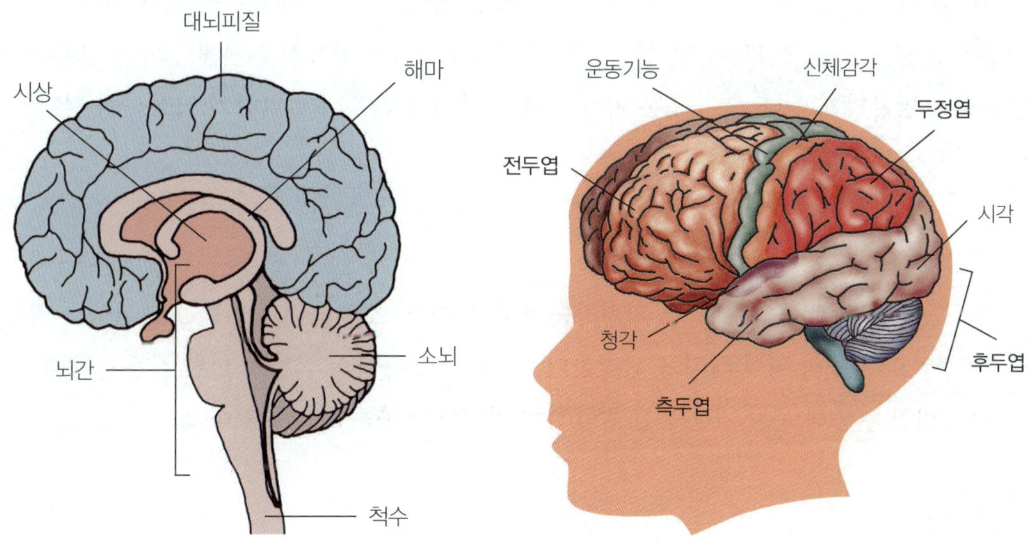

[그림 5-3] 뇌의 구조와 대뇌피질의 네 영역

① 대뇌와 대뇌피질

대뇌는 머리의 대부분을 차지하는 뇌의 바깥쪽이다. 주름이 많이 잡혀 있는 대뇌의 겉부분에는 뉴런의 신경세포체가 분포해 있다. 대뇌는 종합적 사고를 가능하게 하며 사고, 판단, 창조 등 인간 특유의 고도의 정신 활동이 이루어지게 하는 기능을 한다. 대뇌는 크게 좌뇌와 우뇌로 구분되어 있으며, 뇌량에 의해 연결되어 있다. 좌뇌는 언어에 기초를 둔 사고를 하고 논리적인 사고를 선호하여 애매한 것을 단순화시키는 기능을 한다. 우뇌는 시각적이거나 공간적인 사고를 선호하며, 한번에 전체의 사물을 보고 들어온 정보를 즉각적으로 처리한다. 뇌량은 좌뇌와 우뇌의 신경세포들을 서로 연결해 주는 두꺼운 신경망으로, 2~8세 사이에 뇌량의 수초화가 이루어지면 좌뇌와 우뇌 간의 정보 교환과 협응이 원활해진다.

대뇌피질은 기능에 따라 크게 전두엽, 후두엽, 측두엽, 두정엽으로 구분된다. 전두엽은 이마 부분의 피질로 사고 및 기억, 운동기능을 담당하며 도덕성 및 사회적 규범, 예의 등과 관련이 있다. 두정엽은 머리 윗부분의 피질이며 언어, 신체적 감각, 공간, 추상 능력 등과 관련이 있다. 후두엽은 머리 뒷부분의 피질을 말하며 시각적 정보를 관장한다. 측두엽은 머리 양옆의 피질로 감정, 행동 및 청각적 기능을 관장하는 곳이다. 이러한 피질은 생명 유지와는 직접적인 관계는 없으나 자극을 감각하고 반응 명령을 하는 의식적 반응을 한다. 후두엽, 측두엽은 출생 후 3~4개월부터 발달하기 시작하며, 두정엽은 영아기 후기에서 학령 전기까지 급속도로 발달하게 된다. 전두엽은 가장 늦게 영아기 후반부터 발달하기 시작하여 청년기, 성인기까지 계속 발달한다.

② 소뇌

소뇌는 대뇌 아래, 중뇌 뒤쪽에 위치하는 작은 뇌이다. 소뇌는 운동기능을 조절하는 역할을 맡고 있으며 특히 평형 감각을 관장한다. 이 외에도 근육의 긴장과 이완 같은 운동을 조절하며, 반복을 통해 운동 기술 등을 습득하여 기억하게 하는 기능도 있다.

③ 간뇌

간뇌는 대뇌와 중뇌 사이에 위치하며 주로 시상과 시상하부로 구성되어 있다. 시상은 냄새를 제외한 모든 감각의 정보를 모아 대뇌피질로 전달하는 기능을 하며, 시상하부는 수분대사, 식욕, 수면, 각성 주기, 체온조절 등에 관여하고 호르몬 분비를 조절하는 역할도 한다.

④ 중뇌

중뇌는 간뇌 바로 아래에 있으며, 안구, 눈꺼풀 등 눈의 움직임과 청각에 관여하고 소뇌와 함께 평형을 유지하는 기능과 관련이 있다.

⑤ 연수

연수는 가장 아래에 위치하고 있으며, 척수와 연결되어 있다. 연수는 모양이나 구조 자체가 척수와 비슷해서 척수와 정확하게 나누기가 쉽지 않다. 연수는 척수로 뻗어 나가는 자율신경계를 조절한다. 호흡, 심장박동수, 혈압 등을 조절하여 생명 유지에 필수적인 활동을 맡으며, 재채기, 하품 등의 반사 운동을 조절한다.

⑥ 척수

척수는 등뼈 안에 있는 중추신경으로 뇌와 척수신경을 연결하는 역할을 한다. 척수는 척수 신경의 등쪽으로 연결되어 감각신경을 자극하며, 척수신경의 배쪽으로 연결되는 것은 운동신경과 관련이 있다.

(2) 뇌 신경계의 발달

인간의 뇌는 약 1,000억 개의 신경세포로 이루어져 있으며, 뉴런(신경세포)은 뇌의 한 부분에서 다른 부분으로 정보를 받아들이고 전달하는 역할을 한다. 뉴런은 축색돌기, 수상돌기, 세포체로 이루어져 있다([그림 5-4] 참조). 축색돌기는 뉴런에서 중심이 되는 돌기이며, 신경충격을 신경세포체로부터 가까이에 있는 다른 뉴런이나 세포로 전달한다. 수상돌기는 다른 세포로부터 자극을 받아들이며, 세포체는 핵과 세포질을 가지고 있고 주로 대사 유지와 뉴런의 성장에 관여하는 활동을 하는 곳이다. 따라서 1개의 뉴런에서 수상돌기, 세포체, 축색돌기의 방향으로 자극이 전달된다. 축색돌기는 신경 전류의 전달 속도를 촉진시켜 주는 수초라고 하는 물질로 싸여 있는데, 수초가 축색돌기 둘레에 막을 형성하는 현상을 수초화라고 한다. 이러한 수초화는 영아기 동안 급속도로 진행되며 감각 및 운동 영역의 수초화는 2세경이 되면 성인 수준에 도달하게 된다(이기숙 외, 2023).

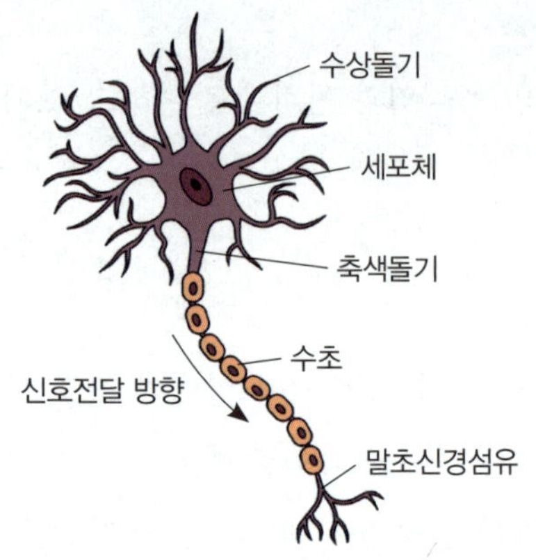

- **뉴런**(neuron): 신경계의 기본 단위인 신경세포로 세포체, 수상돌기, 축색돌기, 말초신경섬유로 구성
- **시냅스**(synapse): 뉴런의 말초신경섬유와 다른 뉴런의 수상돌기가 연결되는 부분으로 대부분 출생 후 형성
- **수초**(myelin): 축색돌기를 둘러싼 지방성 물질의 막을 형성하는 현상, 영아기 동안 급속도로 진행
- **수초화**(myelination): 축색돌기를 둘러싼 지방성 물질의 막을 형성하는 현상, 영아기 동안 급속도로 진행

[그림 5-4] 뉴런(신경세포)의 구조

뉴런과 다른 뉴런이 연결되는 부분인 시냅스는 생후 1년 동안 놀라운 속도로 증가한다. 뉴런들이 점점 복잡하고 빠르게 연결되어 생후 2년이 되면 수상돌기의 밀도가 출생 시의 다섯 배가 된다([그림 5-5] 참조). 이렇게 과다해진 시냅스의 연결은 점점 필요한 능력만 남기는 시냅스 가지치기(pruning)를 통해 효율적으로 발달한다(정옥분, 2023; Feldman, 2016).

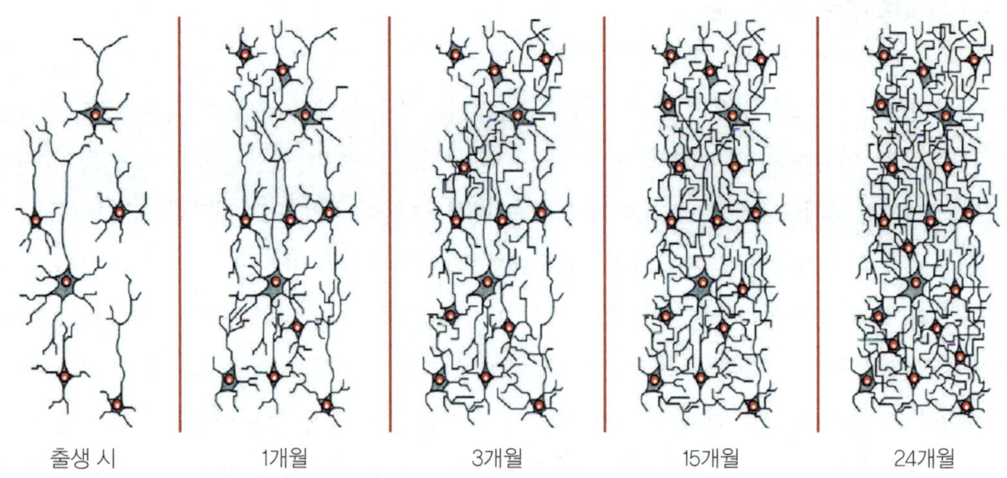

[그림 5-5] 시냅스 형성과 가지치기

출처: 정옥분(2025). **영유아발달의 이해**(4판), p. 274.

2. 영유아 운동발달

영유아기 운동발달 영역은 대근육 운동과 소근육 운동으로 구분한다. 대근육 운동은 팔다리나 몸통에 있는 큰 근육을 사용하는 운동기능을 말하며, 자세 유지 및 이동을 위한 목 가누기, 뒤집기, 앉기, 기기, 서기, 걷기 등이 이에 해당된다. 소근육 운동은 손과 팔의 사용을 조절하는 것이며, 눈과 손의 협응, 두 손의 협응, 사물의 조작력, 손가락의 민첩성 등을 통하여 영유아가 사물을 다양하게 탐색하도록 돕는다(전정민 외, 2017).

유아들은 신체 비율에서 상체가 점점 가벼워지고 유선형이 되어 감에 따라 무게 중심이 몸통의 아래쪽으로 이동하게 된다. 그 결과, 균형 감각이 발달하게 되어 신체의 대근육을 수반하는 새로운 운동 능력이 발달하게 된다(이숙재 외, 2020).

1) 대근육 운동발달

영아는 걸어 다닐 수 있게 되면서 서서히 독립적인 존재로 성장해 간다. 영아의 보행능력은 머리들기, 뒤집기, 앉기, 기기, 일어서기가 순서적으로 진행되면서 걷기가 가능해진다.

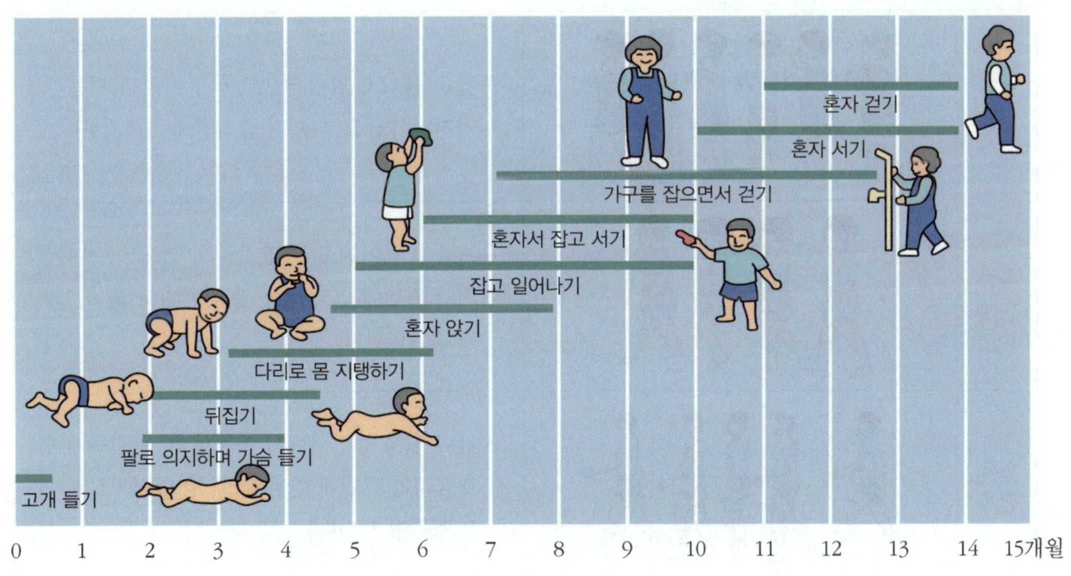

[그림 5-6] 영유아 보행의 발달

출처: Santrock(2005): 이숙재(2020)에서 재인용.

(1) 머리와 몸통의 통제

영아는 생후 3주가 되면 옆으로 머리를 돌리고, 엎드린 상태에서 방향을 돌릴 수 있을 만큼 머리를 들 수 있다. 3개월경이 되면 팔을 짚고 머리와 가슴을 들 수 있으며, 4개월에는 몸통을 옆과 뒤로 돌릴 수 있게 된다. 5~6개월에는 뒤집기도 가능해진다.

(2) 앉기

영아가 몸통을 통제할 수 있게 되면 앉을 수 있다. 4개월경에는 받쳐 주면 앉고, 5개월경에는 지지대 없이 잠시 앉아 있을 수 있다. 6~7개월이 되면 혼자서도 잘 앉는다.

(3) 기기

영아는 생후 7개월경에 기는 행동이 나타난다. 대부분의 영아는 머리와 가슴은 들고 배는 바닥에 댄 상태로 손과 팔꿈치에 의지하여 발을 끌거나 밀면서 앞뒤로 이동한다.

(4) 잡고 일어서기와 걷기

영아는 생후 8~9개월이 되면, 몸을 의지할 수 있는 가구를 잡고 일어나기 시작한다. 가구

단계		특징
초기 단계		• 팔을 올리고 발바닥으로 터벅거리며 걷는다. 기저면이 넓고, 다리가 중심선에서 회전한다.
중간 단계		• 보폭이 길어지고 팔 흔들림이 적으며, 발뒤꿈치가 지면에 먼저 닿고 발 앞꿈치로 옮기는 동작이 나타난다.
성숙 단계		• 발이 신체 중심선에서 움직이며, 뚜렷하게 발뒤꿈치가 지면에 먼저 닿고, 발 앞꿈치로 옮기는 동작을 보인다.

[그림 5-7] 영유아 걷기의 단계별 특징

를 잡고 일어선 후, 손으로 가구를 잡고 발을 떼면서 방 안을 돌아다닌다. 12개월경에는 스스로 첫발을 떼게 되는데, 몸의 균형을 잡기 위해 양 손을 어깨 높이로 올린 채 무릎을 구부린 상태로 발을 벌리고 걷는다(김이영 외, 2017).

(5) 달리기

영아는 18개월이 되면 빠르게 걸을 수 있으며, 2~3세 사이에 달리기를 시작한다. 3세에는 비교적 잘 달리지만, 달리면서 방향을 바꾸는 데는 어려움이 있다. 일단 달리기를 멈춘 다음 방향을 바꾸고 다시 달리기를 시작한다. 5세경에는 계속 달리면서 방향을 바꿀 수 있으며 갑자기 멈추어도 넘어지지 않는다. 6세가 되면 더욱 성숙한 동작으로 탄력적으로 달리며 속도 조절이 가능해진다(김이영 외, 2023).

(6) 두 발 뛰기

뛰기는 멀리 뛰기, 높이 뛰기, 뛰어내리기 등이 포함되는 활동이다. 3세가 되면 한발 먼저 뛰는 동작부터 시작하여 두 발 뛰기가 가능해지는 시기이다. 뛰어내리기 동작을 시도하는 것은 2세경부터 시작되지만, 3세가 될 때까지는 불안정한 모습을 보이다가 5세가 되어서야 약 90cm 정도의 멀리 뛰기와 30cm 정도의 높이 뛰기를 할 수 있게 된다(곽노의 외, 2007).

2) 소근육 운동발달

영아는 눈앞에 보이는 사물을 잡으려 하거나 손에 잡히는 사물을 쥐고 흔드는 등 손을 많이 움직인다. 생후 2~3개월까지 이러한 손의 움직임은 반사적인 행동으로 나타난다. 그 이후에는 눈과 손의 협응력이 발달하면서 사물을 향해 손을 뻗어 잡고 조작하는 행동이 점차

[그림 5-8] 손의 조작능력

적으로 가능해진다. 4~5개월경에는 블록과 같은 사물을 잡을 수 있다. 6~7개월에는 한 손에서 다른 손으로 사물을 옮겨 쥐기도 한다. 손가락의 협응이 이루어지는 11~12개월에는 손가락과 엄지를 이용하여 작은 물건을 잡을 수 있다(이숙재 외, 2020).

영아가 능숙하게 사물을 잡을 수 있게 되면 여러 가지 방법으로 사물을 조작하기 시작한다. 3세에는 숟가락과 젓가락을 사용하는 것이 가능하고, 4세에는 혼자 옷을 벗고 입을 수 있다. 5세경에는 글자나 숫자를 쓸 수 있고, 색칠을 할 수 있다(김이영 외, 2023).

표 5-5 영유아 소근육 운동발달

연령	소근육 운동발달 내용
3세	• 숟가락과 젓가락을 사용함
4세	• 블록으로 탑을 높이 쌓고, 신발 끈을 맬 수 있고, 가위질을 할 수 있음 • 혼자 옷을 벗고 입을 수 있음
5세	• 블록으로 의도한 건물을 만들 수 있고, 종이를 접어서 모양을 만들 수 있음 • 글자나 숫자를 베낄 수 있고, 크레파스로 색칠을 할 수 있음
7~8세	• 숟가락과 젓가락을 비교적 자유자재로 할 수 있음

3. 영유아 신체 · 운동 발달을 위한 교육 지원

1) 영유아 기본생활습관 지도

영유아기에는 자신의 신체를 인식하고, 신체조절능력을 기초로 건강한 생활습관을 형성해 간다. 기본생활습관은 성인이 된 이후에도 지속되므로 중요하다. 영유아기 동안 형성되어야 할 기본생활습관 지도는 배변, 이 닦기, 식사하기, 잠자기 등에 관련된 것이다(김향자 외, 2017). 이 외에도 영유아기 건강 관리를 위한 요소를 파악하여 지도해야 한다(강민정 외, 2024; 김경철 외, 2024; 이기숙 외, 2023; 이숙재 외, 2020).

(1) 영유아의 건강한 발달을 위해 충분한 휴식과 낮잠, 수면 지도를 한다

영유아가 낮잠을 잘 때는 조명, 온도, 소음 등을 조절하여 쉽게 잠들 수 있는 환경을 마련해 주는 것이 중요하다. 영유아의 낮잠과 수면을 위해 오전 시간 동안 활발한 놀이를 하게 하거나 수면 이전에 배가 고프지 않도록 해 주는 것도 도움이 된다. 낮잠 직전에 화장실을 다녀오게 하고 낮잠 시간이 시작될 때는 조용한 목소리로 책을 읽어 주거나 조용한 음악을 틀어줄 수 있다. 영유아가 낮잠에서 깨어나면 심리적인 안정감을 갖도록 따뜻하게 안아 준다.

(2) 영유아 영양 및 식습관 지도를 통해 양질의 영양소를 균형 있게 섭취할 수 있도록 한다

영유아기의 성장에 있어서 영양과 식습관은 많은 영향을 끼친다. 영유아기에는 충분한 영양 섭취를 통해 골격과 근육의 성장을 돕고 질병을 예방할 수 있도록 지원해야 한다. 영유아기에는 성인보다 적은 양을 먹는다고 할지라도 양질의 영양소를 균형 있게 섭취할 수 있도록 해야 한다. 또한 식사 시간을 정해 두고 안정되고 편안한 분위기에서 식사할 수 있도록 해야 한다. 교사는 식사 전과 식사 중, 식사 후의 태도, 예절, 위생 습관을 지도하여 바른 식습관을 형성할 수 있도록 도와주어야 한다.

(3) 영유아가 바른 치아 건강 관리 습관을 형성할 수 있도록 한다

영유아기 치아 건강은 중요하며 젖니의 건강은 영구치에도 영향을 미친다. 치아 관리를 제대로 하지 않아 충치 및 각종 질병이 생겨 식습관 및 영양 지도에도 문제가 생길 수 있다. 충치는 바람직하지 않은 식습관, 부적절한 치아 관리, 당이 많이 함유된 간식을 과다하게 섭취하여 발생한다. 충치를 방치하면 치아 내 신경이나 혈관 조직에 염증이 생기게 되며, 심하면 이를 뽑아야 한다. 유아교육기관 및 가정에서는 바른 양치법 및 바른 식습관 형성을 통해 치아 건강을 유지할 수 있도록 해야 한다.

(4) 영유아의 개별적인 발달 특성에 기초한 배변 지도를 한다

배변 훈련을 할 때에는 영아를 나무라거나 혼내어 영아가 배변 활동에 대해 부정적인 인식을 갖지 않도록 하는 것이 중요하다. 대소변이 마려운 시점을 파악하여 변기에 앉아 배변할 수 있도록 하는 것이 중요하다. 배변을 했을 경우에는 칭찬을 해 주어 긍정적인 인식을 심어 주도록 한다(김경철 외, 2024). 대소변을 가릴 수 있다 하더라도 3~4세까지는 실수하는 경우가 있다. 실수를 하더라도 포용적인 태도를 통해서 불안해하지 않도록 한다. 동생이 생겼을 때 퇴행 현상으로 인한 배변 활동에 문제가 생기기도 한다. 교사나 성인은 영유아의 심리적인 변화나 이사 등의 새로운 환경으로의 변화에도 관심을 가져야 한다.

2) 영유아 운동발달을 위한 지도

영유아는 움직이는 것 자체를 즐기고 모험심이 많아서 새로운 동작을 시도해 보려고 한다. 반면, 신체 · 운동, 인지, 사회적인 면에서는 미성숙하기 때문에 안전사고에 대한 지식이나 대처능력이 부족하다. 따라서 영유아가 안전한 환경에서 다양한 신체운동 놀이를 즐길 수 있도록 안내해 주는 성인의 역할이 필요하다(이기숙 외, 2023).

(1) 충분한 신체적 · 감각적 활동을 제공한다

영유아 운동발달을 지원하기 위해서 신체적 · 감각적 자극을 충분히 제공하는 것이 중요하다. 몸을 활용한 신체놀이, 기구를 활용한 신체 활동 등 영유아가 다양한 신체 활동에 활발하게 참여하며 신체조절 및 기본운동 능력을 습득할 수 있도록 지원한다. 무엇보다 자유롭게 몸을 움직일 수 있는 안전한 공간을 확보하여 안전하게 신체 활동에 참여할 수 있도록 배려하는 것이 필요하다.

(2) 실내외에서 대근육을 활용하는 활동을 균형 있게 경험하도록 한다

영유아기는 움직임에 대한 욕구가 강한 시기이며, 또래와의 활동 등 충분히 뛰어놀면서 새로운 운동 기술을 익히고 발달시킬 수 있도록 충분한 실내외 활동 시간을 보장하고 지원해야 한다. 영유아기는 이동운동능력의 향상, 신체 움직임에 대한 통제와 조절을 이루는 시기이므로 산책, 달리기, 자전거 타기, 술래잡기나 모래놀이 등 다양한 신체운동기능을 활용한 놀이를 경험하도록 한다.

(3) 일상생활과 놀이를 통해 소근육을 활용할 수 있는 자료와 환경을 제공한다

영유아기는 눈과 손의 협응력 증가, 정교한 소근육 기술의 발달이 이루어진다. 소근육은 정교한 움직임에 사용되는 크기가 작은 근육으로, 이 시기에 집중되어 있는 소근육 운동발달을 지원할 수 있는 일상생활 자료(단추, 지퍼, 끈 등)와 놀이 자료(작은 블록, 점토류, 색종이와 가위 등)를 제공한다.

3) 영유아 안전사고 예방을 위한 지도

영유아기에는 주변을 탐색하고자 하는 욕구가 강하나 신체발달과 자기조절능력이 미숙하기 때문에 위험한 상황에 노출될 가능성이 크다. 영유아기에 발생하는 안전사고는 유아에게 치명적인 장애로 이어질 수 있기 때문에 안전사고가 발생하지 않도록 끊임없는 안전교육이 필요하다. 또한 안전사고를 예방하기 위해 영유아가 사용하는 놀잇감과 놀이기구, 시설물 등의 안전상태는 어떤지, 그리고 위험 요소는 없는지 주기적으로 확인하고 점검해야 한다(김향자 외, 2017; 이숙재 외, 2020).

(1) 가정 및 교육기관에서의 안전한 환경을 구성하고 연계하여 지도한다

- 영유아가 계단을 오르내릴 때는 반드시 난간을 잡고 한 칸씩 오르내리게 하며, 손을 주머니에 넣지 않도록 한다. 또한 계단에서는 뛰거나 장난하지 않도록 한다.
- 창문이나 베란다에는 영유아가 딛고 올라설 수 있는 사물을 놓지 않으며, 창문 보호대나 난간을 반드시 설치한다.
- 놀잇감을 친구에게 던지거나 작은 조각을 입에 넣지 않도록 지도한다.
- 미끄럼틀이나 그네, 정글짐 등 놀이기구를 이용할 때에는 안전 규칙을 지키도록 한다.
- 모래밭에서 모래를 뿌리거나 입에 넣지 않도록 하고 놀이 후에는 손을 씻도록 한다.

(2) 보행 중 안전사고를 예방하는 지도를 한다

- 길을 건널 때에는 육교나 지하도, 신호등이 있는 횡단보도를 이용하도록 한다.
- 횡단보도를 건너는 방법에 대해 실제적으로 지도한다.
- 녹색 신호가 되어도 즉시 건너지 말고 오른쪽과 왼쪽을 잘 살펴보고 손을 들고 천천히 건너가도록 한다.
- 비오는 날에는 우산 때문에 시야가 확보되지 않으므로 더욱 주의하도록 한다.
- 성인이 교통질서를 잘 지키는 모델링이 되어야 한다.

(3) 교통수단 이용 시 안전사고를 예방하는 지도를 한다

- 움직이는 차 안에서는 항상 앉아 있도록 한다.
- 영유아가 차창 밖으로 팔다리 같은 신체 일부를 내밀지 않게 한다.
- 영유아는 항상 뒷자리에 앉히고 안전띠를 꼭 착용한다.
- 짧은 시간이라도 차 안에 영유아만 두고 내리지 않는다.
- 7세 미만의 영유아를 차에 태울 때에는 유아용 보호장구를 꼭 사용한다.

4) 영유아 뇌 발달을 위한 지도

기존의 뇌 발달 교육에서는 인지발달이나 학업 수행능력을 강조하였다. 최근 뇌기반 교육에서는 뇌 발달에 있어서 정서의 중요성, 감각적 자극과 통합적 경험, 충분한 수면과 휴식, 영양의 제공 등을 강조한다(이기숙 외, 2023; 이숙재 외, 2020).

(1) 풍부한 감각적 자극과 통합적 경험을 제공한다

영유아의 감각 경험은 뇌 발달의 기초가 되므로 촉각, 시각, 청각, 미각, 후각 등 오감을 활용한 학습이 이루어지도록 한다. 뇌 발달은 시각, 청각 및 통합적 감각을 통해 다양한 패턴과 정보를 경험하면서 미세회로를 형성하므로 다양한 감각을 활용한 경험의 중요성이 더욱 강조되어야 한다. 또한 뇌 기관은 서로 상호작용하면서 정보를 처리하므로 영유아기 경험과 학습이 통합적으로 이뤄지도록 지원해야 한다.

(2) 정서적으로 안정적이고 따뜻한 환경을 제공한다

뇌 발달에 있어서 정서는 중요한 요인이므로, 스트레스와 위협이 없는 안정적인 환경을 제공해야 한다. 특히 영아기의 양육자와의 따뜻하고 애정 어린 상호작용은 뇌량의 발달과 관련되어 좌뇌와 우뇌의 정보 교류를 원활하게 하여 고차원적인 인지발달의 기초를 제공한다(이숙재 외, 2020). 영유아와의 따뜻한 신체 접촉은 안정적 애착형성을 넘어 통합적인 뇌 발달에 기여한다.

(3) 영유아의 흥미에 기반한 자기 주도적인 놀이가 이루어지도록 한다

놀이는 유아교육의 핵심적인 학습 방법이다. 놀이가 주는 즐거움, 쾌감이 뇌의 다양한 부위를 자극한다. 영유아가 놀이를 통해 자기 주도적인 의미 있는 경험을 하면서 뇌에서 도파민이 분비되어 입력 정보를 적극적으로 받아들이게 된다(이연규 외, 2024). 따라서 성인이나 교사가 주도하는 활동보다는 영유아의 흥미에 기초한 다양하고 풍부한 놀이 경험의 기회를 제공해야 한다.

(4) 충분한 수면과 휴식, 영양, 신체 활동을 제공한다

대뇌피질은 수면하는 동안에 회복되기 때문에 충분한 수면을 취하는 것이 유아기 뇌 발달에 필수적인 요건이 될 수 있다(이기숙 외, 2023). 규칙적이고 예측 가능한 일과를 바탕으로 영유아가 수면과 휴식의 리듬을 균형 있게 유지할 수 있도록 지원해야 한다. 또한 신체를 움직이고 탐색하는 경험은 뇌의 신경세포 연결을 활성화시키고 신경회로 형성에 도움을 주므로 영유아의 자발적인 신체 움직임을 지원해야 한다.

*** 다음에서는 영유아 신체 · 운동 발달을 위한 교육 지원의 실제를 살펴보겠다.**

♣ 영유아 신체 · 운동 발달 지도: (1) 편식 지도 ♣

만 2세반 민지는 점심시간에 고기 이외의 반찬이 나오면 전혀 먹지 않는다. 특히 채소 종류의 반찬이 나오면 교사가 권유해도 먹어 보려고 시도조차 하지 않거나 시도를 하다가도 그대로 뱉어 버린다. 고기 반찬에 다른 채소를 잘 보이지 않도록 주더라도 입안에서 다른 감촉이 느껴지면 바로 뱉어 낸다. 교사의 권유로 어쩔 수 없이 채소를 삼켰다가도 헛구역질을 하거나 실제로 토하는 경우도 있다.

- **원인분석**

  - 낯선 음식에 대한 두려움이 2~5세경에 두드러지게 나타남
  - 영유아 개별 특성에 따라 적절하지 않은 질감과 냄새, 조리법 및 선호하는 음식만을 제공
  - 양육 과정에서 무분별하게 간식을 주거나 원하는 음식만을 제공해 다양한 음식 경험이 부족함
  - 먹기 싫은 음식을 억지로 먹고 구토를 했거나 먹기를 강요당해 위축된 경험이 있는 경우

- **지도방법**

  - 유아가 먹지 않는 음식의 종류와 조리 방법에 따른 선호 등을 상세히 관찰함
  - 억지로 음식을 먹이는 경우 영유아들이 식사 시간이나 음식에 대해 거부감이 커질 수 있음
  - 대체할 수 있는 다른 음식을 시도할 수 있게 해 주거나 조리 방법을 바꿀 수 있음
  - 먹는 것을 시도할 수 있도록 도움을 주기(예: 음식 크기: 작은 것 → 큰 것)
  - 유아의 경우에는 음식이 먹기 힘든 이유를 언어적으로 표현할 수 있도록 하고 음식의 모양과 색, 자라는 과정 등의 특징과 좋은 점에 대해 이야기를 나누며 관심을 가지도록 함
  - 유아의 경우 또래들과 함께 밥을 먹으면서 먹기 힘들었던 것에 대해 스스로 목표를 세워 보도록 함
  - 교사가 채소를 맛있게 먹는 모습을 많이 보여 주기
  - 교사는 목표를 달성한 것 자체보다는 유아의 시도 자체를 격려하도록 함
  - 채소에 대해 친근감을 느낄 수 있도록 하기
  - 각 계절마다 나는 제철 채소와 과일에 대해 관심을 가질 수 있도록 교실의 환경을 구성하고 관련된 활동을 계획함

– 제철에 나는 채소와 과일을 맛볼 수 있는 요리 활동이나 맛보기 활동을 실시함
– 어린이집의 텃밭 또는 교실 내에서 화분을 이용해 여러 가지 채소를 함께 키우면서 영유아가 채소에 대해 관심을 가질 수 있도록 함
– 편식에 도움이 될 수 있는 동화, 노래, 동영상 등을 영유아가 경험할 수 있도록 함

출처: 보건복지부(2013). 영유아 문제행동지도를 위한 어린이집 보육교사 지침서 1, p. 54.

♣ 영유아 신체 · 운동 발달 지도: (2) 대근육 운동 기구에 오르내리기 지도 ♣

• 만 3세 지석이는 계단을 올라갈 때 두 발을 번갈아 올라가지 않고, 한 발을 올리고 다른 발을 그 옆에 놓고, 또 한 발을 올리고 다른 발을 그 옆에 놓는 식으로 계단을 올라간다.
• 만 5세 지윤이는 실외놀이터에 있는 사다리나 정글짐에 기어서 올라가지 못하고, 맨 아래 칸에 서서 다리와 팔을 어디에 둘 줄 모르며 위로 올라가는 것을 여러 번 시도하다가 포기한다.

● 원인분석

– 대근육능력 발달 미숙, 눈, 팔과 다리의 협응력 부족, 겁이 많아 높은 곳에 올라가는 것을 두려워하는 등의 원인을 생각해 볼 수 있음

● 지도방법

– 24개월 영아는 성인이 손을 잡아 주면 사다리와 같은 오르기 기구에 오르내릴 수 있고, 만 3세 이후의 유아는 오르기 기구를 자연스럽게 오르내리며 즐기게 됨. 영유아의 대근육능력에는 개인차가 있기 때문에 평균적인 발달 수준에 비해 6개월~1년 정도 행동이 늦게 나타나는 경우 문제 의식을 갖고 접근해야 함
– 오르기 기구를 오르내리기 위해서는 팔의 힘과 다리의 힘이 있어야 함. 팔의 힘을 기르기 위해 팔 뻗기, 팔 구부리기, 팔 떨기, 팔 회전하기, 팔 흔들기, 팔 꼬기, 물건 올리기와 같은 동작을 평소에 해 보는 것이 좋음
– 음악에 맞춰 팔 운동 동작하기, 친구와 함께하기, 다양한 도구(공, 리본테이프, 상자 등)를 이용하여 동작하기 등의 방법으로 팔 운동을 실시하기
– 다리의 운동 근육을 발달시키기 위해서는 엎드려 기기, 기어가기, 걷기, 달리기, 점프하기, 멀리뛰기, 점프, 호핑, 갤로핑 등과 같은 동작을 자주 해 주는 것이 좋음
– 음악에 맞춰 다리 운동 동작하기, 다양한 도구(리본테이프, 유니바 등)를 이용하여 동작하기, 팀으로 나누어 게임하기 등의 방법으로 다리 운동을 실시하기
– 계단 또는 오르내리기 기구를 하는 구체적인 방법을 교사가 설명하고 시범을 보이면 유아가 함께해 볼 수 있음

– 겁이 많은 성격으로 인해 높은 곳에 올라가는 것을 두려워하는 유아도 있음. 유아가 어려워하는 상황에 도전할 수 있도록 점진적으로 자극을 늘려 시도하기
– 처음부터 정글짐의 높은 곳까지 올라가는 것은 무리임. 한 단 → 두 단 → 세 단을 올라가는 것처럼 점차 수준을 높이기

● 바람직한 상호작용

– "○○아~ 선생님이 손 잡아 줄게. 괜찮아~ ○○이가 할 수 있는 만큼만 해 보자~."
– "와~ ○○이가 혼자서 정글짐 2층까지 올라갔구나~ ○○이가 겁이 났지만 잘 해냈구나~."

● 바람직하지 않은 상호작용

– "뭐가 무섭다고 그래. 다른 친구들도 다 올라가는데, ○○이도 할 수 있지? 선생님이 보고 있을게. 한번 해 봐~."

출처: 보건복지부(2013). 영유아 문제행동지도를 위한 어린이집 보육교사 지침서 1, p. 161.

학습내용 확인

※ 다음 문제를 읽고 ○, ×로 답하시오.

1. 출생에서 생후 첫 1년간의 영아기는 인간의 발달 과정에서 가장 급속한 성장이 이루어지는 시기로 성장급등기라고 한다. (　　)
2. 뇌의 정보 전달은 신경세포인 뉴런에 의해 이루어진다. (　　)
3. 유아기에는 영아기에 비해 머리 크기가 신체에서 차지하는 비율이 적어진다. (　　)

※ 다음 (　　) 안에 알맞은 내용을 쓰시오.

4. 영아기의 운동발달 영역은 (　　　　) 운동과 (　　　　) 운동으로 구분한다.
5. 영아마다 개인차가 있지만 영아는 대체로 (　　　　)개월 전후해서 걷기 시작한다.
6. 대뇌피질은 기능에 따라 (　　　), (　　　), (　　　), (　　　)의 네 영역으로 구분된다.

※ 다음 문제를 읽고 (　　) 안에 알맞은 번호를 쓰시오.

7. 영아기의 대근육 운동발달 특징으로 옳은 것은? (　　)
   ① 영아가 몸통을 통제할 수 있게 되면 앉을 수 있다.
   ② 대근육 운동은 주로 손과 팔의 사용을 조절하는 것이다.
   ③ 대근육 운동은 팔다리나 몸통에 있는 작은 근육을 사용하는 능력이다.
   ④ 영아기에는 대근육 발달이 거의 없다.

8. 다음 중 뇌의 기능에 대한 설명으로 옳은 것은? (　　)
   ① 간뇌는 시각적 정보를 주로 처리한다.
   ② 척수는 논리적이고 분석적인 사고를 담당한다.
   ③ 소뇌는 운동기능을 조절하는 역할을 담당한다.
   ④ 연수는 주로 언어능력을 담당한다.

9. 소근육 발달에 대한 설명 중 옳은 것은? (　　)
   ① 소근육이 발달하면서 달리기, 점프하기가 가능해진다.
   ② 소근육이 발달하면서 사물을 잡을 수 있게 된다.
   ③ 2세경에는 비교적 젓가락을 자유자재로 사용할 수 있다.
   ④ 손가락으로 사물을 잡게 되면서 손바닥으로 사물을 잡기 시작한다.

※ 다음 문제에 대해 서술하시오.

10. 영아들의 배변 훈련 시 고려해야 할 점에 대해 설명하시오.

11. 영유아기 뇌 발달에 기초한 지도방법에 대해 서술하시오.

활동 5-1 영유아의 신체 · 운동 발달 지원을 위한 교사의 역할과 예를 기술해 보세요.

활동 5-2 영유아의 대근육과 소근육 발달을 돕는 놀잇감에는 어떤 것들이 있을까요?

제 6 장

영유아 인지발달과 교육

학습 개요

몇 가지 반사능력만을 가지고 태어난 영아는 감각기능과 운동능력을 발휘하면서 자신의 주변세계에 대해 알아 간다. 영아기를 거쳐 유아기에는 보이지 않는 대상과 현상에 대해 정신적 표상이 가능해지고 상상력은 더욱 풍부해진다. 끊임없는 호기심과 질문으로 이 거대한 세상을 탐색하면서 영유아들은 자신의 무한한 가능성을 실현해 가는 중이다. 영유아들이 사고하는 방식은 성인의 사고방식과는 질적으로 다르다. 제6장에서는 영유아기의 인지발달 특성을 알아보고 인지발달을 지원하기 위한 방법에 대해 살펴보고자 한다.

학습 목표

1. 영유아기 인지발달 특성을 이해한다.
2. 영유아기 인지발달을 위한 교육적 지원에 대해 이해한다.

주요 용어

- 인지발달, 감각발달, 사고발달, 지각, 주의, 기억

함께 생각해 봅시다

∴ 영유아의 사고방식은 '유치하다'가 아닌 성인의 사고방식과는 질적으로 차이가 있습니다. 영유아의 독특한 사고방식과 관련한 자신과 주변의 경험담을 나누어 봅시다.

1. 영유아 인지발달

인지(cognition)는 외부의 자극을 받아들이고 저장하고 인출하는 정신 과정을 의미하며, 지각, 기억에서부터 상상, 추리 판단 및 문제해결의 과정이 모두 포함된다(이연규 외, 2024). 영유아가 성장하면서 사물을 인식하고 사고하는 방식은 여러 변화 과정을 거친다. 피아제가 제시한 인지발달단계를 근거로 영유아기 인지발달의 특징을 살펴보겠다.

1) 감각운동기

피아제는 출생에서 2세까지를 감각운동기라고 하였다. 이 시기의 영아는 감각운동적 활동을 통해 지식을 습득하며, 감각기관을 통해 받아들인 정보가 인지발달의 주요한 내용이 된다. 영아는 감각기관과 환경적 자극과의 상호작용을 통해 도식을 형성하며, 끊임없이 주변 환경과 반응하여 도식을 수정해 나간다. 피아제는 감각운동기를 〈표 6-1〉과 같이 6개의 하위 단계로 나누었다(신명희 외, 2024; 이숙재 외, 2020; 정옥분, 2012; 조성연 외, 2025).

표 6-1 감각운동기 하위단계와 대상영속성의 발달

하위단계	인지발달 특징	대상영속성의 발달
반사운동기 (출생~1개월)	• 반사적으로 행동	• 대상이 사라지면 반응 없음
1차 순환반응기 (1~4개월)	• 자신의 신체와 관련된 흥미로운 활동의 단순 반복	• 대상이 사라져도 반응은 없으나 잠깐 응시하는 형태
2차 순환반응기 (4~8개월)	• 외부 대상에 대한 흥미로운 활동의 반복	• 부분적으로 가려진 대상을 탐색하나 완전히 감추어진 대상을 찾지는 못함
2차 순환반응의 협응기 (8~12개월)	• 목표달성을 위한 의도적 행동 • 몇 가지 도식을 연합	• 대상영속성 개념 획득으로 숨겨진 대상을 찾아냄
3차 순환반응기 (12~18개월)	• 다양한 탐색과 시도에 흥미 • 의도적으로 자신의 행동을 변화	• 보고 있는 동안 옮겨진 대상을 탐색함
정신적 표상기 (18~24개월)	• 정신적 표상을 통한 사고 • 통찰을 통한 문제해결	• 대상영속성 개념이 완전하게 발달

1차 순환반응기(1~4개월)
우연히 나타난 신체 중심의 행동을 반복한다.

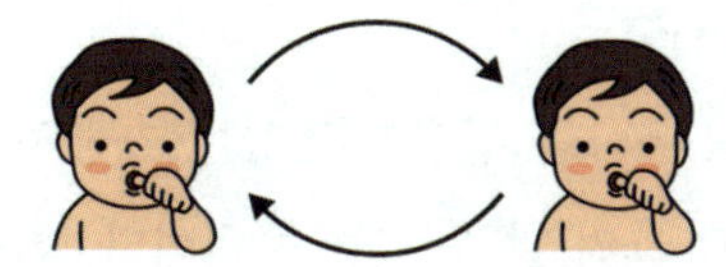

2차 순환반응기(4~8개월)
다른 사람이나 사물로부터 흥미 있는 반응을 얻으면 똑같은 행동을 반복한다.

3차 순환반응기(12~18개월)
원하는 결과를 가져오는 여러 가지 비슷한 행동을 시도한다.

[그림 6-1] 1, 2, 3차 순환반응기

출처: 이사라 외(2013). 영아발달, p. 158.

감각운동기의 영아는 대상영속성의 개념을 획득하게 된다. 대상영속성(object permanence)이란 대상이 시야에서 사라지더라도 존재한다는 것을 인식하는 능력이다. 대상영속성을 획득한 영아는 눈앞에서 물체가 보이지 않더라도 그 물체가 존재한다고 생각하여 그 물체를 찾으려고 한다. 감각운동기 하위 6단계의 행동 특성과 대상영속성의 발달을 살펴보면 〈표 6-1〉과 같다(김경철 외, 2024; 이기숙 외, 2023; 이연규 외, 2024).

2) 전조작기

전조작기의 유아는 상징을 사용하는 능력이 급격히 증가하여 인지발달에 상당한 진전을 이루는 시기이다. 그러나 아직 정신적 조작능력이 제한적이어서 비논리적인 사고를 한다(이숙재 외, 2020). 이 시기에 나타나는 사고의 특징에 대해 살펴보겠다.

(1) 상징적 사고

전조작기의 유아는 정신적 표상이 가능하다. 정신적 표상이란 사물이 눈에 보이지 않아도 머릿속으로 그려 낼 수 있는 능력이다. 전조작기가 되면 유아는 상상력이 풍부해져 정신능력이 더욱 발달하고 상징적 사고가 가능하게 된다. 상징은 다른 어떤 것을 나타내는 징표 또는 표상을 의미하는 것으로, 상징적 사고로 인해 가상의 사물이나 상황을 실제 사물이나 상황으로 상징화하는 가상놀이가 가능해진다. 예를 들어, 긴 막대기를 말로 생각하여 놀이하거나, 베개를 업고 아기라고 생각하며 놀이하게 된다(김경철 외, 2024). 이러한 상징 사용능력의 발달로 인지적 능력, 즉 사고의 발달이 급격히 이루어지지만 여전히 전조작기의 유아의 사고는 비논리적이고 한계가 있다.

(2) 자기중심적 사고

전조작기의 유아는 자기중심적 사고를 한다. 자기중심적 사고란 자신의 입장에서 세상을 바라보기 때문에 다른 사람의 관점을 이해하지 못하는 것이다. 즉, 다른 사람도 자신과 동일하게 생각하고 동일한 감정을 느끼며, 내가 보고 있는 것과 같은 것을 보고, 내가 알고 있는 것을 동일하게 알고 있다고 생각하는 것이다. 자기중심적 사고는 [그림 6-2]에 제시한 조망수용능력과 관련이 있다.

*** 조망수용 ***

유아는 다른 사람의 감정이나 관점을 이해할 수 있는 조망수용능력이 발달되어 있지 않다. 조망수용과 관련된 실험은 피아제와 인헬더(Piaget & Inhelder, 1956)의 '세 개의 산 실험'이 있다(정옥분, 2015).

[그림 6-2] 세 개의 산 실험

조망수용능력은 공간조망과 감정조망으로 구분할 수 있다. 공간조망은 위치와 관점에 따라 사물의 모양이 다르게 보인다는 것을 아는 것이다. 감정조망은 내가 느끼는 감정과 다른 사람이 느끼는 감정이 다르다는 것을 아는 것으로, 감정조망능력이 발달하지 않은 유아는 지금 자신이 느끼고 있는 감정을 다른 사람도 동일하게 느끼고 있다고 생각한다. 예를 들어, 동생을 때리며 싸우고 난 후에 재미있게 놀이하고 있는 유아는 동생이 자신에게 맞아서 속상하고 화가 났을 것으로 생각하지 못하고, 동생도 즐겁게 놀이하고 있을 것으로 생각한다.

(3) 물활론적 사고

전조작기의 유아는 물활론적 사고를 한다. 물활론적 사고란, 생물과 무생물을 구분하지 못하고 '모든 사물은 살아 있다.'라고 생각하는 것이다. 물활론적 사고는 다음의 4단계로 발달한다(김경철 외, 2024).

표 6-2 물활론적 사고의 발달

하위단계	행동 특성
1단계(4세 이전)	• 모든 사물은 살아 있다고 생각한다.
2단계(4~6세)	• 움직이는 것은 살아 있는 것이고, 움직이지 않는 것은 죽은 것으로 생각한다. 자동차와 구름은 움직이기 때문에 살아 있다고 생각하고, 움직일 수 없는 나무와 꽃은 죽은 것으로 생각한다.
3단계(6~8세)	• 스스로 움직이는 것만 살아 있다고 생각한다. 해와 달, 동물은 살아 있고, 사람이 조정하여 움직이는 자동차, 자전거는 죽은 것으로 생각한다.
4단계(8세 이후)	• 생물학적 생명관에 근거해서 생물과 무생물의 개념을 파악하게 된다.

(4) 보존개념

전조작기의 유아는 보존개념을 잘 이해하지 못한다. 보존개념이란 사물의 모양이나 길이, 부피 등이 달라져도 그 속성은 변하지 않는다는 것을 이해하는 것을 의미한다. 유아가 보존개념을 이해하기 위해서는 가역성, 동일성의 특성을 모두 이해해야 하므로 많은 시간이 소요된다.

보존개념은 연령에 따라 발달해 나가는데, 일반적으로 수의 보존개념은 5~6세, 길이의 보존개념은 6~7세, 무게, 액체, 질량, 면적의 보존개념은 7~8세, 부피의 보존개념은 11~12세에 획득한다. 피아제는 전조작기 유아가 보존개념을 획득하지 못하는 이유로 한 가지 특성에만 주의를 집중하고 다른 특성은 무시해 버리는 중심화 현상, 지각적 특성에 의해 사물을 판단하는 직관적 사고, 어떤 변화가 일어났을 때 이전 상태로 되돌려 생각하지 못하는 비가역적 사고를 한다는 점을 들었다(이영 외, 2017).

보존 과제	유아에게 두 물건이 같음을 제시	변형	질문	전조작기 유아의 전형적인 대답
수	크기가 같고 평행한 두 줄의 동전들 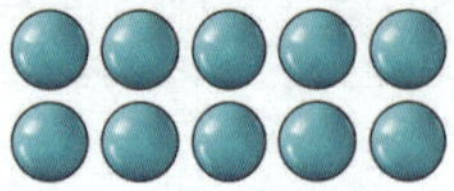	한쪽 줄의 동전들의 간격을 조금 넓힘 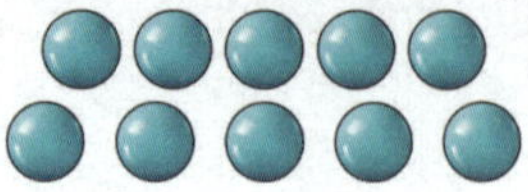	두 줄의 동전 개수가 서로 같니? 한쪽이 더 많니?	긴 쪽이 더 많아요.
길이	길이가 같은 두 개의 평행한 막대기 	한 막대기를 오른쪽으로 옮김 	두 막대기의 길이가 같니? 하나가 더 기니?	오른쪽 것이 더 길어요.
액체의 양	같은 양의 물이 담긴 같은 컵 2개 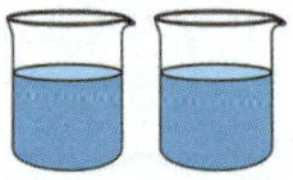	한 컵의 물을 낮고 넓은 컵에 부음 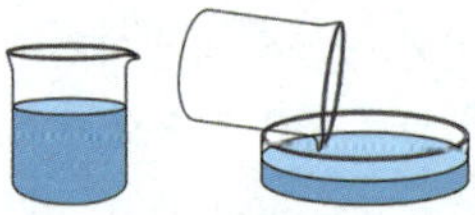	두 잔의 물의 양이 같니? 어느 쪽이 더 많니?	높은 컵의 액체가 더 많아요.
질량	같은 크기의 찰흙공 2개 	찰흙공 하나를 눌러 납작한 모양으로 만듦 	2개의 찰흙공 양이 같니? 어느 쪽이 더 많니?	납작한 것이 더 많아요.
무게	같은 크기의 찰흙공 2개를 저울을 이용하여 비교함 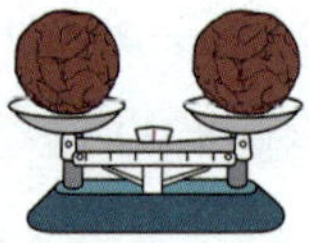	찰흙공 하나를 굴려 소시지 모양으로 만듦(양팔 저울을 이용하여 비교) 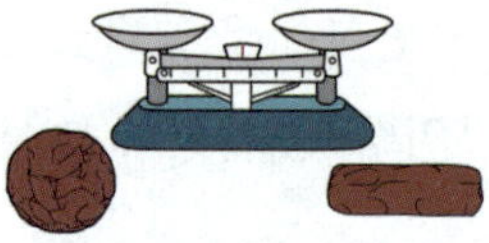	2개의 무게가 같니? 어느 하나가 더 무겁니?	소시지 모양이 더 무거워요.
면적	소 그림 2개와 풀밭용 색종이 여러 조각을 2개의 종이판에 각각 한쪽으로 모아서 제시함 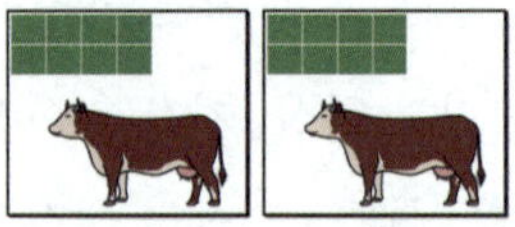	한쪽 종이판 위의 풀밭들을 흩어 놓음 	소들이 먹을 풀의 양이 서로 같니? 아니면 한쪽이 더 많니?	풀밭들이 서로 떨어져 있는 쪽의 소들이 먹을 풀이 더 많아요.
부피	같은 크기의 찰흙공과 물이 담긴 같은 컵 2개 	찰흙공 하나를 굴려 소시지 모양으로 만들어 컵에 넣음 	소시지 모양을 다시 물컵에 넣으면 물의 높이가 다른 컵과 같니? 아니면 높아지니?	소시지 모양을 넣은 컵의 물 높이가 더 높아져요.

[그림 6-3] 보존개념 실험

출처: 이영 외(2017). 영유아발달. pp. 263-264.

(5) 유목화

전조작기의 유아는 유목 포함의 원리를 이해하지 못하는 경우가 있다. 유목화란 사물의 집합에 관한 개념으로 사물을 기준에 따라 집단화할 수 있는 것을 말한다. 기준에 따라 집단화하기 위해서는 상위유목과 하위유목 간의 관계, 전체와 부분의 관계를 이해해야 한다.

[그림 6-4] 유목포함 실험

출처: 정옥분(2025). 영유아발달의 이해(4판), p. 330.

노란색 꽃 5송이와 빨간색 꽃 10송이를 보여 주며 "빨간색 꽃이 더 많니? 꽃이 더 많니?"라고 물어본다. 유아는 빨간색 꽃이 더 많다고 대답한다. 유아는 꽃의 색깔에만 주의를 집중하여 대답하며, 노란색 꽃과 빨간색 꽃이 꽃이라는 상위유목 아래에 있는 하위유목이라는 것을 이해하지 못한다.

(6) 서열화

전조작기의 유아는 서열화가 잘 이루어지지 않는다. 서열화란 특성에 따라 사물을 순서대로 놓는 것을 말한다. 서열화는 유아가 사물 간의 관계를 파악하여 사건이나 사물의 순서를 알고 이해할 때 가능하다.

유아에게 길이가 서로 다른 막대기를 여러 개 주고 길이가 짧은 것부터 순서대로 놓아 보라고 한다. 3~4세의 유아는 순서대로 놓지 못한다. 5~6세의 유아는 일부는 순서대로 놓을 수 있지만 전체적으로는 순서대로 놓지 못한다. 때로는 아랫부분은 무시하고 윗부분만 순서대로 놓기도 한다.

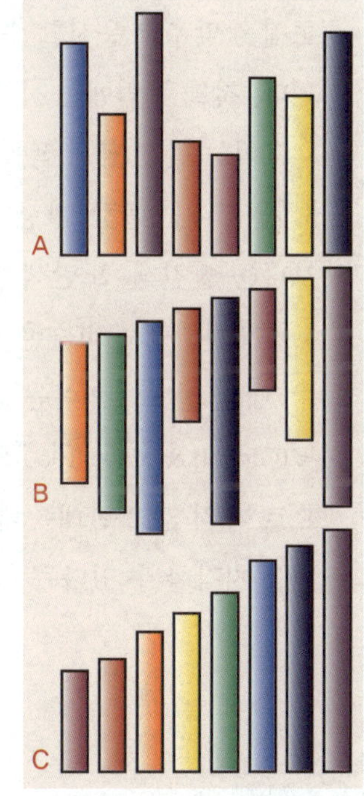

[그림 6-5] 서열화 개념 발달

출처: 정옥분(2025). 영유아발달의 이해(4판), p. 331.

2. 영유아 감각 및 지각 발달

영유아에게 있어 감각이란 세상을 알아 가는 중요한 도구이다. 인간이 나타내는 모든 행동은 감각정보의 해석과 관련되며 지각능력은 인지능력의 기초가 된다. 지각이란 감각기관에 의해 들어온 정보를 해석하는 것으로, 보이는 것이나 들리는 것 또는 지금 맡고 있는 냄새가 무엇인지에 대해 아는 것을 의미한다(최경숙, 2006). 지각 발달의 특징은 감각을 수용하는 눈, 코, 입, 귀 등의 감각수용기가 미세 조정기능을 거치며, 감각정보가 지각 자체로 끝나지 않고 정보를 기억하고 해석하는 능력이 증가하는 것이다(이영 외, 2017). 지각 정보의 기초가 되는 지각적 경험은 출생 전부터 발달하기 시작한다. 다음에서 영아기 시각, 청각, 후각, 미각, 촉각에 대해 살펴보겠다(김경철 외, 2024; 이영 외, 2017, 정옥분, 2015).

1) 시각

시각은 감각능력 중 가장 늦게 발달한다. 갓 태어난 신생아는 눈의 크기가 작고 망막 구조가 불완전하며 시신경이 덜 발달하여 심한 근시 현상을 보인다. 생후 1개월경에는 사물에 초점을 맞추고 응시할 수 있으며, 14주경에는 초점을 맞추기 위해 양쪽 눈을 조정할 수 있게 된다. 첫돌 무렵에는 시력이 1.0에 가까워져 정상 시력에 근접하게 된다(김경철 외, 2024).

영아는 출생 당시 색을 지각할 수 있어서 출생 시부터 초록색과 빨간색을 구별할 수 있다. 3개월경에는 빨강, 파랑, 노랑을 구별할 수 있으며, 푸른색, 초록색과 같은 차가운 계열의 색보다는 빨간색, 노란색과 같은 따뜻한 색과 부드러운 색을 선호하는 경향을 보인다. 생후 4~5개월경에는 비슷한 계열의 색을 구별할 수 있게 된다.

7개월 정도의 영아는 깊이를 지각할 수 있어 벼랑 같은 장애물을 피할 수 있다. 깁슨과 워크(Gibson & Walk, 1960)의 실험에서 영아는 바닥 중 벼랑처럼 느껴지는 판 위에서는 벼랑쪽으로 가지 않고 반대쪽에서만 기어다니는 행동을 보였다. 이를 근거로 7~8개월경이면 3차원을 지각할 수 있다는 사실을 증명하였다.

[그림 6-6] 시각벼랑 실험

출처: 정옥분(2025). 영유아발달의 이해(4판), p. 300.

2) 청각

소리를 들을 수 있는 청각능력은 태어나기 이전부터 시작된다. 임신 4개월경부터 태아는 외부의 소리에 반응하며, 갓 태어난 신생아는 인간의 말소리도 구분할 수 있다. 생후 2~3주 된 영아는 사람의 목소리를 구분할 수 있으며, 엄마의 목소리와 낯선 사람의 목소리를 구별할 수 있다. 4개월 반 정도가 되면 자신의 이름에 반응하기 시작하고, 7개월경에는 물체의 위치를 파악하기 위해 청각적 정보를 사용할 수 있다.

3) 후각

후각은 출생 초기부터 상당히 발달되어 있어서 여러 가지 냄새를 식별할 수 있다(김경철,

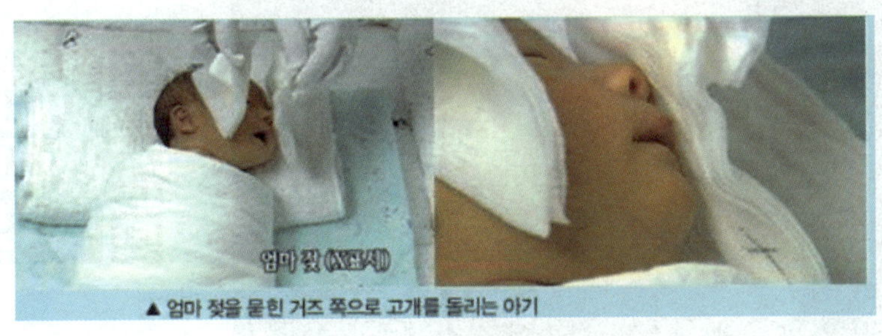

[그림 6-7] 신생아 후각 실험

출처: EBS 아기성장보고서제작팀(2009). 아기성장보고서.

2023). 면봉에 여러 가지 냄새를 묻힌 후 영아의 코에 갖다 대고 영아의 반응을 살펴본 결과, 영아는 어머니와 다른 여성의 젖 냄새를 구분하였고, 암모니아나 식초 같은 독한 냄새에는 고개를 돌린 반면, 딸기나 바나나 같은 달콤한 냄새에는 기분 좋은 표정을 지었다(EBS, 2009).

4) 미각

미각은 임신 7주에 태아의 혀에 미뢰가 생성되어 태아도 맛을 구별할 수 있다. 신생아는 출생 직후에도 여러 가지 맛을 구분할 수 있다. 영아는 쓴맛, 짠맛, 신맛보다는 단맛이 나는 액체를 더 오래 빨며 단맛에 대해 본능적인 선호를 보인다. 생후 2~3개월에는 특정한 맛에 대한 기호가 생길 정도로 미각이 발달하게 된다.

5) 촉각

갓 태어난 신생아는 입술과 혀가 발달되어 있으며, 입 주위, 손바닥, 발바닥 주변의 촉각에 민감하게 반응한다. 6개월이 되면 촉각을 통해 물체를 탐색하고 사물을 이해한다. 이는 초기 인지발달의 매우 중요한 수단이 된다. 또한 신체적인 접촉을 통한 촉각의 발달은 초기 신체 성장 촉진 및 정서발달의 밑바탕이 된다. 통각 또한 이미 태내기에 촉 자극을 감지하면서 통증을 느낄 수 있을 정도로 발달되어 있다.

참고 자료 EBS 다큐프라임-감각의 제국 2부 '오감의 흔적, 뇌'

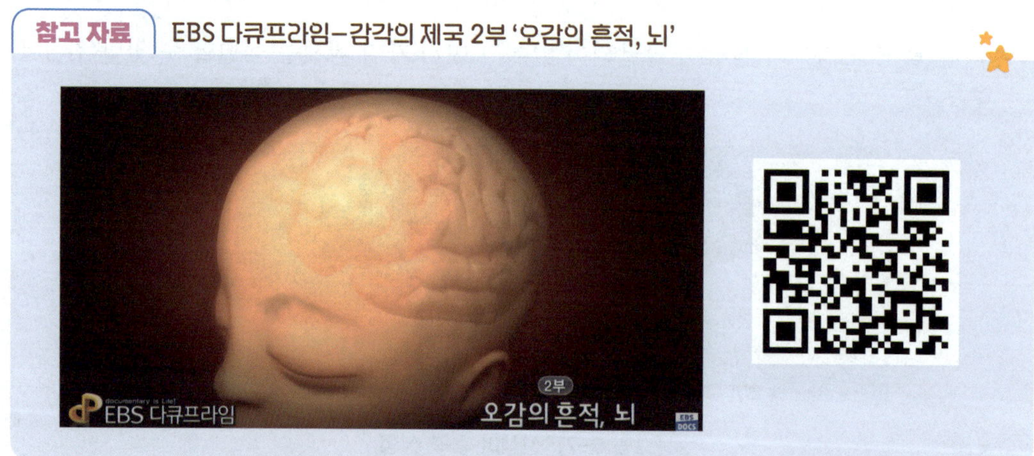

3. 영유아 기억발달

1) 기억의 과정

기억은 부호화, 저장, 인출의 과정을 거친다. 기억의 과정을 살펴보면 다음과 같다(김경철 외, 2024; 이연규 외, 2024; 정옥분, 2016).

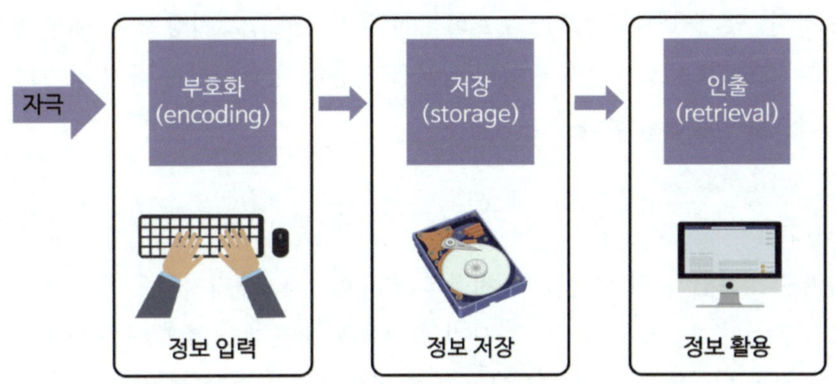

[그림 6-8] 기억의 과정

출처: 이연규 외(2024). 영유아발달과 교육, p. 218.

(1) 부호화

부호화는 필요할 때 정보를 잘 기억해 낼 수 있는 형태로 기록하는 과정이다. 일상생활에서 수없이 많은 정보에 노출되기 때문에 모든 정보를 다 받아들일 수는 없다. 결과적으로 필요한 정보에 주의를 기울이고, 선택적으로 부호화할 필요가 있다. 부호화 과정에서는 시각, 청각, 촉각 등을 활용한다. 부호화 과정은 서류 정리를 할 때 분류체계를 사용하는 것과 비슷하여 체계적으로 분류해 두면 나중에 필요할 때 찾기 쉽다.

(2) 저장

저장은 정보를 기억 속에 쌓아 두는 과정이다. 저장 과정은 감각기억, 단기기억, 장기기억의 세 과정으로 나뉜다.

① 감각기억

뇌는 우리가 보고, 듣고, 냄새 맡고, 맛보고, 만지는 것 등 감각을 통해 들어오는 모든 것을 기록하여, 기억 저장소인 감각기억에 정보를 담아 둔다. 감각기억을 단기기억으로 보내기 위해서는 주의집중(선택적 주의)이 필요하다.

② 단기기억

단기기억은 정보를 조직하는 일시적 단계이며, 이때 정보가 반드시 뇌의 저장영역에 전달되는 것은 아니다. 일시적 저장임에도 불구하고 단기기억은 새로운 정보를 처리하는 데 있어 중요하다. 단기기억의 정보는 부호화되어 장기기억으로 저장된다. 이때 부호화하지 않은 정보는 소멸된다. 장기기억에 있던 정보를 사용하기 위해서는 다시 장기기억의 정보를 단기기억으로 인출해야 한다.

③ 장기기억

장기기억은 정보를 오랜 시간 동안 저장하는 과정이다. 장기기억은 서술기억과 절차적 기억으로 구분된다. 먼저, 서술기억은 사실적 지식과 개인의 경험에 대한 기억으로 언어적으로 의사소통이 가능한 정보를 회상하는 것을 말한다. 서술기억은 일화 기억과 의미 기억

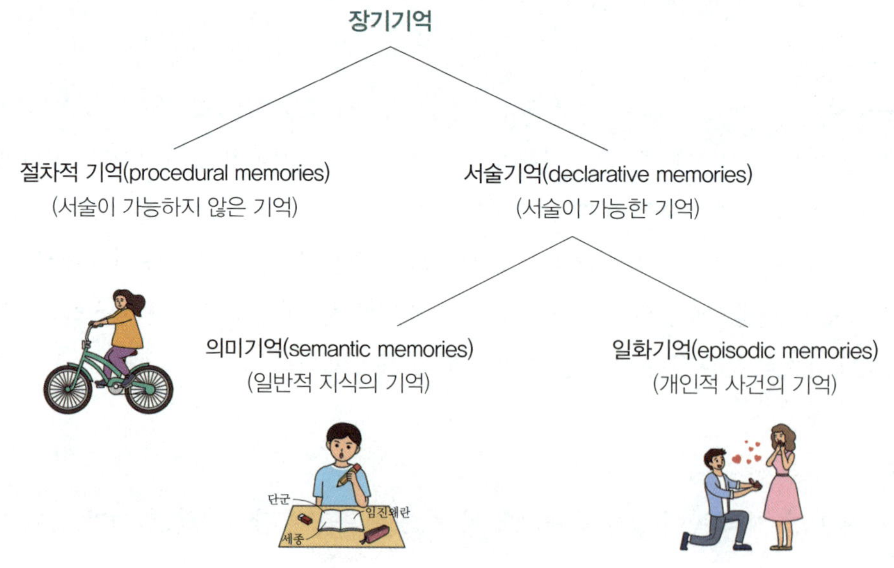

[그림 6-9] 장기기억의 유형

출처: Tulving(1972): 이연규 외(2024)에서 재인용.

으로 나뉜다. 일화 기억은 특정 시간, 장소와 연관이 있는 것을 기억하는 것이며, 특정한 날에 선물받은 것을 기억하는 것이다. 의미 기억은 일반적 지식을 기억하는 것으로, 영어 문법이나 수학 공식 등을 기억하는 것이다. 다음으로, 절차적 기억은 저장된 정보에 의해 행동을 하지만 과제를 습관화하여 서술이 가능하지 않은 기억이다. 예를 들어, 자전거 타기, 수영하기 등과 같이 기술과 관련된 기억이다.

(3) 인출

인출이란 저장된 정보를 필요한 때에 꺼내는 과정이다. 기억된 정보를 얼마나 쉽사리 인출할 수 있는가는 기억 재료들이 얼마나 체계적으로 잘 저장되어 있는가에 달려 있다. 인출하는 방법은 재인과 회상의 방법이 있다.

2) 영아의 기억발달

영아는 익숙한 자극과 물건을 기억할 수 있기 때문에 새로운 자극과 이전의 자극을 구별할 수 있다. 만약 영아가 처음의 자극에 대한 기억이 없다면 새로운 자극이 제시되었을 때 그것이 이전의 자극과 다르다는 것을 구별하지 못하고 동일한 반응을 보일 것이다.

영아의 기억능력과 관련하여 습관화 실험([그림 6-10] 참조)에서 영아는 새로운 자극과 이전의 자극을 구별할 수 있었다. 만약 영아가 처음의 자극에 대한 기억이 없다면, 새로운 자극이 제시되었을 때 그것이 이전의 자극과 다르다는 것을 알아채지 못할 것이다. 영아에게 기억능력이 있는지와 관련하여 재인기억과 회상기억을 구별하는 것은 중요하다(김경철 외, 2024).

(1) 재인기억

재인기억은 이전에 경험했던 자극과 동일하거나 유사한 자극이 주어졌을 때 과거에 경험했던 사건을 기억하는 것이다. 습관화–탈습관화 연구를 통해 영아가 이전의 자극을 기억하는지 알 수 있다. 습관화(habituation)는 자극이 반복해서 주어지면 그 자극에 대한 반응이 감소하는 것을 말하며, 탈습관화(dishabituation)는 다시 새로운 자극이 주어지면 반응을 보이는 것을 말한다. 영아에게 특정 자극에 습관화를 시킨 후 바로 새로운 자극을 제공함으로써 영아의 단기기억을 측정할 수 있으며, 습관화한 후 시간을 두고 이후에도 그것을 기억하여 재생할 수 있는지의 지연모방을 검사함으로써 장기기억을 측정할 수 있다.

영아의 재인기억 실험

영아의 재인기억을 알아보기 위한 실험을 하였다.

① 3개월 된 영아를 침대에 뉘어 놓고 침대 위에는 모빌을 달아 놓았다.

② 영아가 발을 움직이면 모빌이 움직이도록 모빌의 틀과 영아의 한쪽 발에 리본을 연결해 놓았다.

③ 영아는 자신이 발을 움직이면 모빌이 움직인다는 것을 알게 되어 반복적으로 발길질을 하였다(몇 주일의 시간이 흐른 후 영아를 다시 침대로 데리고 왔다).

④ 이번에는 영아의 발과 모빌을 연결하는 리본 끈을 묶지 않았다.

⑤ 침대에 누운 영아는 계속해서 발을 차는 행동을 보였다(이는 발을 움직이면 모빌이 움직였다는 것을 기억한다는 것을 뜻한다).

⑥ 처음 모빌과 다른 모양의 모빌을 매달아 놓았더니 영아는 발을 움직이지 않았다.

⑦ 다시 처음의 모빌을 매달아 놓자 영아는 다시 발을 움직이기 시작했다.

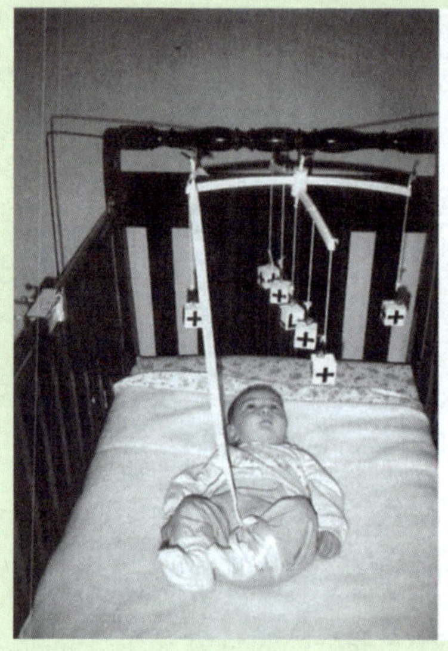

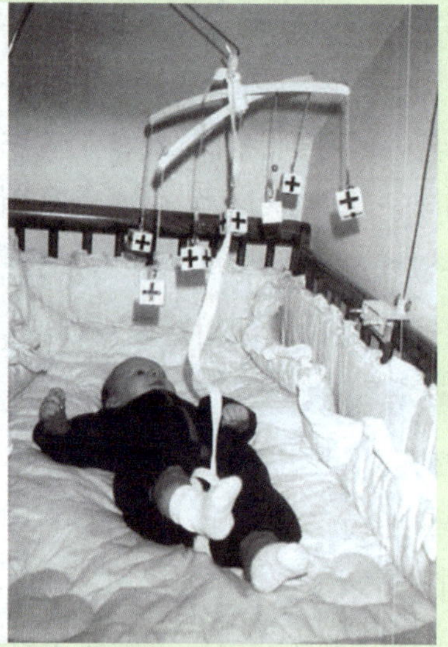

[그림 6-10] 영아 재인기억 실험 장면

출처: Adler, Gerhardsten, & Rovee-Collier (1998). *Child Development*, p. 283.

(2) 회상기억

회상기억은 아무런 단서 없이 장기기억 속에 있는 정보를 스스로 끌어내는 것이다. 이전에 본 상황이나 사건, 다른 사람의 행동을 동일한 상황이 아닌 상태에서도 스스로 회상하여 기억하는 것을 의미한다. 회상기억은 재인기억보다 더 복잡한 과정이며, 재인기억보다 더 늦게 발달한다.

영아기 초에도 단순한 회상 기억은 가능하다. 예를 들어, 7개월된 영아는 항상 같은 곳에 있던 놀잇감이 없어지면 놀란 표정을 짓는다. 이는 영아가 그 장소에 있는 물건을 기억하고 있기 때문이다. 그리고 사라진 물건을 찾을 수 있는 대상영속성 개념은 영아가 회상 기억을 할 수 있다는 것을 의미하며, 회상기억능력의 발달로 지연모방이 가능해진다. 모델의 행동을 인지하고 머릿속에 저장한 후 비슷한 상황 또는 전혀 다른 상황에서 관찰행동의 상징을 떠올려 재연 행동으로 나타나는 지연모방은 회상 기억으로 인해 가능한 핵심적인 인지능력이다.

3) 유아의 기억발달

유아기에는 영아기에 비해 기억능력이 크게 발달하는데, 쉐퍼(Shaffer, 1999)는 기억용량의 증가, 기억 전략의 발달, 상위기억의 발달, 지식 기반의 확대가 작용하는 것으로 보았다(김경철 외, 2024; 이기숙 외, 2023; 이연규 외, 2024; 정옥분, 2015). 이에 대하여 살펴보겠다.

(1) 기억용량의 증가

기억용량이 증가한다는 것은 정보를 저장할 수 있는 공간이 증가한다는 것을 의미한다. 기억공간에는 감각기억, 단기기억, 장기기억이 있는데, 감각기억과 장기기억의 용량은 연령에 따른 변화가 거의 없으며, 단기기억의 용량이 증가한다. 일반적으로 단기기억의 용량은 기억폭 검사에 의해 측정된다. 예를 들어, 기억폭 검사는 숫자를 몇 개 불러 준 다음 그 순서대로 말해 보도록 하여 정확하게 회상할 수 있는 항목의 수로 기억폭을 측정한다. 카일(Kail, 1997)에 의하면 유아에게 숫자를 불러 주고 숫자를 말하도록 하는 실험에서 2세 유아의 기억폭은 2개, 5세 유아는 4.5개로 유아기에 2배 이상 급격히 증가하였다. 조작 효율성의 증가는 학습이나 경험의 영향도 받지만, 주로 생물학적 성숙에 기인한다고 한다. 즉, 뇌와 신경계의 수초화가 증가하고 불필요한 뉴런의 제거가 정보 처리를 좀 더 효율적으로 해 준다는 것이다.

(2) 기억 전략의 발달

기억 전략은 유아기에 나타나기 시작하여 연령이 증가할수록 발달한다. 기억 전략이란 장기기억 속에 특정 정보를 부호화하여 저장하고, 필요한 정보를 쉽게 인출하기 위해 사용하는 자발적으로 의도적인 활동이다. 정보를 효율적으로 저장하기 위한 전략으로는 주의집중, 시연, 조직화, 정교화, 인출 전략 등이 있다(김경철 외, 2024; 이연규 외, 2024; 정옥분, 2025).

① 주의집중

주의집중(attention)은 정보가 감각기억에서 단기기억으로 전이될 수 있도록 하기 위한 전략이다. 어떤 정보를 기억하기 위해서는 그 정보에 주의를 집중해야 한다. 그러나 유아는 주의를 집중하는 주의폭(attention span)이 매우 짧아 주의가 쉽게 분산된다. 유아는 중추신경계가 성숙함에 따라 주의집중력은 점점 향상되고 증가한다. 또한 연령이 증가함에 따라 과제와 관련된 정보에만 주의를 집중하고 다른 무관한 자극은 무시하는 선택적 주의를 할 수 있게 되고, 계획적이며 체계적으로 정보를 탐색하는 주의 전략을 사용하여 상황에 따라 융통성 있게 주의를 집중할 수 있게 된다.

② 시연

시연(rehearsal)은 기억해야 할 정보를 여러 번 보거나 말로 외울 때까지 반복해서 암송하는 것이다. 간단하지만 가장 효과적으로 사용하는 전략이다. 예를 들면, 전화번호 안내를 받고 잊어버리지 않으려고 여러 번 반복해서 입으로 중얼거리는 것과 같은 것이다. 일반적으로, 어떤 정보가 더 많이 반복되고 시연될수록 장기기억으로 전환되기 쉬우며, 정보를 더 오래 기억하도록 해 준다.

③ 조직화

조직화(organization)란 정보를 기억하기 위해 정보를 서로 관련이 있는 것끼리 묶어 범주나 그룹으로 만들어 기억하는 전략이다. 다음의 단어들을 하나씩 따로 기억하지 않고 연관성 있는 범주(동물, 꽃, 과일)로 묶어서 기억하면 좀 더 쉽게 기억된다. 조직화는 상위 개념과 하위 개념에 대한 이해가 선행되어야 하기 때문에 시연보다는 조금 늦게 발달한다.

원숭이, 복숭아, 강아지, 장미, 사과, 귤, 국화, 고양이, 거북이, 진달래, 딸기

④ 정교화

정교화(elaboration)는 서로 관계가 없는 정보 간에 임의적으로 관계를 설정해 주는 것이다. 기억해야 할 정보들이 서로 상이하여 범주화하기 어려울 때에는 정교화 전략을 사용할 수 있다. 둘 이상의 정보 간의 관계를 설정하여 정교화 전략을 사용하기 위해서는, 여러 종류의 지식을 풍부하게 갖고 있어 새로 들어오는 정보와 기존의 정보를 관련지을 수 있어야 한다. 그렇기 때문에 정교화는 다른 전략보다 늦게 발달하나 일단 사용하기 시작하면 효율성이 뛰어나다.

서로 관계가 되지 않는 '안경'과 '강아지'라는 단어를 기억해야 한다면, 안경을 쓰고 있는 강아지를 상상하는 것처럼 기억해야 할 정보를 이미지 형태로 전환하는 방법을 사용함

⑤ 인출 전략

인출(retrieval) 전략은 저장된 정보 중 필요한 정보를 효과적으로 인출하기 위한 것이다. 저장된 정보를 손쉽게 인출하기 위해서는 정보를 저장할 때 사용했던 전략을 그대로 사용하는 것이 효과적이다. 유아는 혼자 힘으로 정보를 인출하기 어렵기 때문에 기억해야 할 상황과 관련되는 단서의 도움으로 유발되는 단서 회상이 더 효과적이다.

유아에게 "오늘 유치원에서 어떤 일이 있었니?"와 같이 일반적인 단서만을 제공하는 질문을 하면 유아들은 많은 정보를 인출하기 어려움. 그러나 "오늘 유치원에서 들은 동화에 대해 말해 볼까?"와 같이 특수한 정보를 인출할 수 있도록 초점을 맞춘 단서 회상 질문을 하면 유아들은 상세한 정보까지 이야기함

(3) 상위기억의 발달

상위기억은 자신의 기억과 그 기억의 과정에 대한 지식과 인식을 뜻한다. 즉, 상위기억은 과제의 특성과 자신의 기억능력을 정확히 평가해서 어떤 기억 전략을 사용하는 것이 더

효과적인지를 판단하는 능력과 관련된 것이다. 상위기억이 발달한 사람은 자신의 사고 과정 전반에 대한 이해와 평가가 가능하다. 유아도 상위기억에 대한 초보적인 지식을 가지고 있다.

내일 유치원에 갈 때 준비물을 잊지 않고 가져가기 위해 '준비물을 문 앞에 미리 가져다 놓기' '문 앞에 메모하기' 등과 같은 기억 전략을 고안함

(4) 지식 기반의 확대

사람들은 이미 잘 알고 있는 분야의 지식은 훨씬 수월하게 기억할 수 있지만, 잘 모르는 영역의 지식을 기억하기 위해서는 많은 노력이 필요하다. 잘 알고 있는 분야는 이미 우리 기억 속에 저장되어 있는 기존의 지식이나 정보가 많아서 이와 빠르게 연결되기 때문에 쉽게 기억할 수 있으나, 친숙하지 않은 영역의 지식은 새로운 지식과 연결할 기존의 지식이 부족하여 기억하기가 쉽지 않다. 따라서 정보를 많이 가지고 있을수록 그와 관련된 학습과 기억이 용이해진다. 유아가 성장할수록 더 많은 지식을 획득하게 되기 때문에 확장된 지식 기반을 통해 정보를 더 빨리 처리할 수 있게 되고, 정보를 처리하는 전략도 획득할 수 있게 된다.

4. 영유아 인지발달을 위한 교육 지원

1) 영유아의 인지발달 특성과 인지발달 수준에 적합하게 접근해야 한다

영유아는 성인과는 질적으로 다른 방식으로 세상을 바라보고 이해한다. 개별 영유아의 인지발달단계에 따라서도 사고하는 방식이 다를 수 있다. 그렇기 때문에 성인의 기준에 의한 학습 지원이나 개인차를 고려하지 않은 접근은 영유아에게 무의미하며, 오히려 영유아의 인지발달을 방해할 수 있다. 교사는 영유아의 인지발달단계를 고려하여 발달 수준에 적합한 학습 경험을 제공하고 적절하게 개입하는 것이 중요하다.

2) 영유아가 주변의 물리적 환경을 직접 관찰하고 탐색할 수 있는 기회를 제공한다

영유아는 능동적인 학습자로서 새로운 것에 대한 호기심을 갖고 끊임없이 질문하면서 적극적으로 탐색한다. 주변 환경과 물리적 세계를 직접 보고, 만지고, 조작하는 등의 탐색과 실험 경험은 영유아의 인지발달에 기여한다. 교사가 주도적으로 이끌어 가기보다 영유아의 흥미와 관심의 정도를 면밀하게 살피면서 주변의 사물, 사건, 현상 등을 직접 탐색할 수 있는 기회를 제공해야 한다.

3) 영유아의 인지발달을 위한 사회적 상호작용의 기회를 제공한다

영유아는 또래나 교사 등 다양한 대상과의 사회적 상호작용을 통해 배워 나간다. 특히 또래는 영유아의 놀이와 경험을 더욱 풍부하고 다채롭게 만들어 주는 존재이다. 또래와의 상호작용을 통해 서로의 관심사와 경험을 공유하면서 놀이가 풍성해지고 사고의 영역이 확장되어 간다. 교사는 영유아와의 상호작용 과정에서 비계설정자의 역할을 수행하며 인지발달의 촉진자 역할을 해야 한다.

4) 영유아에게 놀이를 통한 인지적 갈등과 인지적 전략 사용의 기회를 제공한다

영유아는 놀이 중에 다양한 시도와 도전을 하면서 인지적인 갈등과 자기만의 전략을 사용한다. 영유아의 도전은 어떤 행동을 시작하거나 탐색하는 시도를 넘어 노력하고 성취하는 과정을 포함한다. 예를 들면, 블록을 높게 쌓기 위해 친구에게 쌓아 올린 블록을 잡아 달라고 부탁하면서 한꺼번에 블록 두 개를 포개어 쌓아 올리는 등 자신이 정한 목표를 성공시키고자 다양한 전략을 사용하게 된다.

* 다음에서는 영유아 인지발달을 위한 교육 지원의 실제를 살펴보겠다.

영유아 인지발달을 위한 교육의 실제

사례(만 1세 학급)

쟁반에 호두와 대추가 각각 담긴 작은 그릇 2개, 구멍이 큰 계란판과 작은 계란판 각 1개, 숟가락이 준비되어 있다. 교사는 영아에게 호두와 대추를 숟가락으로 옮기는데, 호두는 큰 계란판에, 대추는 작은 계란판에 옮겨 놓도록 권유하고 시범을 보인다. "호두는 크지? 그러니까 큰 계란판에 숟가락으로 옮기는 거야. 그리고 이건 대추야. 작지? 그러니까 작은 계란판에 넣는거야. 이렇게……." 영아가 숟가락으로 옮기는 것도, 호두와 대추를 지정한 크기의 계란판에 각각 넣는 것도 하지 못하니 교사는 계속 시범을 보임

발달 특성

호두와 대추의 크기 차이가 분명하지 않고, 같은 호두 또는 대추라도 크기가 균일하지 않기 때문에 영아가 크기를 구별하는 것은 쉽지 않음. 또한 크기가 다른 두 가지의 계란판에 두 가지 크기의 호두와 대추를 나누어 넣는 것은 두 종류의 사물을 같은 속성(크기)으로 나눠 계란판에 1:1 대응으로 넣는 것이므로 1세 영아의 인지발달 특성을 고려하면 불가능한 과제임

바람직한 지도 방안

- 호두와 대추의 탐색: 호두와 대추 각각의 특성(예: 표면의 매끄러운 정도, 단단함, 색)에 대해 탐색하게 함
- 숟가락으로 옮기기
  - 인지적 발달이 아닌 신체적 발달과 관련한 사항임
  - 숟가락으로 옮기기를 강유하기보다는 원하면 손으로 옮길 수 있게 함
  - 숟가락으로 옮기기를 원할 때는 호두나 대추를 손으로 잡을 수 있게 함
- 계란판에 분류해서 넣기
  - 원하는 판에 넣도록 허용하는 것이 바람직함. 판의 크기에 따라 분류해서 넣게 하기보다는 같은 크기의 판을 2개 주고 한 판에 한 종류만 넣게 하는 것이 발달적으로 적합함

출처: 김희진(2017). 발현적 교육과정에 기초한 영아 프로그램의 이론과 실제, p. 30.

학습내용 확인

※ 다음 문제를 읽고 ○, ×로 답하시오.

1. 영아의 시각능력은 감각능력 중 가장 늦게 발달한다. (　　)
2. 영아의 청각능력은 출생 이후에 발달하기 시작한다. (　　)
3. 영아의 후각능력은 출생 초기부터 발달되어 있어서 냄새를 식별할 수 있다. (　　)

※ 다음 (　　) 안에 알맞은 내용을 쓰시오.

4. 피아제의 인지발달 이론에서 감각운동기에 영아가 획득하는 개념은 (　　　　　　)이다.
5. 전조작기 유아의 사고 중 '모든 사물은 살아 있다.'라고 생각하는 개념은 (　　　　　　)이다.
6. 유아가 '세 개의 산 실험'에서 인형의 관점을 이해하지 못하는 이유는 (　　　　　　)능력의 부족 때문이다.

※ 다음 문제를 읽고 (　　) 안에 알맞은 번호를 쓰시오.

7. 감각운동기에서 영아가 대상영속성 개념을 완전히 이해하게 되는 시기는? (　　)
   ① 출생~1개월　② 4~8개월　③ 12~18개월　④ 18~24개월

8. 전조작기 유아의 사고 특성 중 틀린 것은 무엇인가? (　　)
   ① 논리적 사고를 할 수 있게 된다.　② 자기중심적 사고를 한다.
   ③ 물활론적 사고를 한다.　④ 보존개념을 잘 이해하지 못한다.

9. 영유아의 기억발달에서 '인출'의 과정은 무엇을 의미하는가? (　　)
   ① 정보를 기억 속에 저장하는 과정
   ② 새로운 정보를 부호화하는 과정
   ③ 기억 속에 저장된 정보를 필요할 때 꺼내는 과정
   ④ 감각정보를 단기기억으로 전이하는 과정

10. 영유아의 기억발달에서 '부호화'의 정의는 무엇인가? (　　)
   ① 외부 정보를 기억 속에 쌓아 두는 과정
   ② 정보를 필요할 때 인출하는 과정
   ③ 정보를 잘 기억해 낼 수 있는 형태로 기록하는 과정
   ④ 감각정보를 일시적으로 저장하는 과정

※ 다음 문제에 대해 서술하시오.

11. 영아기의 재인 기억에 대해 설명하시오.

12. 전조작기 유아가 자기중심적인 사고를 하는 사례를 찾아 설명하시오.

활동해 봅시다

활동 6-1 영유아의 인지발달을 위한 교사의 역할을 기술하고 예를 들어 보세요.

활동 6-2 여러분 자신이 공부할 때 사용하는 효과적인 학습 방법과 기억 전략을 이야기해 보세요.

제 7 장

영유아 언어발달과 교육

학습 개요

울음으로 세상과 첫 소통을 하던 영아는 옹알이하고 첫 단어를 사용하게 되면서 세상과 소통을 시작한다. 영유아는 언어를 매개로 자신의 생각과 감정을 표현하고 타인과 적극적으로 소통한다. 언어는 인간 삶의 도구이며 학습의 매개체이다. 영유아기는 언어습득의 결정적 시기이며 언어발달의 최적기이다. 제7장에서는 영유아기의 언어발달의 특성을 살펴보고 언어발달을 지원하기 위한 방법에 대해 살펴보고자 한다.

학습 목표

1. 영유아기 언어습득 과정과 언어발달 특성에 대해 이해한다.
2. 영유아기 언어발달 이론을 이해한다.
3. 영유아기 언어발달 특성에 따른 교육적 지원에 대해 이해한다.

주요 용어

- 언어발달, 인지적 상호작용주의, 사회적 상호작용주의

함께 생각해 봅시다

∴ 인간만이 언어를 사용할 수 있는 유일한 존재입니다. 인간에게 언어사용능력이 없다면 어떤 일이 생겨날까요? 언어의 기능과 연결하여 상상해 봅시다.

1. 언어의 개념과 중요성

1) 언어의 개념

언어란 타인과 의사소통하고 자신의 사고와 개념을 표상하기 위해 사용하는 사회적으로 공유된 부호이며 규칙이 있는 상징 체계이다. 즉, 언어는 사회적으로 합의 과정을 거친 규칙과 체계를 가지고 있다. 사회적으로 합의된 언어는 형식, 내용, 사용의 세 가지 구성 요소를 가지고 있다. 형식적 측면은 음운론, 형태론, 구문론을 포함하며, 내용적 측면은 의미론, 사용적 측면은 화용론을 포함한다(조성희, 2017).

① 형식적 측면: 음운론, 형태론, 구문론

음운론(phonology)은 언어의 소리 체계에 대한 지식, 소리에 맞는 언어를 산출하는 것에 대한 이해이다. 예를 들면, '가방'과 '가위'의 차이를 이해하는 것이다. 형태론(morphology)은 형태소, 즉 의미를 나타내는 최소 단위인 단어의 구성을 뜻하며 음소들이 연합되어 의미를 갖는 최소의 단위가 될 때 이를 형태소라 부른다. 대부분의 단어는 한 개의 형태소로 구성되지만 두 개 이상의 형태소로 구성되는 단어도 있다. 예를 들면, '책상' '의자'는 하나의 형태소로 구성되고 '선생님께서'는 '선생님'과 '께서'라는 2개 형태소로 구성된 단어이다. 구문론(syntax)은 언어의 문법체계에 대한 이해로 형식(문법)에 맞는 언어를 산출하는 것이다. 예를 들면, 2개 이상을 나타낼 때 '~ 들'을 사용하고, 질문을 할 때 '먹습니다.'가 아닌 '먹습니까?'라고 말하는 것이다.

② 내용적 측면: 의미론

의미론(semantics)은 말과 글의 뜻, 말과 글의 의미 체계에 대한 이해이다. 같은 단어라도 사용되는 맥락에 따라 의미가 다를 수도 있다는 것을 아는 것으로 사람의 배와, 먹는 배, 타는 배를 구분하여 이해하는 것이다.

③ 사용적 측면: 화용론

화용론(pragmatics)은 의사소통을 목적으로 상황에 적절하게 어떤 언어사용의 적절성을 이해하는 것이다. 예를 들면, 위급한 상황에서 "도와주세요!"라는 언어를 사용하는 것처럼 언어의 사회적 의미에 대해 이해하는 것이다.

언어를 습득하는 것이 복잡하고 어려운 것은 이러한 요소들을 동시에 주목해야 하기 때문이며, 영유아들이 언어습득 과정에서 보이는 오류들은 이러한 이유에서 비롯되는 것이다. 언어를 학습한다는 것은 이러한 요소를 숙달하는 것을 의미한다. 즉, 말소리의 차이를 알아듣고 이를 발음할 수 있어야 하고, 단어의 뜻을 이해하며 문장을 구성하기 위해 단어를 조합하는 규칙을 깨닫고 다른 사람과 적절하게 이야기할 수 있어야 한다(권민균 외, 2005). 영유아를 담당하는 교사는 언어를 구성하는 요소를 잘 이해하여 영유아의 언어발달을 지원해야 한다.

2) 언어의 중요성

언어는 형태면에서 듣기, 말하기, 읽기, 쓰기의 네 가지로 구성된다. 듣기와 읽기는 수용언어 기술이며, 말하기와 쓰기는 표현언어 기술이다. 언어의 기능을 크게 두 가지로 구분하면 개인적 차원과 사회적 차원에서 설명할 수 있다. 개인적 차원은 자신의 생각과 감정, 느낌을 표현하는 도구로서의 기능이며, 사회적 차원은 타인과 의사소통의 수단으로 사용됨을 의미한다.

인간만이 언어를 습득하고 활용할 수 있는 고유능력을 가지고 태어난다. 인간은 언어를 통해서 자신의 생각과 느낌, 감정을 표현하고 다른 사람과 의사소통하고 관계를 맺는다. 인간 외의 어떤 동물도 인간의 언어를 완벽하게 습득하고 활용할 수 없다. 따라서 촘스키(Chomsky, 1994)는 언어의 본질을 정확히 이해하는 일은 인간의 본성을 정확히 이해하는 일이라고 주장한다.

출생 후 6세에 이르기까지 유아의 언어발달은 상당히 빠른 속도로 진행된다. 이 시기의 언어 노출 정도와 언어적 상호작용 경험은 언어발달에 결정적이며, 언어습득과 언어발달은 영유아기의 중요한 발달과제이다. 언어를 습득하기 전의 아기는 울음이나 몸짓으로 자신의 욕구를 표현한다. 옹알이를 하던 아기가 첫돌이 지나면서 인간이 사용하는 첫 단어를 말하게 된다. 언어는 인간만이 사용 가능한 것으로 지적 활동의 중요한 매체이며 언어를 통한 의사소통은 타인과의 관계를 맺는 사회생활의 기본이 된다(이영자, 2009). 언어는 인간의 삶을 영위하기 위한 기본 수단이며 인지적 활동의 도구이다.

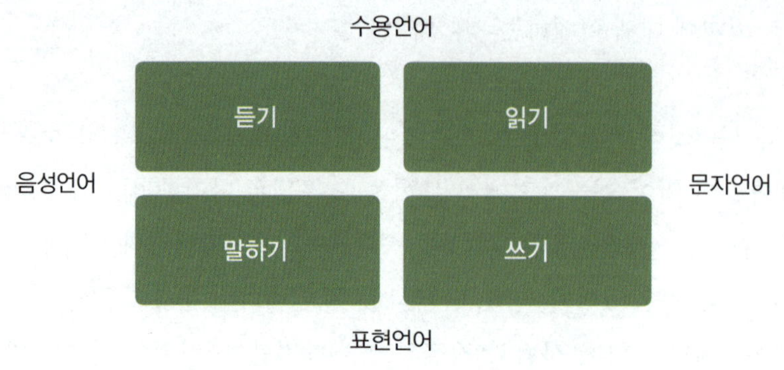

[그림 7-1] 언어의 네 가지 형태

2. 언어발달의 이론

영유아의 언어습득 과정은 매우 복잡하고 역동적이어서 하나의 이론만으로 설명하는 것은 한계가 있다. 영유아의 언어발달 과정은 다양한 관점에서 접근하여 이해해야 한다. 이 절에서는 행동주의, 생득주의, 상호작용주의 이론으로 구분하여 살펴보겠다(김순환 외, 2023; 이숙재 외, 2020; 이영자, 2009; 이종숙 외, 2015; 정옥분, 2025).

1) 행동주의 이론

행동주의 이론에 의하면 인간의 발달은 후천적인 환경의 영향에 의해 이루어진다. 언어발달 또한 후천적으로 주어지는 경험, 훈련, 학습에 의해 이루어진다. 행동주의의 대표적인 학자인 스키너(Skinner, 1957)는 조작적 조건형성에 의하여 언어가 습득된다고 제안하며 언어습득 과정에서 주변의 강화와 보상의 개념을 강조하였다. 강화란 바람직한 행동 후에 따라오는 보상을 의미한다. 영아가 소리를 내면 부모는 미소와 관심을 보이면서 그 소리를 받아 주는 말로 강화를 한다. 이런 과정이 반복되면서 언어습득이 이루어진다. 행동주의자들은 모방이라는 학습 기제를 통해서도 언어습득을 설명한다. 밴듀라(Bandura, 1977)의 사회학습 이론에 의하면, 주변 인물로부터의 강화뿐만 아니라 모방도 언어습득의 중요한 기제이다. 즉, 주변 사람들이 말하는 것을 듣고 모방하는 과정을 통해서 언어를 학습한다는 것이다.

한편, 행동주의에서 설명하는 방식으로 언어발달을 설명하기에는 한계가 있다. 언어습득

과정에서 유아를 지나치게 수동적인 존재로 보았다는 점과 유아들은 한 번도 들어본 경험이 없는 표현을 하기도 하여 강화와 모방만으로 언어습득 과정을 설명하는 데는 제한이 따른다. 또한 강화와 모방에 의한 언어학습 이론은 두 단어 시기에 유아의 문법과 어휘 습득에서 나타내는 발명적인 언어표현(invented spelling)을 설명할 수 없다.

2) 생득주의 이론

촘스키(Chomsky, 1994)에 의하면 인간은 선천적으로 갖고 태어난 언어습득장치(Language Acquisition Device: LAD)에 의해 언어발달이 이루어진다. 촘스키는 유아의 언어습득은 강화나 모방에 의해 이루어지는 것이 아니라 언어를 습득할 수 있는 능력인 언어습득장치에 의한 것이라고 주장한다. 즉, 외부에서 언어정보가 투입되면 내장된 언어습득장치에 의해 언어 자료를 처리하고 규칙을 형성하며 문법에 맞는 문장을 이해하고 산출하게 된다([그림 7-2] 참조). 선천적인 언어습득장치를 통해 유아는 어떤 언어 환경에 태어나더라도 자신의 모국어를 배울 수 있다는 것이다. 언어습득장치에는 보편 문법(universal grammar)이 존재한다. 각 나라의 영유아들이 사용하는 언어가 다른데도 유사한 언어습득 단계를 거치는 이유도 이러한 보편 문법을 갖고 태어난 데서 기인한 것이다.

생득주의 이론은 인간이 언어습득에 필요한 생물학적 기제(LAD)를 통해 언어를 습득할 수 있는 능력을 갖고 태어났음을 강조하였으며, 보편문법에 대한 설명을 제시하였다. 그러나 언어습득장치가 구체적으로 어떻게 기능하는지 증명하지 못하고 있다. 즉, 언어습득장치가 언어의 보편적인 특징을 어떤 과정을 통해 특정 언어로 산출하는지에 대한 객관적 자료를 제공하지 못하고 있다. 또한 인어습득 과정에서의 외부의 언어 자극과 사회적 경험의 중요성을 간과했다는 데에 제약이 따른다(조성희, 2017).

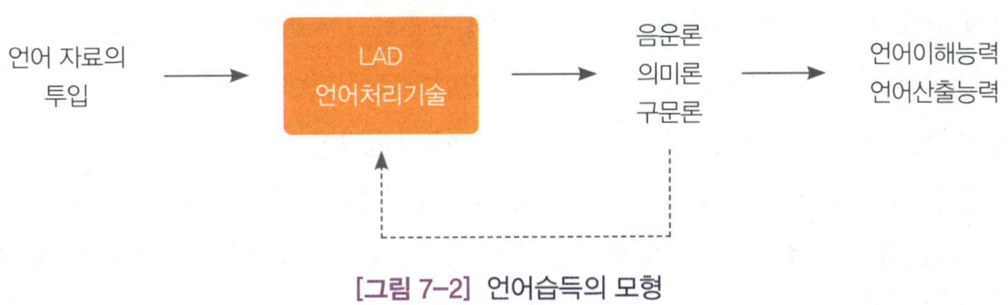

[그림 7-2] 언어습득의 모형

출처: 정옥분(2025). 영유아발달의 이해(4판), p. 364.

3) 상호작용주의 이론

(1) 인지적 상호작용주의

인지적 상호작용주의는 인지발달이 언어발달에 선행한다는 입장이며, 대표적인 학자는 피아제이다. 언어는 생득적인 특성이라기보다는 인지발달에서 출현되는 것으로, 인지적 성숙의 결과를 통해 획득되는 능력 중의 하나라는 것이다. 언어는 타고난 것도 반복적인 경험에 의해 학습된 것도 아닌 유아가 현재의 인지수준과 현재의 언어적 · 비언어적 환경 간의 지속적인 상호작용으로 구성한 것이라고 주장한다. 이러한 인지적 상호작용주의는 생득주의 또는 경험주의에 맞서는 구성주의로 알려져 있다. 영유아를 수동적인 존재로 바라본 행동주의와 달리 영유아가 경험을 통해 언어에 대한 스스로의 이해를 구축하는 능동적인 주체로 인식한다. 따라서 언어발달을 위해서는 영유아의 현재 인지 구조에 적절한 환경을 제공해 주고 유아가 흥미를 보이는 활동을 지원한다.

피아제 학파의 견해에 따르면, 언어사용 이전에 대상영속성에 대한 개념형성이 필수적이다. 즉, 감각운동기 초기의 영아는 사물이 바로 앞에 존재하지 않으면 그 물체는 존재하지 않는 것이기 때문에 언어적 상징을 사용할 필요가 없다. 그러나 물체의 영속성 개념이 형성되면 존재하지 않는 물체를 표상하기 위한 상징을 사용하기 시작하여 영아의 초기 단어(어휘)가 나타난다는 것이다. 인지적 상호작용주의 이론에서는 물체의 영속성 개념과 함께 다른 인지발달이 영유아의 언어발달에 반영된다고 보았다(이영자, 2009). 전조작기 유아들은 타인의 생각과 감정이 자신과 동일하다고 생각하며 다른 사람의 관점을 이해할 수 없는 자기중심적 사고의 특징을 보이면서 자기중심적 언어(egocentric speech)를 사용한다. 자기중심적 언어는 인지능력이 발달해 가면서 점차 사회화된 언어(socialized speech)로 발달한다.

(2) 사회적 상호작용주의

사회적 상호작용주의는 영유아가 환경과 상호작용하면서 지식을 구성한다는 입장에서 인지적 상호작용주의와 비슷한 견해를 보이나 언어발달에 있어서 다른 사람과의 상호작용에서 습득되는 언어에 강조를 둔다. 즉, 언어발달이 선천적인 능력이나 외부에서 주어지는 강화원리에 의해 이루어지기보다는 다른 사람과 소통하고자 하는 동기에 의해 언어발달이 이루어진다고 주장한다. 또한 인지적 상호작용주의에서는 인지발달이 언어발달에 선행된다고 보나 사회적 상호작용주의에서는 언어발달이 인지발달에 선행된다고 주장한다.

언어발달에 있어 사회적 상호작용주의 견해를 가진 대표적인 학자는 비고츠키(Vygotsky)

이다. 비고츠키는 언어발달은 사회적 경험이 내면화되는 것이며, 사회적 언어는 개인의 언어를 형성해 준다고 보았다. 즉, 유아는 처음에 언어를 사회적 상호작용 맥락 내에서 상호작용의 도구로 사용하다가 점차적으로 놀이를 하며 혼잣말을 하거나 의도한 행동을 말로 하면서 환경과 개인적 상호작용을 시작한다. 그 결과, 언어가 유아의 생각을 지배하거나 사고의 방향을 지시하는 근원이 된다. 또한 출생 후 언어와 사고가 각각 따로 발달하다가 2세경에 서로 합쳐져서 언어가 인지를 돕고 인지가 언어를 도와주는 언어적 사고(verbal thought)가 형성된다고 하였다. 따라서 유아는 생각하는 바를 말로 표현하고 논리적으로 말하는 것이 가능해진다.

비고츠키는 영유아의 발달에 있어 사회적 상호작용의 경험을 강조하면서 부모와 성인의 역할을 강조하였다. 그는 교육 없이도 발달이 일어난다고 주장한 피아제와 달리 교육이 발달에 필수적이라고 주장하였다. 즉, 부모나 교사 또는 유능한 또래가 근접발달영역(Zone of Proximal Development: ZPD) 내에서 상호작용하면서 유아의 언어발달을 촉진시키는 중요한 역할을 할 수 있다는 것이다. 따라서 초보적인 언어 체계를 소유한 유아가 의사소통할 수 있도록 부모나 교사는 비계설정(scaffolding)을 하면서 지지적 의사소통 구조를 제공해 줄 수 있어야 한다.

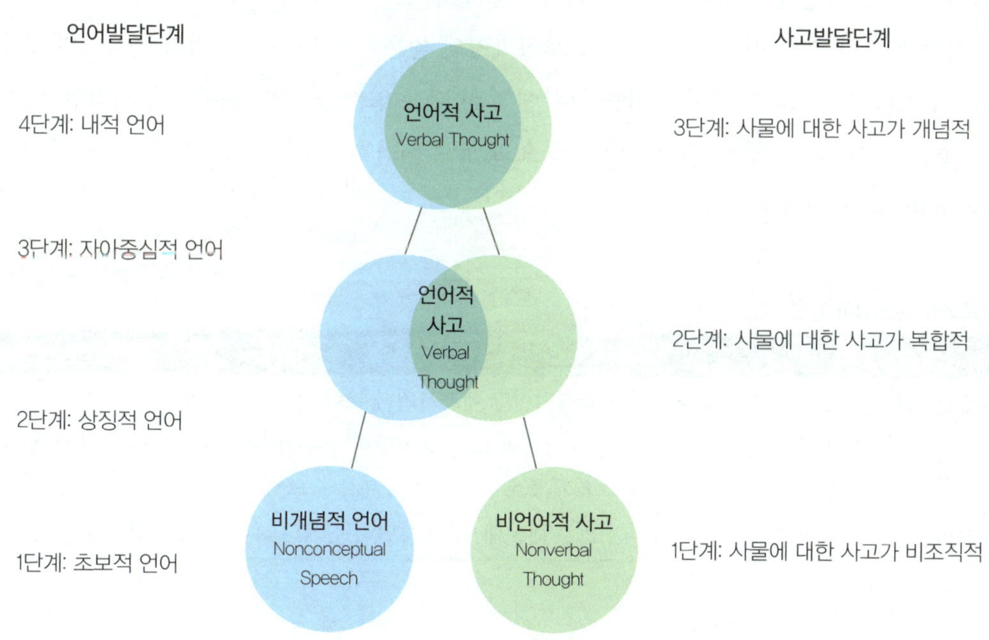

[그림 7-3] 언어와 사고의 발달단계

출처: Tomas (2000). *Comparing theories of child development*, p. 298.

참고 자료

○ EBS 아기성장보고서-제4부 언어습득의 비밀

3. 언어의 발달 과정

영유아 언어발달 과정을 음성언어와 문자언어로 구분하여 살펴보면 다음과 같다(김순환 외, 2024; 신은영, 2017; 유효순 외, 2016; 이영자, 2009; 조성희, 2017).

1) 음성언어의 발달

(1) 언어 이전 시기의 발달

① 울음

울음(crying)은 신생아가 이 세상과 의사소통할 수 있는 최초의 수단으로 자신의 욕구를 표현하는 유일한 방법이다. 출생 후 약 1개월까지의 울음은 미분화된 소리의 울음이나 생후 1개월이 지나면서 영아의 울음소리는 상황에 따라 다른 양상을 띠며 분화하기 시작한다. 영아는 울음을 자신의 욕구와 의사전달의 주요 도구로 사용하는 것을 배우게 된다. 신생아의 울음 유형은 다음과 같다(EBS, 2009).

표 7-1 신생아 울음 유형

구분	울음의 특징
정상울음	대체로 소리의 높낮이가 규칙적이고 배고프거나 놀아 달라는 표시의 울음
통증울음	비명을 지르듯 크게 울다가 갑자기 숨을 죽이듯이 한동안 울음을 그치다가 다시 짧게 숨을 헐떡이며 우는 등 소리가 불규칙적인 울음으로 주로 아기가 아플 때 내는 울음
불만울음	칭얼거리듯 낮고 작은 소리를 내는데, 대개 불만이 있거나 몸이 불편할 때의 울음

② 소리내기

생후 약 1개월부터 영아는 울음 이외의 발성인 소리내기(cooing)를 시작한다. 쿠잉은 영아가 기분이 좋을 때 내는 소리로 주로 '아아아' '우우우'와 같이 모음으로 구성된 소리를 낸다. 이 단계에서 양육자가 영아와 대화를 나누듯 반응하며, 영아 또한 양육자의 눈을 응시하며 소리를 낸다는 점에서 상호 교환적 의사소통이 시작된다고 볼 수 있다.

③ 옹알이

영아의 울음과 소리내기는 생후 2~3개월경부터 옹알이(babbling)로 바뀐다. 옹알이는 자음과 모음으로 구성된 소리를 반복하여 소리를 내는 것으로 음성언어의 발달 과정에서 중요한 비중을 차지한다. 옹알이를 통해 모국어의 음소를 획득하게 되어 언어발달의 기반을 형성하기 때문이다. 옹알이는 6~8개월경에 절정에 이르렀다가 1년이 지나면 점차 감소한다. 옹알이는 발성 연습의 효과가 있고, 부모와의 상호 소통의 매개 역할을 하는 사회적 가치를 지닌다.

④ 반향어

6개월 정도가 되면 영아는 자기 스스로 소리를 만들어 반복해 내는 자기소리 모방을 시작하고, 9개월 정도가 되면 주변 사람들의 말소리를 의식적으로 모방하기 시작한다. 그러나 말의 의미를 알고 모방하는 것이 아니라, 메아리처럼 그대로 따라 한다고 하여 반향어(echolalia)라고 한다. 단순한 모방이라 하더라도 타인의 말이나 소리를 모방하는 것은 어휘발달에 매우 중요한 의미가 있다.

(2) 언어 시기의 발달

① 한 단어 시기

영아는 첫돌을 전후해서 한 단어를 사용하며, 이때부터 한 단어 시기(one-word stage)가 시작된다. 첫 단어의 발음은 성인의 발성과 비슷하나 분명하지 않다. 이 시기를 한 단어 단계라고 하는 것은 하나의 단어가 하나의 구나 문장을 의미하기 때문이다.

영아가 '무'라고 하는 것은 '물 주세요.'라는 문장을 의미한다. 영아가 말하는 의미를 분명히 알려면 상황과 맥락에 의존해서 해석해야 한다. 한 단어의 의미가 일반적으로 사용되는 의미보다 축소 또는 확대하여 사용하는 현상도 나타난다. 과잉축소(under extension) 현상은 한 단어의 의미를 관련 있는 사물이나 사건에 적용하지 못하고 일반적인 의미보다 축소하여 사용하는 것이다. 과잉확대(over extension) 현상은 일반적인 의미보다 확대하여 사용하는 것이다. 이러한 현상은 일반적으로 1세에서 2.5세 사이에 짧은 기간 동안에만 나타나며 모든 영아에게 나타나는 현상은 아니다.

(예) 과잉축소: 자신의 신발에만 한정하여 '신발'이라는 단어를 사용함
과잉확대: 고양이, 강아지 등 네발 달린 동물을 모두 '멍멍이'라고 지칭함

② 두 단어 시기

영아는 두 개의 단어를 사용하게 되는데, 이 시기를 두 단어 시기(two-word stage)라 한다. 18개월에서 24개월 사이에 영아의 어휘는 급격하게 증가한다. 이 시기를 '어휘 폭발기'라고 명명하며, 영아의 표현언어 수는 50~300개 정도이다. 두 단어 시기에 영아는 명사와 주요 동사나 형용사를 연결시킨다. 영아는 두 단어의 구를 사용하면서 더 정확하게 대화할 수 있다. 한 단어 시기에 "물."이라고 했다면 두 단어 시기에는 "물 줘."라고 표현하여 영아의 말을 더 잘 이해할 수 있다.

영아는 두 개의 단어를 결합하여 말하면서 주축문법이라는 규칙을 사용하기 시작한다. 이는 두 단어 언어표현 방식에서 주축어(pivot class)와 개방어(open class)의 형태로 나타난다. 주축어는 두 단어의 구에서 첫 부분에 나타나는 것으로 자주 사용되며 엄마, 아빠 등 소수의 단어로 구성된다. 개방어는 뒷부분에 따라오는 단어이며 다양한 어휘가 사용된다.

(예) '엄마'라는 단어를 배운 영아가 "엄마, 쉬." "엄마, 밥."과 같이 의사를 표현함. '엄마'는 주축어이며 '쉬' '밥'은 개방어에 해당함

두 단어 시기의 영아는 하나의 문장에서 핵심적인 두 개의 단어를 연결하여 사용하는 전보식 문장의 형태가 나타낸다. 전보식 문장(telegraphic speech)은 전보를 보낼 때 반드시 필요한 핵심 단어만을 선정하여 의미를 전달하는 것과 같이, 부수적인 단어들은 생략하고 자신이 중요하다고 생각하는 핵심 단어만을 사용하여 의사표현을 하는 것이다. 전보식 문장은 명사, 동사, 형용사, 부사 등의 내용어(content word)를 핵심 단어로 구성하며, 전치사, 조사, 관사, 조동사 등의 기능어(function word)는 생략된다.

(예) "나는 엄마를 좋아해요."를 "엄마 좋아."라고 표현하거나 "그건 엄마 책이야."라고 하는 대신 "엄마 책."이라고 표현함

③ 문장 시기

영아는 30개월 정도가 되면 단어가 아닌 문장으로 말하기 시작한다. 세 단어 이상의 다어문 시기로 들어가게 되면서 이전까지 사용하지 않았던 문법적 요소를 찾아볼 수 있다. 문장은 생각이나 감정을 말이나 글로 표현할 때 완성된 내용을 나타내는 최소의 단위이며, 문법은 단어가 결합하여 문장을 만드는 규칙을 의미한다. 이 시기 유아는 완전한 문법적 문장을 형성하는 것을 학습한다. 점차적으로 명사, 동사, 형용사와 같은 내용어만이 아니라 조사, 어미와 같은 기능어를 포함하여 문장을 말할 수 있다. 문장을 발달시켜 가면서 성인의 문장과 유사한 문장을 생성하고 문법적인 지식이 체계화되어 간다.

문법 형태소를 사용하는 과정에서 과잉일반화 현상으로 인한 문법의 오류가 나타나기도 한다. 문법 형태소는 어휘 간 관계를 나타내는 형태소를 의미하며, 조사와 어미가 해당된다. 과잉일반화는 유아가 언어사용 규칙을 예외가 있는 단어까지 일반화하려는 현상을 의미한다. 문법의 과잉일반화 현상은 유아가 능동적으로 언어를 학습하고 있다는 것과 문법적 특성을 이해하기 시작했다는 것을 의미한다.

(예) '가'라는 주격조사를 사용하는 규칙을 알게 되면서 "선생님이가 줬어." "동생이가 먹었어." 등과 같이 모든 명사 뒤에 '가'를 사용하며 과잉일반화함

문장구조의 발달에서 점차 유아는 부정문, 의문문, 복문 등의 구조로 말하기 시작한다. 부정문의 사용은 '안' 부정문이 '못' 부정문보다 먼저 나타나며, '안'의 위치 사용에 오류가 나타나기도 한다.

(예) '밥 안 먹어.'가 아니라 '안 밥 먹어.'라고 말하는 경우

의문문은 초기에는 문장의 끝을 올려서 의문문을 표현하다가 점차 의문형 어미(~지?,

~까?, ~니?)와 의문사(누가, 언제, 어디서, 무엇을, 어떻게, 왜)를 사용하여 의문문을 만든다. 복문은 한 개의 문장에 두 개의 절이 있는 것을 의미한다. 복문은 3~4세경에 나타나기 시작하여 점차 정교해지고 성인과 유사한 수준의 문장을 표현하게 된다.

(3) 의사소통능력의 발달

의사소통이란 언어를 매체로 하여 말하는 사람과 듣는 사람이 서로의 생각과 감정을 전달하는 것을 말한다. 의사소통은 대화를 원활하게 이끄는 능력이다. 생의 초기에는 울음이나 몸짓, 얼굴 표정 등의 비언어적인 수단으로 자신의 의사를 전달한다. 첫돌이 지나면서 영아는 언어를 사용할 뿐만 아니라 고개 흔들기, 손으로 가리키기 등을 이용하여 자신의 의사를 표현한다. 두 단어 시기에 들어서면서 짐짐 어휘도 확장되고 구문도 문장 단계로 발달하면서 다양한 의사소통 의도를 표현하게 된다. 이러한 과정을 거치면서 영아는 비언어적 의사소통에서 언어적 의사소통 단계로 넘어간다. 유아기에는 어휘 수가 늘고 문장을 사용하게 되면서 영아기에 비해 더욱 효과적으로 의사소통을 할 수 있게 된다. 그러나 자기중심적인 인지적 특성으로 인하여 의사소통에서도 자기중심적인 특성을 보인다.

효과적인 의사소통을 위해서는 언어가 지니는 문법적 규칙을 이해해야 할 뿐만 아니라 사회적 기술이 필요하다. 예를 들면, 대화할 때 차례 지키기, 상대방의 이야기가 이해되지 않을 때 질문하기 등이다. 유아의 의사소통능력을 지도하기 위해 부모나 교사는 유아의 이야기를 잘 들어 주면서 모델 역할을 해야 한다.

2) 문자언어의 발달

(1) 읽기발달

읽기는 수준 높은 지적 행위이다. 공식적인 의미의 읽기 이전부터 영유아들은 그림책 등 주변 환경의 인쇄물에 관심을 가지며 읽기 활동을 즐긴다. 영유아가 유능한 읽기 능력자가 되기까지는 다소 시간이 걸리며 몇 가지 보편적인 단계를 거치면서 발달한다.

이영자와 이종숙(1985)은 클레이(Clay)의 단계를 기초로 3~5세 유아를 대상으로 책 읽기 행동을 연구하여 읽기발달단계를 다음과 같이 7단계로 제시하였다.

표 7-2 읽기발달단계

• 1단계: 읽기 이해 전 단계
 –하위 1단계: 말 없이 그림만 쳐다보기
 –하위 2단계: 그림을 지적하기
 –하위 3단계: 그림의 명칭을 이해하기
 –하위 4단계: 그림에 대해 질문하기

• 2단계: 이야기구성능력이 없어서 "난 못 읽어요."라고 의사표현하는 단계

• 3단계: 그림을 보고 마음대로 이야기 만들기 단계

• 4단계: 의미가 비슷하게 꾸며 말하기 단계

• 5단계: 단어나 구절을 암기하여 이야기하는 단계
 –하위 1단계: 책에 나온 글자의 암기를 통하여 50% 이하의 단어나 구절을 사용하여 이야기하기
 –하위 2단계: 책에 나온 글자의 암기를 통하여 50% 이상의 단어나 구절을 사용하여 이야기하기

• 6단계: 글자를 읽어야 한다는 것을 이해하지만 글자를 읽을 줄 몰라 "난 못 읽어요."와 같은 의사표현을 하는 단계

• 7단계: 글자를 읽는 단계
 –하위 1단계: 글자를 보고 한 문장을 기준으로 25% 이하로 똑바로 읽기
 –하위 2단계: 글자를 보고 한 문장을 기준으로 50% 이하로 똑바로 읽기
 –하위 3단계: 글자를 보고 한 문장을 기준으로 75% 이하로 똑바로 읽기
 –하위 4단계: 글자를 보고 한 문장을 기준으로 75~100% 이하로 똑바로 읽기

(2) 쓰기발달

영유아들은 일상생활에서 자신의 흥미와 관심에 따라 끼적거리기와 창의적인 쓰기를 시도하면서 쓰기능력을 발달시킨다. 쓰기발달은 점진적이고 보편적인 발달단계를 거쳐 이루어지나 개인차를 염두에 두고 이해해야 한다.

이영자와 이종숙(1985, 1990)은 쓰기발달단계를 미분화된 긁적거리기 단계 이후 점차적으로 문장 쓰기까지 6단계를 제시하였다.

표 7-3 쓰기발달단계

- 0단계: 미분화 단계
- 1단계: 긁적거리기 단계
  - 하위 1단계: 글자의 형태가 나타나지 않으나 세로선이 나타나는 단계
  - 하위 2단계: 글자의 형태는 나타나지 않으나 가로선이 나타나는 단계
- 2단계: 한두 개의 자형이 우연히 나타나는 단계
- 3단계: 자형이 의도적으로 한두 개 나타나는 단계
- 4단계: 글자의 형태가 나타나고 가끔 자모음의 방향이 틀리거나 부분적으로 틀린 단계
- 5단계: 단어 쓰기 단계
  - 하위 1단계: 완전한 단어 형태가 나타나고 자모음 방향이 틀리거나 글자가 부분적으로 틀린 단계
  - 하위 2단계: 완전한 단어 형태가 나타나고 자모음 방향이 정확한 단계
- 6단계: 문장 쓰기 단계
  - 하위 1단계: 문장 형태가 나타났으나 부분적으로 틀린 글자가 있는 단계
  - 하위 2단계: 틀린 글자 없이 완전한 문자 형태가 나타나는 단계

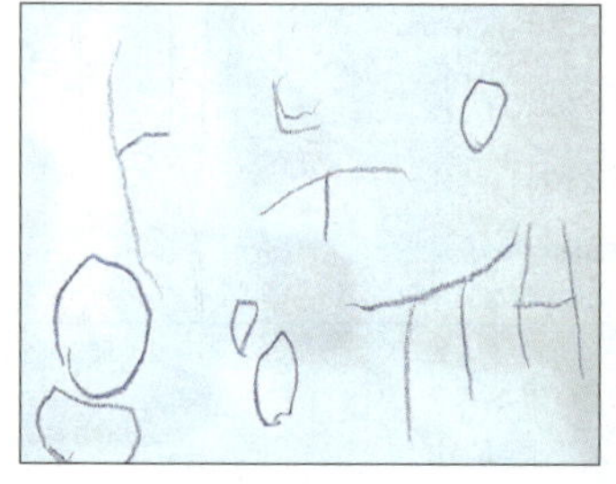

[한두 개의 자형이 우연히 나타나는 단계]

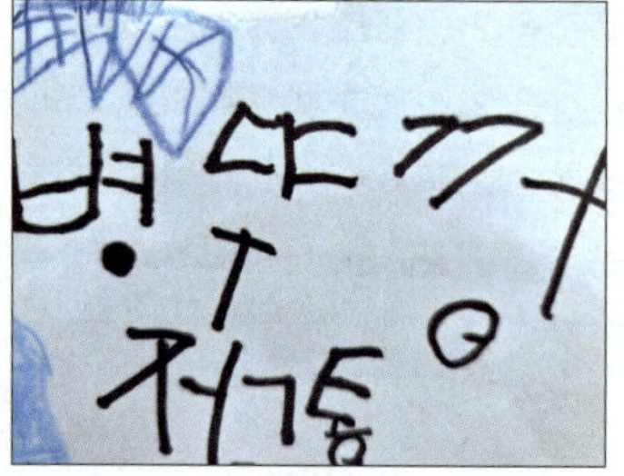

[단어 쓰기 단계]

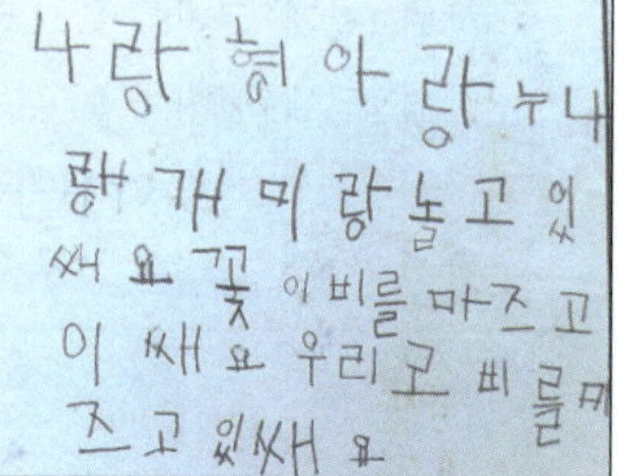

[문장 쓰기 단계]

[그림 7-4] 영유아의 다양한 쓰기

4. 영유아 언어발달을 위한 교육 지원

언어가 듣기, 말하기, 읽기, 쓰기로 구분되어지나 각각 독립적으로 기능하는 것은 아니다. 또한 각각의 언어 영역인 구어와 문어의 발달은 순차적인 순서가 아닌 동시에 발달이 이루어지므로 통합적으로 지도하는 관점이 필요하다(이숙재 외, 2020). 영유아 언어발달을 지원하기 위한 방안을 살펴보겠다.

1) 듣기와 말하기 지도

(1) 영유아에게 듣기의 중요성을 인식하도록 한다

영유아에게 듣기를 강요하는 것보다 놀이나 활동을 통해 듣기의 중요성을 인식하도록 한다. 또한 듣는다는 것은 내용을 이해하는 것뿐만 아니라 원활한 의사소통을 위해서 잘 듣는 태도가 무엇보다 중요하다는 것을 알게 한다.

(2) 영유아에게 다양한 듣기 경험을 제공한다

그림책은 영유아들이 선호하는 매체이다. 그림책 이야기나 동화를 듣고 감상하면서 영유아의 듣기능력을 촉진할 수 있다. 무엇보다 영유아의 발달 수준과 흥미에 적합한 그림책이나 동화를 선정하여야 한다. 이야기를 들려주는 동안에는 내용에 따라 속도와 등장인물에 적합한 음색도 조절해야 한다. 동시에 영유아의 반응을 살펴보는 일도 중요하다.

(3) 영유아가 수용적인 분위기에서 자유롭게 말할 수 있는 다양한 기회를 제공한다

말하기능력은 영유아가 자주 말을 해 보는 경험을 통해서 길러질 수 있다. 일상적인 대화만이 아니라 여러 사람 앞에서 발표하는 경험, 여러 장소에서 말하는 경험을 제공해야 한다. 말을 잘 들어 줄 때, 영유아는 부담 없이 자신의 생각과 감정을 잘 표현하게 된다. 무엇보다도 영유아가 말을 할 때 잘 들어주는 교사의 태도가 중요하다.

(4) 직접적인 지도나 반복연습은 피하고 교사나 성인이 훌륭한 말하기 모델이 되어야 한다

영유아의 틀린 발음을 직접적으로 지적하기보다는 정확한 발음으로 말하는 모델을 보여준다. "선쟁님, 도와주세요."라고 발음을 할 경우, "○○아, 따라 해 봐. 선생님~"이라고 하기보다는 "그래. 선생님이 도와줄게."라고 올바른 발음을 들려주는 간접적인 지도방법을 활용한다. 또한 교사는 바른말, 고운 말을 사용하고 정확한 발음, 적절한 음성 크기와 속도로 말을 하는 모델이 되어야 한다.

2) 읽기와 쓰기 지도

(1) 영유아가 자연스럽게 읽기에 참여하도록 풍부한 문해 환경을 마련해 준다

유아교육기관 교실 속 다양한 공간에 영유아가 읽을 수 있는 풍부한 문해 자료를 제공한다. 예를 들면, 역할놀이 영역에 다양한 종류의 그림책, 요리책 등의 인쇄 자료를 제공한다. 또한 쌓기놀이 영역에는 글자 블록이나 퍼즐 등의 읽기 학습을 자연스럽게 유도할 수 있는 놀잇감을 준비해 준다.

(2) 영유아의 일상적인 환경 속에서 읽기에 대한 동기가 생길 수 있도록 분위기를 조성한다

읽기 지도에서 낱말의 자음과 철자에 초점을 두고 발음 중심으로 지도하면 영유아가 읽기에 흥미를 잃어버리게 된다. 영유아에게 의미 있고 관심 있는 글자를 중심으로 읽기 지도를 하는 것이 효과적이다. 예를 들면, 영유아 자신의 이름, 친구 이름, 과장 포장지의 글자 등을 활용하는 방법이 있다.

(3) 영유아가 자발적으로 쓰기 활동에 참여하도록 놀이 중심으로 지도한다

영유아에게 초등학생의 과제처럼 책상에서 종이와 필기도구로 일정한 분량의 쓰기를 강압적으로 지시하면 자칫 쓰기에 대한 흥미를 잃어버릴 수 있다. 아무런 의미가 없는 글자(예: 자음과 모음 또는 특정 단어) 쓰기를 반복・연습시키는 것은 무의미한 활동에 불과하다. 가게놀이, 주유소놀이 등의 사회극놀이를 하면서 자연스럽게 쓰기 경험을 하는 것이 효과적이다.

(4) 초기 쓰기 과정에서 나타나는 쓰기의 여러 가지 오류를 효과적으로 지도한다

영유아는 쓰기 과정에서 글자를 거꾸로 쓰거나 점과 획을 빠뜨리는 등의 실수가 나타난다. 이러한 경향은 시각적인 변별력과 소근육, 손동작 발달의 미숙으로 인해 나타난다. 영유아가 이런 실수를 할 때는 바르게 쓰인 글자를 보고 차이점을 스스로 찾아보게 하거나 눈과 손의 협응력, 손운동능력, 공간 개념 발달을 도와주는 활동을 하도록 지도한다.

*** 다음에서는 영유아 언어발달을 위한 교육 지원의 실제를 살펴보겠다.**

♣ 영유아 언어발달을 위한 교육의 실제: 그림책을 활용한 접근 ♣

아동발달학자인 울프(Wolf)는 "읽는 능력이 우리 문명에서 중요한 자질인데, 디지털 정보에 중독돼 주의력 결핍에 빠지면서 책을 읽지 않아 우리 뇌의 읽기 회로가 사라지고 있다."라며 책 읽기를 호소하였다. 그림책을 재미있게 읽어 가며 읽기 쓰기의 문해 활동을 하고 상호작용을 하면서 언어능력을 습득하는 것은 유아들과 함께 교사에게도 즐거운 경험이다. 그림책은 유아들이 선호하는 매체이다. 관련 선행 연구(강나리 외, 2024; 심경화 외, 2019; 이지혜 외, 2011; 이항재 외, 2000)에서도 그림책이 유아의 언어발달에 미치는 영향을 지속적으로 보고하고 있다. 다음은 그림책을 활용해서 유아와 함께 할 수 있는 문해 활동의 예이다.

- 그림책 제목: 쏘피가 화나면–정말, 정말 화나면…
- 글/그림: Molly Bang(이은화 역) · 출판사: 케이 유니버스 · 아가월드(2000)
- 줄거리: 쏘피가 고릴라 인형을 가지고 놀고 있는데, 언니가 와서 빼앗아 간다. 화가 난 쏘피는 소리를 지르고 숲으로 달려간다. 한참을 달려가서 쏘피는 밤나무 위로 올라간다. 밤나무 위에서 하늘과 바다와 넓은 자연을 바라보고 있는 중에 화났던 마음이 풀린다. 나무를 내려온 쏘피는 집으로 돌아간다. 돌아온 쏘피를 보고 가족들이 모두 반기고 다시 예전처럼 평화롭다.

- 듣기 활동–그림책 표지 읽기(어떤 이야기가 있을 것 같은 그림이니?)
- 말하기 활동–화가 난 경험 이야기 나누기(화나면, 소리를 지른다. 아이스크림을 먹는다.)
- 읽기 활동–그림책 다시 읽기, 관련 그림책 읽기–윌리엄의 인형
- 쓰기 활동–단어 가지 만들기, 작가에게 편지 쓰기(몰리뱅 선생님은 왜 이렇게 책을 재미있게 잘 지으세요?), 등장인물 단평(소피는 착하지만은 않아요. 언니가 책을 달라고 해도 양보를 안 했어요. 소피는 나무를 아주 잘 올라가요)

출처: 이경우(2001). 개정 총체적 언어: 문학적 접근을 중심으로.

학습내용 확인

※ 다음 문제를 읽고 ○, ×로 답하시오.

1. 비고츠키는 유아의 자기중심적 언어가 점차 사회화된 언어로 발달된다고 하였다. (　　)
2. 상호작용주의 이론에서 언어발달을 촉진하는 요소는 강화와 모방이다. (　　)
3. 전조작기 유아들은 주로 상호작용적 언어를 사용한다. (　　)

※ 다음을 읽고 (　　) 안에 알맞은 내용을 쓰시오.

4. 생득주의 이론을 대표하는 학자는 누구인가? (　　　　　　)
5. 생득주의에서 인간이 가지고 있는 선천적 언어능력을 지칭하는 개념은 무엇인가? (　　　　　　)
6. 유아가 '선생님이가' '친구들이가'와 같이 특정한 문법 규칙을 모든 경우에 일괄적으로 적용하고자 하는 현상을 무엇이라고 하는가? (　　　　　　)

※ 다음 문제를 읽고 (　　) 안에 알맞은 번호를 쓰시오.

7. 언어발달 이론 중 학습 이론의 주요 개념은 무엇인가? (　　)
   ① 언어습득장치(LAD)　② 강화와 모방
   ③ 보편문법　④ 내적 언어

8. 언어발달의 초기 단계에서 '쿠잉'이란 무엇인가? (　　)
   ① 배고플 때 우는 소리　② 기분이 좋을 때 내는 모음 소리
   ③ 자음과 모음을 결합한 소리　④ 분화된 울음 소리

9. 언어발달의 결정적 시기란 무엇을 의미하는가? (　　)
   ① 언어를 가장 쉽게 배우는 시기　② 언어를 가장 많이 사용하는 시기
   ③ 언어 이해가 완성되는 시기　④ 언어가 성숙되는 시기

10. 다음 중 언어의 형태 대한 설명으로 잘못된 것은? (　　)
    ① 듣기와 쓰기는 수용언어이다.　② 듣기와 말하기는 음성언어이다.
    ③ 읽기와 쓰기는 문자언어이다.　④ 말하기와 쓰기는 표현언어이다.

※ 다음 문제에 대해 서술하시오.

11. 언어의 중요성에 대해 설명하시오.

12. 주축문법에 대해 설명하시오.

활동해 봅시다

활동 7-1 영유아의 언어발달(말하기와 듣기, 읽기와 쓰기)을 위한 교사의 역할을 기술하고, 예를 들어 보세요.

활동 7-2 영유아의 언어발달을 도울 수 있는 환경 구성과 놀이 자료에 대하여 알아보세요.

제 8 장

영유아 정서발달과 교육

학습 개요

영유아기의 정서는 세분화되어 발달하며 자아개념을 획득하고 언어발달이 이루어지면서 정서조절 능력이 발달하게 된다. 자신의 정서를 상황에 적절하게 표현, 조절할 수 있는 능력의 발달과 타인의 정서 표현을 인식하고 이해하게 되면서 영유아들은 또래 및 다른 사람과의 관계 맺기가 원활해진다. 제8장에서는 영유아기의 정서발달의 특성을 살펴보고, 정서발달을 지원하기 위한 방법에 대해 살펴보고자 한다.

학습 목표

1. 영유아기 정서발달 특성을 이해한다.
2. 영유아기 정서발달을 이해한다.
3. 영유아기 정서발달 특성에 따른 교육적 지원에 대해 이해한다.

주요 용어

- 정서발달, 기본 정서, 일차 정서, 이차 정서, 애착, 기질

함께 생각해 봅시다

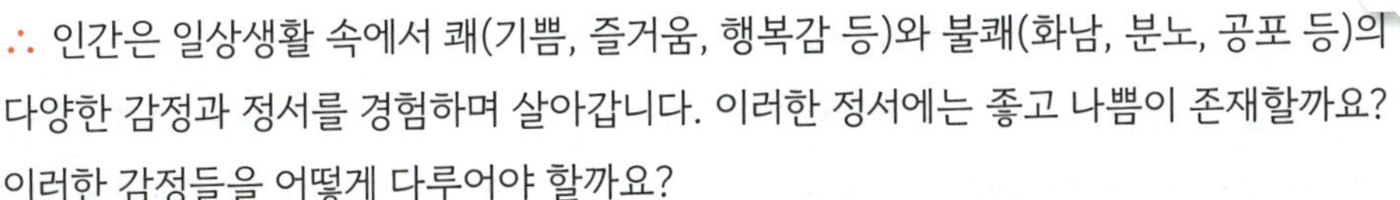

∴ 인간은 일상생활 속에서 쾌(기쁨, 즐거움, 행복감 등)와 불쾌(화남, 분노, 공포 등)의 다양한 감정과 정서를 경험하며 살아갑니다. 이러한 정서에는 좋고 나쁨이 존재할까요? 이러한 감정들을 어떻게 다루어야 할까요?

1. 정서의 개념과 중요성

1) 정서의 개념

정서(emotion)는 개인이 외부 자극을 인지하고 경험함으로써 발생하는 생리적 변화, 행동적 표현 반응의 상태이다(이영 외, 2017). 영유아는 정서를 통해 주변 환경 및 타인과의 관계를 형성하고 관계를 유지시키려고 한다. 영유아는 언어로 자신의 감정을 표현할 수 없더라도 목소리나 신체 움직임의 변화를 통해 정서를 표현한다.

정서는 인류의 환경 적응을 돕는다는 관점에서 정서의 '도구적 가치'가 강조되기도 한다. 정서는 어떤 상황에 대한 개인의 판단이며, 이를 통해 다음 행동을 준비시킨다. 예를 들어, 행복은 그 상황에 머물게 하고, 공포는 우리가 위험을 피하도록 재촉한다. 상한 음식에 대한 역겨움은 그것을 먹지 않게 하며, 즐거움은 그 일을 지속하게 한다. 아이의 미소는 양육자에게 행복을 전달하여 필요한 것을 제공받게 하며 유대 관계를 강화시킨다. 이렇게 정서는 그 상황을 유지하거나 바꾸는 등 다양한 물리적 · 인적 환경과의 관계 안에서, 자신의 건강과 안전을 지키고 자신의 목적을 달성하도록 돕는 활력소가 된다(김이영 외, 2017).

2) 정서의 중요성

유아기는 다양한 정서적 경험을 토대로 정서지능의 기초가 형성되는 시기이므로, 정서능력 개발을 위한 교육이 중요하게 다루어져야 한다. 정서능력은 교육을 통해서도 개발할 수 있으며 미래 사회를 살아가기 위해 필요한 적응력과 대인관계기술, 문제해결능력 등에도 영향을 미치게 된다. 정서는 다음과 같이 기능적인 측면에서 발달에 중요한 영향을 미친다.

첫째, 정서와 인지발달의 관계는 통합적이고 상호보완적이며 양방향적이다(박찬옥 외, 2011; 이동은 외, 2020; 최은아 외, 2013). 정서는 두뇌에서 정보의 흐름과 인지 과정에 영향을 미치며, 인지교육의 효율성을 좌우하는 요소이다(Gardner, 1993). 긍정적 정서를 느낄 때 동기유발, 학업 성취력이 향상되고 주의집중, 기억력, 문제해결력이 높아진다(이영 외, 2017). 또한 강한 정서는 기억력에도 큰 영향을 미칠 수 있는데, 예를 들어 치과에서 매우 놀랐던 유아는 그 경험을 분명하게 기억하는 경향이 있다.

둘째, 정서는 타인과의 상호작용으로 사회적 행동을 조절하게 된다. 미소나 울음 등 영아의 정서적 신호는 양육자의 행동에 강력한 영향을 미친다. 정서를 잘 이해하는 유아는 또래 집단에 잘 수용되고 긍정적인 유대 관계를 형성하여 사회적 유능함을 나타낸다. 웃어 주기, 흥미롭게 바라보기, 친절하게 말하기 등 정서적 의사소통을 통해 친밀한 관계를 형성한다. 타인의 정서적 반응을 통해 영유아의 정서가 조절되기도 한다.

셋째, 불안, 우울, 분노 등에서 나타나는 정서는 스트레스와 관련되며 스트레스는 영유아기 건강발달에 부정적인 영향을 미친다. 영유아의 정서가 긍정적 상태일 때, 정서이해나 정서조절이 잘 일어나고 회복탄력성이 높아진다. 즉, 정서는 생존능력에 기여하고 환경에 잘 적응하도록 돕는다.

2. 영유아 정서발달

영유아기 정서는 일차 정서와 이차 정서로 구분할 수 있다. 여러 종류의 정서는 동시에 발달하지 않으며 정서의 종류마다 발달의 시기는 차이가 있다. 생후 첫돌까지의 영아는 일차 정서를 주로 표현하고, 그 이후 자아를 인식할 정도로 성장하게 되면 자긍심, 수치심, 죄책감 등의 이차 정서를 표출한다(Lewis, 2000). 당혹감, 죄책감, 수치심 등의 정서는 3세경부터 나타나기 시작하고 유아가 한 사회의 규준, 규칙, 목적 등을 이해하게 되면서 지속적으로 발달한다(Kostelnik et al., 2009). 자신의 행동에 대하여 죄책감을 느끼게 되는 경우, 그 상황을 보다 나은 상황으로 바꾸기 위해 노력할 수 있게 된다. 자신의 행동이 잘못됐다고 느끼는 영유아는 다음에는 이런 행동을 하지 않으려고 노력할 수 있고, 이러한 자의식 정서는 자라면서 도덕성 발달과 관련된다(곽금주, 2016).

1) 영아의 정서발달

영아의 정서발달은 얼굴 표정과 생리적 반응 등에 대한 관찰을 통해서 확인할 수 있다. 신생아는 쾌(기쁨)와 불쾌(고통)의 정서를 나타낸다. 2~3개월 영아는 사회적 미소(social smiles)를 보이며, 영아에 대한 부모의 긍정적 반응과 애정을 증진시킨다(Ainsworth, 1989). 6~12개월경에는 낯선 사람에 대한 불안을 나타내며, 분리불안이 나타나기 때문에 낯선 이가 다가가면 시선을 돌리며 불안해하고 징징거린다. 높이에 대한 공포도 시작된다(Gibson & Walk, 1960). 18~24개월경이 되면 복합 정서가 출현하며, 자아에 대한 인식이 발달하면서 자아 의식적 정서로서 자부심, 죄책감과 같은 복합 정서가 나타난다.

기본 정서에 해당하는 일차 정서는 출생 후 7개월까지 나타나는 정서를 말하며 기쁨, 분노, 슬픔, 공포, 혐오, 놀람 등이 포함된다(이영 외, 2017). 일차 정서는 모든 사람에게 보편적으로 출현하는 선천적인 것으로 생의 초기에 발달하기 시작한다. 사람들의 얼굴 표정만 보고도 정서 상태를 쉽게 알 수 있으며 세계 모든 문화권의 영아에게서 볼 수 있다.

이차 정서는 생후 18개월 이후에 나타나며, 공감, 질투, 당황, 자긍심, 수치심, 죄책감 등이 포함된다. 이차 정서는 좀 더 복잡한 인지능력이 발달해야 표출되는 정서이다(이영 외, 2017).

다음에서는 영아가 표현하는 여러 가지 정서 중 기쁨, 분노, 공포, 불안 등에 대해 살펴보겠다.

(1) 기쁨

출생 후 몇 주 동안 신생아는 배가 부르거나 어루만져 주는 등의 피부 접촉이나 흔들어 줄 때, 엄마의 부드러운 목소리가 들릴 때 미소를 지으며 반응을 보인다. 이때의 미소를 배냇미소라 한다. 배냇 미소는 선천적이며 반사적인 것으로 출생 후 4주경이 되면 사라지면서 사회적인 미소(social smile)를 보이게 된다. 사회적 미소란 외부 자극에 의해 미소 짓는 것을 말한다(이영 외, 2017).

(2) 분노

영아는 생후 3개월에서 6개월 사이에 분노를 표현할 수 있는 능력이 발달하기 시작한다. 영아의 분노 표출은 6개월 이후 빈번하게 나타나며 영아기 동안 계속 증가한다. 분노를 표현하는 방법은 영아에 따라 개인차가 크지만, 1세아는 소리를 지르거나 발로 차고 팔을 휘두르거나 바닥에서 구르며 새파랗게 질리도록 우는 등 다양한 반응으로 분노를 표출한다. 또한 영아의 자아인식능력이 점차 발달하고 독립하려는 욕구가 강해지는 2세경이 되면, 영아의 의도가 부모의 요구나 기대와 상충될 때 심한 분노와 저항을 나타낸다(Berk, 2009). 분노는 "싫어." "안 돼." 등의 언어 표현과 때리거나 물어뜯는 등의 공격적 행동으로 표현한다(이영 외, 2017; 정옥분, 2015).

(3) 공포

영아는 생후 6~8개월경에 신체적 · 심리적 위험에 대한 공포의 반응을 나타낸다. 출생 초기에는 대부분 부모로부터 보호를 받고 있으므로, 공포의 감정을 유발하는 자극물이 주변에 별로 없다(정옥분, 2006). 생후 6개월이 되면 영아는 인지발달이 이루어지면서 친숙하지 않은 대상에 대해 공포심을 가지기 시작한다. 공포의 감정은 고통스럽거나 불쾌한 감정을 야기시킨 사람, 사건, 사물 등을 직접 경험함으로써 학습되거나 부모나 성인이 무서워하는 것을 모방하여 자신도 그런 것을 무서워하는 경우도 있다. 공포의 자극에 대한 반응으로는 울거나 숨 쉬는 것을 일시적으로 참는 행동을 한다. 또는 얼굴을 가리거나 어머니 뒤에 숨어서 피하는 등의 반응을 나타낸다(조복희, 2006).

(4) 불안

불안감은 낯선 사람을 두려워하는 낯가림과 양육자와의 분리를 두려워하는 격리 불안으로 나타난다. 영아의 낯가림은 생후 6~8개월에 시작하여 12개월경에 가장 심하게 나타나며 그 이후에는 점차 감소한다. 영아의 낯가림 반응은 낯선 사람을 보고 얼굴 표정이 굳어지며 울음을 터트리는 식으로 표출된다. 낯가림은 애착 관계, 사회적 맥락, 낯선 사람의 특성에 의해 영향을 받는다. 격리 불안은 생후 8~9개월의 영아가 부모와 함께 있다가 격리되면 불안해져서 큰 소리로 우는 등의 반응이다. 격리 불안은 생후 12개월에 최고조에 달하며 2세 말경에는 거의 나타나지 않는다.

(5) 질투

질투는 애정을 상실하게 될 것을 두려워하는 정서를 말한다. 질투는 생후 18개월경에 나타나기 시작한다. 영아에게서 흔히 볼 수 있는 질투의 감정은 형제간의 질투이다. 동생의 출

표 8-1 영아기 정서의 발달 시기

정서		출현 시기
일차 정서	기쁨, 슬픔, 혐오	3개월
	분노	3~6개월
	놀람	0~6개월
	공포	6~8개월
	불안	6~12개월
이차 정서	공감, 질투, 당황	18개월~24개월
	자긍심, 수치심, 죄책감	2.5세

출처: 이영 외(2017), 영유아발달, p. 284.

생으로 부모의 애정과 관심이 동생에게 집중되면 질투심을 느끼게 된다. 영아의 질투 감정은 형제나 부모에게 화를 내거나 동생을 몰래 꼬집고 때리는 등의 공격적 행동으로 표현되거나 퇴행 행동인 손가락을 빨거나 오줌 싸기, 말썽 피우기, 응석 부리기, 음식 거부하기 등의 행동으로 나타난다(이영 외, 2017).

2) 유아의 정서발달

3세경이 되면 초기 단계의 감정이입이 나타나고 자신의 감정과 성인의 감정 간의 차이를 인식하는 등 타인과의 관계와 관련된 정서를 표출하기 시작한다. 이 연령의 유아는 자신의 행위에 대해 판단하기 시작하여 성공했을 때는 자긍심을, 실패했을 때는 수치심을 보이기도 한다(Harter, 2006). 유아기 이후 학령기에 접어들면 정서의 수와 다양성은 놀라울 정도로 증가한다. 유아기를 거쳐 발달하는 정서는 기본 정서, 상황적 맥락, 인지와 언어능력의 상호작용 등의 요인에 의하여 보다 다양한 양상으로 나타난다. 다음에서 유아기의 정서인식 및 표현, 정서이해, 정서조절능력 발달에 초점을 맞추어 살펴보겠다(김경철 외, 2024; 김이영 외, 2017; 이기숙 외, 2023; 이연규 외, 2024).

(1) 정서인식 및 표현 능력

정서인식능력은 자신의 내부에서 발생하는 정서를 인식하고 정의하는 능력이며, 정서조절의 출발점이 되는 중요한 부분이다(Salovey & Mayer, 1997). 정서의 인식과 표현은 자신과 타인의 얼굴 표정과 신체적인 변화, 사고과정 등에 주의를 집중해서 정서를 구별하고, 자신이 인식한 정서를 솔직하게 표현하는 것으로 정서발달의 가장 핵심적인 요소라고 할 수 있다.

정서를 인식하는 것은 다음 상황에서 자신이 어떻게 반응할지에 대한 단서를 제공하는 것이기 때문에, 자신과 타인의 감정, 기분을 정확하게 파악하는 것은 매우 중요한 일이다. 정서인식능력은 정서표현능력과 정서이해능력을 확장시켜서 정서조절능력을 향상시킨다. 친사회적 행동과 정서조망수용능력에도 영향을 미쳐서 긍정적인 대인관계를 형성하는 데 도움이 된다.

자신의 감정을 표현하는 것이 어려운 유아들은 상황적 단서에 의존하는 경우가 많다. 따라서 정서인식능력 발달을 위해서는 얼굴 표정, 신체의 변화, 자세, 음성표현, 정서를 나타내는 단어, 정서의 강도 등을 주의 깊게 관찰하도록 하는 것이 필요하다.

정서인식능력 발달을 위한 또 다른 방법은 자신의 생각과 감정을 언어로 표현할 수 있도록 다양한 정서 어휘를 경험할 수 있게 하는 것이다. 자신의 감정을 언어로 표현하는 것은 그 어휘 자체를 알고 그 의미를 이해할 수 있을 때 가능하기 때문이다. 정서 어휘는 유아가 경험하는 상황에서 자신과 타인의 정서를 이해하고 명명할 수 있게 하며, 그 상황을 명확하게 해석하는 정서인식과 정서표현 능력에 긍정적인 영향을 미친다. 유아의 내적인 상태를 기술하는 정서어휘는 실물 학습을 통해 습득되는 일반적인 단어와는 달리, 특정한 상황 맥락에서 더 효과적으로 이해되고 적용될 수 있다. 따라서 유아가 다양한 정서 어휘를 익히기 위해서는 다양한 상황 맥락 안에서 상황에 적절한 정서 어휘가 사용되는 것을 경험하는 것이 중요하다.

영유아는 자신의 정서를 표현할 수 있는 적절한 정서 어휘를 알아 나가야 한다. 이를 위해서는 교사들이 먼저 다양한 정서 어휘를 이해하고 사용하는 것이 필요하다. 교사들이 적극적으로 정서 어휘를 익히고, 다양한 상황에서 적절한 정서 어휘를 사용할 때 유아들은 자연스럽게 모델링하며 정서 어휘를 익히게 된다.

(2) 정서이해능력

정서이해능력은 다양한 정서가 어떻게 관련되어 있는지, 감정의 원인과 결과는 어떠한지를 이해하고 복합적인 정서나 감정의 추이를 해석하는 능력이다. 정서이해능력이 높은 사람은 사람을 직접 대하지 않고도 예술 작품을 통해서 다른 사람의 정서를 이해하고 인식할 수도 있다. 정서이해능력은 공감(empathy), 감정이입 능력이라고도 할 수 있다. 공감은 상대방의 입장이 되어서 상대방의 감정을 자신 안에서 일으키는 것이며, 이것은 남에게 도움을 줄 수 있는 이타적인 행동의 기본이 된다(조순옥 외, 2013). 공감능력은 상대방의 입장을 이해하는 것이기 때문에, 더불어 살아가는 세상에서 매우 중요한 능력이다.

유아는 아직 다른 사람의 입장에서 타인의 감정을 이해하기는 어렵지만, 자신의 감정을 인식하는 동시에 타인의 감정도 상상해 보도록 유도할 수 있다. 또한 타인의 감정을 이해할 수 있는 다양한 기회를 제공함으로써 정서이해능력과 공감능력을 발달시킬 수 있다. 유아와 대화를 할 때는 눈을 맞추며, 표정과 행동, 언어를 일치시키고, 유아의 말에 몸 전체를 기울여 듣고 민감하게 반응해 주는 것도 정서이해능력을 향상시키는 데 도움이 된다.

(3) 정서조절능력

정서조절능력은 자신과 타인의 감정과 기분을 효과적으로 조절하는 능력으로, 정서의 유용성과 실용성을 반영하여 정서를 지속하거나 중단할 수 있는 것을 말한다(조순옥 외, 2013). 정서조절능력은 기본적으로 정서에 대한 이해와 표현 능력을 바탕으로 이루어지며, 상황에 맞게 언제, 어떻게 효과적으로 정서를 조절해야 하는가를 인식할 수 있어야 한다. 이는 타인보다는 먼저 자신의 정서를 상황에 맞게 조절하며, 부정적 정서를 줄이고 긍정적으로 유지하려는 것이다(김이영 외, 2023).

정서조절 과정은 영아가 자신의 정서를 이해하면서 나타나기 시작한다. 6개월 된 영아도 스트레스 상황이나 당황스러운 상황에 직면할 때, 좌절감을 느낄 때에 몸을 흔들기, 시선을 다른 곳으로 돌려서 회피하기, 딴짓하기 등의 정서조절 전략을 사용하는 것을 볼 수 있다. 영아의 정서조절은 자율성이 증가하는 2세경에 활발하게 나타나는데, 자신의 스트레스의 근원을 이해하고 스트레스의 주된 요인을 변경하거나 제거하려고 한다.

정서조절은 선천적 기질과 성에 따라 다르게 나타나고, 주 양육자와의 상호작용에 따른 애착 안정성과도 관련이 있는 것으로 나타났다. 또한 영아가 신체 움직임이 많고 새로운 자극에 접했을 때 회피하는 정도가 낮을수록, 화, 슬픔, 두려움 등과 같은 부정적 정서에 대한 강도가 낮을수록, 정서조절능력이 높게 나타났다(권정윤 외, 2012).

유아기에 급격히 발달하는 전두엽은 감정의 뇌를 조절하는 가장 중요한 부위이다. 따라서 이 시기 유아들이 충분한 정서적 교감을 통해 사랑받고 있음을 느끼고, 이를 기반으로 정서적인 표현과 정서조절능력을 발달시키는 것이 중요하다. 정서조절능력은 부정적인 감정을 조절하는 부분에서 더욱 중요하다. 여기서 정서를 조절한다는 것은 부정적인 감정을 숨겨야 한다는 것이 아니다. 분노는 모든 사람에게 일어날 수 있는 자연스러운 감정이며, 자신에게 불쾌하고 위험한 일이 벌어진 것을 알려 주는 신호라고도 볼 수 있다.

이러한 부정적인 감정을 무조건 참거나 억누르려고 하면 더 크게 폭발하거나 더 위험한 일이 벌어지기도 한다. 따라서 화내는 것을 무조건 막기보다는 자신의 분노의 감정을 인식하고 언어 등 비공격적인 방법으로 표현하며, 격양된 감정을 차분하게 다스릴 수 있도록 도와주는 것이 필요하다. 분노의 감정을 조절하는 것에 있어서 교사와 부모는 유아에게 중요한 모델이 된다. 교사와 부모는 부정적인 감정을 말로 표현하고 화를 다스릴 수 있는 자신만의 방법을 훈련하는 것이 필요하며, 이러한 노력과 행동이 그대로 유아에게 전달된다는 것을 기억해야 한다.

참고 자료

• **그림책**
『나 진짜 화났어!』
폴리 던바 글, 그림, 비룡소.

• **그림책**
『화가 호로록 풀리는 책』
신혜영 글, 김진화 그림, 위즈덤하우스.

• **애니메이션**
〈인사이드아웃(Inside-Out)〉
월트디즈니 컴퍼니 코리아(주)

3. 기질발달

1) 기질의 구성 요소

기질(temperament)이란 한 개인의 행동양식과 정서적 반응 유형을 의미한다(정옥분, 2006). 기질은 유전적 요인의 영향을 많이 받지만, 임신 중의 환경과 성장하면서 접하게 되는 사회

표 8-2 기질의 구성 요소

구성 요소	특성
활동성(activity)	일상생활에서 영아가 하는 신체 활동의 양
규칙성(rhythmicity)	수유, 수면, 배변 시간의 규칙성
접근/회피(approach/withdrawal)	낯선 사건이나 자극에 대해 영아가 접근하거나 회피하는 정도
적응성(adaptability)	새로운 상황에 적응하는 정도
반응강도(intensity)	영아가 보이는 긍정적 또는 부정적 반응의 강도
반응역치(threshold)	영아의 반응을 유발하는 데 필요한 자극의 양
기분(mood)	행복해하는 빈도나 적대적인 반응의 빈도
주의산만(distraction)	외부 자극에 의해 진행 중인 활동이 방해받는 정도
지구력과 지속력 (attention span and persistence)	활동의 지속시간과 방해를 받았을 때 활동을 계속하려는 의지

적 맥락과 개인의 경험에 의해서도 영향을 받는다(이숙재 외, 2020).

토마스와 체스(Thomas & Chess, 1977)는 뉴욕종단연구(New York Longitudinal Study: NYLS)를 통해 기질을 구성하는 아홉 가지 요소를 제시하였다(〈표 8-2〉 참고). 아홉 가지 요소는 활동성, 규칙성, 접근/회피, 적응성, 반응강도, 반응역치, 기분, 주의산만, 지구력과 지속력이다(정옥분, 2006).

2) 기질의 유형

토마스와 체스는 기질의 아홉 가지 구성 요소를 기준으로 영아를 순한(easy) 기질, 까다로운(difficult) 기질, 반응이 느린(slow-to-warm-up) 기질로 분류하였다. 순한 기질의 영아는 전체 연구대상의 40%, 까다로운 기질은 15%, 느린 기질의 영아는 10%를 차지하였으며, 나머지 35%의 영아는 이 세 가지 유형 중에 어느 유형에도 속하지 않았다. 이런 결과를 통해 모든 영아가 기질 유형으로 분류되는 것은 아니며, 한 명의 영아가 여러 유형의 특성을 보일 수도 있음을 알 수 있다. 각 기질별 특성을 살펴보면 다음과 같다(정옥분, 2006 재인용).

표 8-3 기질의 유형과 특성

기질의 유형	특성
순한 기질 (약 40%)	• 대체로 수유나 수면이 규칙적으로 이루어짐 • 놀잇감을 가지고 혼자서 잘 놀며 낯선 것에 당황하지 않음 • 낯선 사람에게도 미소를 잘 짓고, 새로운 생활에 쉽게 적응함
까다로운 기질 (약 15%)	• 수유, 수면 등 생리적 리듬이 불규칙함 • 조그만 좌절에도 부정적인 감정을 강하게 표현함 • 새로운 사람이나 상황에 적응하는 것이 쉽지 않음
느린 기질 (약 10%)	• 수동적이며 새로운 상황에 처하면 움츠러드는 경향이 있음 • 낯선 상황에서 위축되고 불안감을 보임 • 처음에는 적응을 잘하지 못하지만 서서히 적응함

3) 기질과 반응의 조화에 따른 지원

영아의 이상적 발달은 영아의 기질과 부모의 기질이 얼마나 조화를 이루는가에 달려 있다. 토마스와 체스(Thomas & Chess, 1986)는 영아의 기질과 환경이 상호작용하여 바람직한 결과를 산출한다는 조화의 적합성(the goodness of fit) 모델을 제시하였다. 부모가 영아의 기질에 따라 양육 행동을 조절한다면 그 결과는 조화로운 관계가 된다. 반면, 영아의 기질과 양육 행동이 조화를 이루지 못하면 부모나 영아 모두 갈등을 경험하게 된다. 까다로운 영아의 부모가 영아의 요구에 민감하게 대처한 경우에는 아동기나 청년기에 더 이상 까다로운 기질을 보이지 않았다. 이는 조화로운 관계의 예이다. 반면, 까다로운 영아에게 화를 내는 등 바람직하지 않은 훈육을 하게 되는데, 이는 조화롭지 못한 관계의 예이다. 이런 경우에 까다로운 기질을 계속 유지하고 사춘기에 많은 문제를 나타냈다(Thomas & Chess, 1986). 부모와 자녀 간의 상호작용을 통해 부모는 자녀가 타고난 기질적 요인에 변화를 주는 역할을 할 수 있다. 부모가 영아의 기질을 제대로 파악하고 반응함으로써 자녀와의 조화로운 관계를 유지할 수 있다. 다음은 기질의 특성에 따른 지원 내용이다(이기숙 외, 2023).

(1) 까다로운 기질의 영아도 그 장점을 활용한다

까다로운 기질의 영아는 다루기 어렵고 외부 자극에 지나치게 예민하게 반응하며, 부정적 기분을 자주 표출하는 모습을 보이지만 창의적인 행동 특성도 가지고 있다. 교사나 부모는 까다로운 기질의 아이가 느낄 정서나 심리적인 상태를 수용해 주고 조용하고 편안한 환경을 마련해 주는 것이 좋다. 이러한 아이들에게는 먼저 감정을 어루만져 주고 아이의 요구를 인정해 준 이후에, 무조건적인 통제나 제지보다는 현재의 상황을 인식하게 하면서 가능한 대안을 스스로 찾아보게 하는 방법이 중요하다.

(2) 순한 기질의 영아도 소외되지 않게 한다

순한 기질의 영아는 행동이 규칙적이고 긍정적이며 새로운 자극에 대해서도 비교적 쉽게 접근한다. 이러한 아이들은 자신의 요구와 일치하지 않은 다른 사람의 의견에 대해서도 자신의 주장을 강하게 내세우거나 고집을 부리기보다 상대방의 말에 따르고 쉽게 순응하는 편이다. 웬만한 일에는 큰 불평을 하지 않고 스스로 참는 특성이 있기에 억압형 부모에게 양육될 경우, 표면적으로 드러나지는 않지만, 정신적 스트레스와 같은 문제가 발생할 수 있다. 따라서 영아의 양육자는 영아가 먼저 감정을 보이지 않아도 먼저 힘든 일은 없는지, 고민거리가 있는지 등을 유심히 살펴보아야 한다. 또한 교사는 순한 기질의 아이에게 신경을 잘 쓰지 않거나 관심을 갖지 않을 우려가 있다. 순한 기질의 아이가 혼자 있는 시간이 너무 많아지지 않도록 유의하고, 다양한 방법으로 자극을 제공하도록 한다. 교사의 입장에서 보면 아이가 순하고 말을 잘 들어 지도하기 쉽다고 생각하지만, 아이의 자율성과 주도성을 침해할 수 있는 우려도 있으므로 주의해야 한다.

(3) 느린 기질의 영아에게는 충분한 시간적 여유를 준다

느린 기질의 영아는 외부 자극에 대한 반응이 더디므로 새로운 상황이나 적응에 어려움을 많이 겪는다. 이러한 아이는 낯선 상황에 부딪히면 처음에는 회피적인 반응을 보이다가 점차 새로운 자극에 익숙해지게 된다. 그러나 이러한 과정에서 많은 시간이 걸리는 특성이 있으므로, 느린 기질의 아이에게는 과제를 빨리 수행하고 재촉하기보다는 시간을 가지고 기다려 주어야 한다. 또한 다양한 활동을 한꺼번에 제공하기보다는 한 가지 활동에 집중할 수 있도록 충분한 시간을 확보해 줄 필요가 있다. 성인들의 다그침이나 재촉은 아이를 더 위축되게 하고, 성공적으로 수행하지 못하는 것에 대한 죄책감을 느껴 자아존중감을 떨어뜨린다. 따라서 천천히 조금씩 시도하며, 예측 가능한 것을 미리 말해 주고, 활동에 참여할 수 있는 충분한 시간을 주도록 한다.

4. 애착발달

1) 애착의 개념 및 중요성

다른 사람과의 사회적 관계는 애착형성으로부터 시작된다. 영아는 자기 주변의 친숙한 사람에게 특별한 애착을 발달시킨다. 애착이란 특정한 두 사람 간에 형성되는 애정적인 유대 관계로, 특정 인물에게 애착을 느낀 영아는 그 사람을 세상을 탐색하는 안전 기지로 사용한다(Bowlby, 1969). 영아는 애착을 형성한 사람이 보이지 않으면 찾게 되고, 관심을 끌려고 하며, 떨어지면 당황하고 불안해한다.

초기 애착형성은 그 이후의 대인관계에 결정적인 영향을 미친다. 영아기에 안정된 애착을 형성하지 못하면 신뢰감과 자신감을 발달시킬 수 없게 될 뿐 아니라 사회적 관계 형성이 어렵게 된다. 애착은 울음, 미소, 매달리기, 접촉하기 등의 애착 행동과 더불어 형성된다. 애착형성은 출생 후 6주부터 나타나기 시작하여 자신을 돌보는 양육자에게 더 많은 미소를 지어 보이고, 그가 자신을 떠나면 싫어하는 표정을 짓는다. 생후 6개월이 되면 영아는 특정 개인에게 애착을 형성하여 애착 대상과 분리되는 것에 대한 불안감을 가지나 3세 정도가 되면 분리불안이 감소한다. 한편, 애착은 양육자의 민감성(sensitive)과 반응성(responsiveness)에 따라 그 질이 달라진다(강도희 외, 2024; 강문희 외, 1998; Pederson et al., 1990). 영아가 보내는 신호를 양육자가 민감하게 알아차리고, 그에 적절히 반응해 주면 영아는 안정된 애착을 형성할 수 있다. 그러나 양육자가 영아의 신호를 무시하거나 영아의 요구에 일관성 없게 반응하는 경우 불안정한 애착을 형성하게 된다.

2) 애착 유형

에인스워스(Ainsworth, 1983)는 낯선 상황에서 영아가 보이는 행동을 근거로 애착의 유형을 다음과 같이 구분하였다(이영 외, 2017; 정옥분, 2025).

(1) 안정애착(secure attachment)

어머니와 안정된 애착을 형성한 영아는 어머니를 안전 기지로 생각하기 때문에 낯선 상황에서도 주위를 탐색하기 위해 어머니로부터 쉽게 떨어진다. 어머니와 분리되면 어머니를 찾는 행동을 보이지만, 어머니와 재결합하면 어머니에게 안기려 하고 어머니가 달래 주면 쉽게 위안을 얻어 다시 편안해진다.

(2) 회피애착(avoidant attachment)

이 유형의 영아는 어머니가 방을 나가서 격리되어도 별다른 반응을 보이지 않으며, 어머니와 재결합해도 어머니를 무시하거나 회피한다.

(3) 저항애착(resistant attachment)

어머니가 함께 있어도 불안감을 느껴 어머니 옆에 붙어서 탐색을 하지 않는다. 어머니가 방을 나가면 심한 격리불안을 나타낸다. 어머니가 돌아오면 화를 내고 거부하면서도 어머니 곁에 머물러 있으려는 양면성을 보인다.

(4) 혼란애착(disorganized attachment)

회피애착과 저항애착이 결합된 형태로 불안정 애착의 가장 심한 유형이다. 영아는 양육자에게 접근해야 할지 회피해야 할지에 대해 혼란스러워한다. 어머니와 재결합했을 때도 얼어붙은 표정으로 어머니에게 접근하거나 어머니가 안아 줘도 먼 곳을 바라보는 반응을 한다.

3) 애착발달단계

볼비(Bowlby, 1969)는 애착의 발달단계를 애착형성 이전 단계, 애착형성 단계, 분명한 애착 단계, 상호관계 형성 단계의 4단계로 분류하여 제시했다.

(1) 애착형성 이전 단계(pre-attachment phase): 출생 후~6주

갓 태어난 신생아는 대상에 대한 구별을 하지 못하기 때문에 단순히 자신의 요구에 반응하고 욕구를 충족시켜 주는 주위의 모든 사람에게 미소 짓기, 울기, 눈 응시하기, 붙잡기, 빨기, 움켜잡기, 소리내기 등의 애착 전조 행동을 보이며 가까운 관계를 유지한다.

(2) 애착형성 단계(attachment in the making): 6주~8개월

태어난지 6주가 지나면, 영아는 점점 주변 사람을 인지하고 구별할 수 있게 되고 친숙한 사람과 낯선 사람을 구별하여 다르게 반응하기 시작한다. 영아는 친숙한 사람에게 뚜렷한 신호를 보이며 더 많이 웃고 더 자주 옹알이를 하는 등의 많은 애착 행동을 보인다.

(3) 애착 단계(clear-cut attachment): 8~18개월

8개월 이후가 되면, 영아는 근육과 신체 협응력의 발달로 붙잡고 일어서고 기는 것과 같은 이동능력이 발달하게 된다. 이렇게 혼자 이동할 수 있게 되면서 이미 애착이 형성된 사람에게 기어가거나 따라가는 등의 적극적인 접근 행동을 한다. 또한 타인에 대한 명확한 변별이 가능해져 애착 대상에게는 더욱 친밀한 표현을 하고 낯선 사람에게는 배타적인 태도를 보인다.

(4) 상호관계 형성 단계(formation of reciprocal relationships): 18개월~2세

영아가 2세 정도가 되면, 정신적 표상이 가능해지고 언어가 발달하면서 애착 대상의 행동을 예측하고 이해할 수 있게 된다. 또한 자신의 욕구를 좀 더 효과적으로 전달할 수 있게 되며 타인의 감정을 이해하기 시작한다. 그러면서 분리불안은 점차 감소하고 애착 대상과 상호협력적인 관계를 형성한다.

4) 애착 반응

영아가 자신을 돌보는 주된 양육자와 애착 관계가 형성되었는지에 대한 증거로 나타나는 반응 행동으로 낯가림과 분리불안을 들 수 있다.

(1) 낯가림

낯가림(stranger anxiety)은 영아가 특정 인물과 애착을 형성한 이후에 자신에게 익숙하지 않은 인물이 다가올 때 나타내는 저항 반응으로 생후 6~8개월경에 나타난다. 영아는 낯선 얼굴과 익숙한 얼굴 간의 불일치로 불안해하며 익숙한 사람에게 매달리거나 경직된 반응을 보인다. 영아가 낯선 얼굴을 보며 불안해하는 것은 익숙한 사람에 대한 인지적 도식이 성립된 증거로 인지능력이 발달되어 가고 있음을 의미한다. 일반적으로 낯가림은 순한 기질을 지닌 영아보다 까다로운 기질의 영아가 좀 더 심한 편이다. 하지만 낯가림을 전혀 하지 않는 것은 오히려 익숙한 사람과 낯선 사람에 대한 변별력이 발달되지 않았으며, 이는 애착형성이 이루어지지 않았다는 것을 의미한다.

(2) 분리불안

분리불안(seperation anxiety)이란 영아가 애착된 사람들과 분리될 때 보이는 경계와 초조한 반응이다. 분리불안은 생후 9개월경에 나타나 12개월경에 심해졌다가 생후 24개월 전후에 사라진다. 분리불안은 낯가림과 마찬가지로 주 양육자에 대한 애착 강도의 중요한 지표가 되는데, 안정 애착아는 불안정 애착아보다 분리불안을 덜 보이며 주 양육자를 안전기지로 삼아 주변 환경에 대한 탐색 활동을 한다.

5. 영유아 정서발달을 위한 교육 지원

1) 정서 · 물리적으로 안정적인 환경을 조성한다

정서적 안정감은 건강한 정서를 형성하는 기본 요소이다. 영유아가 건전한 정서발달을 하기 위해서는 정서적으로 안정감을 느낄 수 있는 환경이 조성되어야 한다(이영 외, 2017). 이를 위해 예측 가능한 환경을 만들어 주어야 한다. 인간은 예측 가능한 환경에서 정서적 안정감을 느끼며, 일단 정서적 안정감이 생기고 나면 예측하지 못한 일이 발생해도 잘 적응하여 어려움을 극복하게 된다(이숙재 외, 2020). 예측 가능한 환경을 조성하기 위해서는 하루 일과, 교사, 친구, 물리적 환경 등에 규칙성과 일관성이 있어야 한다. 하루 일과가 다양하면서도 매일 반복되는 활동이 포함되어야 하며, 교사나 학급 친구들의 변동을 최소화하고 물리적 환경도 너무 자주 변화되어서는 안 된다.

2) 부모, 교사와 영유아 간의 안정적인 애착을 형성한다

영유아가 느끼는 정서적 안정감은 가정이나 교육기관에서 부모와 자녀 관계, 교사와 영유아 관계를 통해 형성된다. 부모, 교사와 긴밀하고 온정적인 관계를 맺으며 화목하고 안정된 분위기에서 성장한 영유아는 부모, 교사에게 애착을 형성할 수 있을 뿐 아니라 타인에 대한 기본적인 신뢰감도 생기게 된다. 반면에 부모의 이혼이나 불화, 교사의 빈번한 교체 등으로 불안정적인 상황에서 성장한 영유아는 정서발달에 문제가 발생할 가능성이 크다(이숙재 외, 2020). 또한 성인의 얼굴 표정, 몸짓, 목소리, 신체 접촉 등은 영유아가 정서적 안정감을 형성하는 데 큰 역할을 한다. 부모나 교사가 영유아에게 미소를 짓고 애정 어린 눈길로 바라보며 온화한 목소리로 대화를 할 때, 영유아는 편안하게 느낄 뿐 아니라 자신이 받아들여지고 있다는 느낌을 갖게 된다. 또한 교사가 영유아 곁에 있거나 어깨를 두드려 주고 쓰다듬어 주는 신체적 접촉을 해 줄 때 안정적인 애착을 형성할 수 있다.

3) 영유아 정서적 경험을 위한 다양한 놀이 활동을 통합적으로 제공한다

영유아는 흥미와 관심에 기초하여 놀이하면서 자신의 정서 상태를 그대로 나타낸다. 역할놀이를 통해 자신이 보고 들은 것을 그대로 모델링하거나, 서운했던 감정, 화가 났던 상황, 행복했던 기억들을 자연스럽게 드러낸다. 놀이하면서 나타나는 다양한 감정 표현은 가상세계라는 이유로 대체로 용납되기 때문에, 유아의 자유로운 정서 언어가 가장 활발하게 사용되는 상황이기도 하다(조순옥 외, 2013). 교사는 유아의 정서 상태와 발달 정도를 세밀하게 관찰하면서 충분한 놀이 시간과 공간, 자료, 적절한 활동을 지원해야 한다.

- 감각 경험을 자극하는 활동(물, 모래, 찰흙, 밀가루 등)을 제공한다.
- 다양한 표현 활동(그림 그리기, 노래 부르기, 악기 연주하기, 춤추기 등)을 제공한다.
- 신체 움직임이 활발한 활동을 제공한다.
- 정서발달에 도움이 되는 그림책을 제공한다.
- 이야기 나누기를 통해 정서이해능력을 발달시킨다.

• 정서발달 지원을 위한 통합적 활동을 제공한다.

4) 정서적 반영을 통한 상호작용을 한다

교사는 영유아의 정서에 공감하면서 정서적 반영(emotional reflection)을 해 주어야 한다. 정서적 반영이란 영유아의 정서를 파악하여, 명료화하고 묘사(describe)해 주는 것을 의미한다. 먼저, 교사는 정서적 반영을 위해 유아가 보이는 정서 관련 행동이 의미하는 언어적 · 비언어적 메시지를 명확하게 파악한 후 반응해야 한다. 예를 들면, 넘어져서 우는 유아가 아파서 우는 건지, 창피해서 우는 건지를 우선적으로 파악해야 한다. 다음으로, 유아가 보이는 긍정적 · 부정적 정서를 조건 없이 수용해 주어야 한다. 긍정적 정서뿐만 아니라 부정적 정서에도 바람직하게 반응해 주어야 한다. 부정적 정서 또한 자연스러운 감정이라 할 수 있으며, 이러한 상호작용 경험을 통해 유아는 부정적 정서를 바람직하게 표현하는 방법을 알게 되며, 자신의 정서에 대해 정확하게 이해할 수 있게 된다(이숙재 외, 2020).

5) 일상생활에서 정서조절과 정서표현의 모델링을 보여 준다

영유아는 성인이 보여 주는 정서적 반응을 관찰하고 모방하면서 성장한다. 즉, 부모나 교사의 정서행동이나 언어를 통해 언제, 어떤 방법으로 정서를 표현하고 조절하는지를 학습한다. 따라서 성인은 일상생활 속에서 자신의 감정을 솔직하고 적절하게 표현하는 본보기가 되어야 한다. 감정을 거짓되거나 너무 과장되게 표현해서는 안 되며, 느낌 그대로를 적절한 방법으로 표현해야 한다(이숙재 외, 2020). 일상적인 대화에서 다양한 어휘를 사용해서 정서를 표현하는 시범을 보인다(예: "시원한 바람이 솔솔 불어서 기분이 좋고 행복하다.").

• 영유아의 정서표현을 주의 깊게 관찰하여 의미를 파악한다.
• 영유아가 나타내는 정서에 민감하게, 무비판적으로 반응한다.
• 교사는 비계설정을 통해 영유아의 정서조절능력을 향상시켜 준다.

* 다음에서는 영유아 정서발달을 위한 교육 지원의 실제를 살펴보겠다.

영유아 정서발달을 위한 교육 지원: 부모와의 분리를 힘들어하는 영아

사례

만 2세 여아인 세경이는 등원 시 부모와의 분리를 힘들어한다. 주로 어머니와 등원하는 세경이는 등원 시에 어머니와 잘 떨어지지 못하고 큰소리로 울면서 어머니의 옷자락을 놓지 못한다. 교사가 어머니와의 이별로 인한 슬픈 마음을 읽어 주며 마음을 정리할 수 있도록 스킨십이나 책 한 권 읽기 등의 방법을 제안하면, 이를 수용하여 어머니와의 시간을 더 보내고 교실로 돌아온다. 그러나 이후에도 어머니와 떨어지기 힘들어하는 것은 마찬가지이다. 결국 교사는 어머니의 품에서 세경이를 떼어 내 교실로 들어오고 한동안 우는 세경이를 달래 준다. 한참이 지나서야 놀이에 관심을 보이는 세경이는 자신이 애착을 가지고 있는 놀잇감(인형, 그림책)을 품에 안고 교실을 배회한다. 또래에게 자신의 애착물을 보여 주며 자랑을 하면서도 손을 대지 못하게 하고, 창가를 서성이며 어머니를 그리워한다. 그러다 이따금씩 어머니를 찾으며 울기도 하고 교실 문밖으로 나가려 하기도 한다. 교사가 놀이를 제안하면 세경이는 "아니야. 엄마가 올 때까지 계속 울 거야."라고 이야기하며 교사의 제안을 거절하고 고개를 돌린다. 이 같은 일과가 반복되자 또래는 울고 있는 세경이를 그저 쳐다보다 고개를 돌리거나 "세경이는 왜 맨날 울어요?" 하고 묻는다.

지원 방안

1) **환경적 지원**
   - 세경이가 선호하는 놀잇감을 제시하기
   - 매력적인 놀잇감 제시하기(예: 팝업 교구, 다양한 종류의 인형)
   - 주변 환경과 놀잇감을 탐색할 수 있는 충분한 시간 제공하기
2) **정서적 지원**
   - 심리적 안정을 찾을 수 있는 편안한 분위기 조성하기
   - 교사와 세경이 간 신뢰 관계 형성하기
   - 어머니와 떨어지게 되어 속상한 세경이의 마음을 공감해 주기
   - 울지 않고 등원했을 때 크게 칭찬해 주고 격려하기
3) **정보적 지원**
   - 반복되는 하루 일과를 예측하도록 하기

4) **일상을 통한 지원**

- 등원 시간의 일상을 일관성 있게 진행하기
- 부모가 떠난 후의 일상을 일관성 있게 진행하기

5) **가정과의 연계**

- 길어지는 적응 기간을 걱정하는 부모에게 영아기의 특성(적응 기간) 및 보호자가 떠난 후 세경이의 생활을 이야기해 주어 안심시키기
- 헤어질 때 하는 일관적인 패턴을 지키도록 요청하기(예: 껴안아 주기, 손 흔들기 등)
- 세경이에 대한 정보를 부모와 지속적으로 공유함으로써 세경이의 변화 추이 파악하기

출처: 김희진(2020). 영유아교육기관에서의 행동지도, p. 206.

학습내용 확인

※ 다음 문제를 읽고 ○, ×로 답하시오.

1. 유아기 정서표현의 방법과 정도는 성격 특성이나 주변 환경의 영향을 받는다. (　　)
2. 태어날 때부터 영아는 질투, 공포, 불안의 다양한 정서를 갖고 있다. (　　)
3. 유아가 부정적인 정서를 보일 때 정서발달을 위해 감정을 억제하도록 해야 한다. (　　)

※ 다음 (　　) 안에 알맞은 내용을 쓰시오.

4. 에인스워스는 애착 유형을 (　　　　)애착, (　　　　)애착, (　　　　)애착, (　　　　) 애착으로 구분하였다.
5. (　　　　) 기질은 식사 및 수면의 불규칙성, 조그만 좌절에도 강한 반응을 보인다.
6. (　　　　) 기질은 생활 리듬이 규칙적이고 놀잇감을 가지고 혼자 잘 놀며 낯선 상황에서도 당황하지 않는다.
7. (　　　　) 기질은 외부 환경을 자주 변화시켜 주면 적응하기 힘들어 양육자가 조급증을 낼 경우 문제가 나타날 수 있다.

※ 다음 문제를 읽고 (　　) 안에 알맞은 번호를 쓰시오.

8. 토마스와 체스의 기질에 대한 설명 중 옳은 것은 무엇인가? (　　)
   ① 기질은 유전적으로 결정되며 변하지 않는다.
   ② 기질은 타고나지만 환경에 의해 조절될 수 있다.
   ③ 기질은 환경에 의해 전적으로 결정된다.
   ④ 기질은 성인이 되어서 형성된다.

9. 정서발달에서 '일차 정서'란 무엇인가? (　　)
   ① 복잡한 사회적 정서
   ② 자긍심, 수치심, 죄책감의 정서
   ③ 선천적으로 나타나는 기본 정서
   ④ 학습된 사회적 정서

10. 다음 중 정서를 설명한 내용 중 옳은 것은? (　　)
   ① 정서인식능력은 자신의 정서를 인식하고 정의하는 능력이다.
   ② 정서이해능력은 자신과 타인의 감정과 기분을 효과적으로 조절하는 능력이다.
   ③ 정서조절능력은 감정의 원인과 결과를 추리하는 능력이다.
   ④ 정서표현능력은 공감능력, 감정이입능력을 의미한다.

※ 다음 문제에 대해 서술하시오.

11. 기질의 구성 요소에 대해 설명하시오.

12. 분리불안에 대해 설명하시오.

활동해 봅시다

활동 8-1 영유아 정서발달을 지원하는 교사의 지도 방안을 세 가지 이상 예를 들어 적어 보세요.

활동 8-2 최근에는 어린 시기부터 기관에 다니는 영아가 많아지면서 부모 외에도 교사가 영유아와의 안정애착 형성에 많은 영향을 미치고 있습니다. 영유아의 안정애착 형성을 지원하기 위한 방법에 대해 이야기해 보세요.

제 9 장

영유아 사회성 발달과 교육

학습 개요

인간은 태어나서 자신이 속한 사회의 구성원으로 살아가는 데 필요한 지식, 기술, 태도와 가치를 습득해 간다. 이러한 과정을 사회화라 하며, 사회화 과정을 거치는 동안 사회성이 발달되어 간다. 사회성은 다른 사람의 기분과 감정, 생각 등을 잘 이해하며, 이에 대한 적절한 대처를 하면서 원만한 관계를 맺고 소통하는 능력이다. 즉, 사회성 발달은 자기만의 입장에서 사고하고 판단하게 되는 것에서부터 타인의 입장을 고려하게 되는 사회적 행동양식을 습득하는 과정이다. 제9장에서는 사회성과 관련된 내용인 자아개념, 친사회적 행동, 성역할, 도덕성에 대하여 살펴보고자 한다.

학습 목표

1. 영유아의 사회성 발달 과정에 대해 이해한다.
2. 사회성 발달과 관련된 자아개념, 친사회적 행동, 성역할, 도덕성에 대해 이해한다.
3. 영유아기 사회성 발달을 위한 교사의 역할에 대하여 이해한다.

주요 용어

- 사회성, 자아개념, 친사회적 행동, 성역할, 도덕성

함께 생각해 봅시다

∴ 인간은 태어날 때부터 사회적 존재입니다. 타인과의 관계 속에서 성장하고 발전하며, 공동체의 일원으로서 역할을 수행합니다. 현대 사회에서 사회성 발달이 갖는 특별한 의미는 무엇일까요?

1. 자아개념 발달

1) 자아개념의 정의

자아개념이란 한 개인이 자신에 대하여 갖는 신념, 태도 등에 대한 주관적인 견해 또는 평가이며, 영유아가 성장하는 과정에서 자신에 대해 인식하고 다른 사람과 구별하게 하는 능력을 의미한다(김정원 외, 2021). 자아개념 발달을 위해 교사는 유아가 가치감과 능력감을 경험하도록 도와야 한다. 가치감은 개인의 삶에 있어 타인으로부터 경험하는 존경심과 수용, 인정의 양을 의미하며, 다른 사람에게 인정받으며 성장하면서 스스로에 대한 가치감을 형성한다. 능력감은 개인이 성취한 객관적인 지위와 사회적 위치를 포함한 성공과 실패의 경험을 의미하며, 유아는 다양한 문제해결의 과정에서 스스로의 능력에 대한 믿음을 형성한다(Coopersmith, 1967). 교사는 하루 일과를 보내는 동안 유아들이 가치감과 능력감을 경험할 수 있도록 수용적인 교실 분위기 조성에 힘써야 한다.

2) 자아개념의 중요성

한 인간의 평생에 걸친 삶과 행동에 결정적인 영향을 미치는 자아개념은 영유아기에 형성되기 시작하여, 이후 그를 둘러싼 환경과 상호작용하면서 변화하고 발달한다. 자신에 대한 긍정적인 자아개념을 형성해 가면서, 타인과의 조화로운 관계를 형성하고 문제 상황에서도 스스로의 능력에 대한 믿음과 확신으로 도전하며 해결하는 기반을 마련하게 된다. 자신을 부정적으로 인식하게 되면, 자신의 삶이 불행할 가능성이 높으며 타인과 우리 사회에도 부정적인 영향을 주게 된다(김정원 외, 2021; 최현정 외, 2020).

자아존중감이 높은 아동은 자신에 대해 긍정적으로 생각하고 자신의 능력을 높게 평가한다(Harter, 2006). 사회적 자신감이 높으며 사교적이고 자신이 유능하고 좋아할 만하다고 생각한다(Leary & McDonald, 2003). 또한 자신의 행동이 운명을 결정한다고 믿는 통제감을 가진다. 따라서 이들은 도전적인 상황에서 자신이 잘 해낼 수 있다고 기대한다(Baumeister et al., 2003). 반면, 낮은 자아존중감은 우울, 불안 및 폭력적인 생각, 부적응과 상관이 있으며(Harter, 2006; Leary & McDonald, 2003), 공격성, 반사회적 행동과도 관계가 있다(Baumeister et al., 2003). 자신의 가치를 부정적으로 평가하는 아동은 거부당할 것에 대한 두려움을 경험한다. 자신의 능력에 객관적이지 못하며 자신의 약점에 더 주의를 기울인다(Brown, 1998). 이렇듯 자아존중감은 한 개인의 인지, 행동, 경험 등을 결정할 수 있는 중요한 요소로 영유아기에 만나는 성인들은 긍정적인 자아개념이 형성되도록 도움을 주어야 한다.

3) 자아개념의 발달

자아개념은 자아를 인식하는 것에서부터 시작된다. 18개월 정도 되면 영아는 자신과 타인을 분명히 구별하게 된다. 자신이 다른 사람과 다르다는 것을 아는 영아는 좋아하는 물건을 갖기 위해 "내 거야."라고 말하고 거울이나 사진 속의 자신을 볼 때, "나."라고 말하게 된다. 이러한 현상들을 통해 볼 때 아주 어린 영아기 때부터 초보적인 수준의 자아개념이 형성됨을 알 수 있다.

2~4세 정도가 되면, 자신을 신체적인 특성, 능력, 소유물, 사회적 관계, 선호와 관련해서 말할 수 있다. 예를 들면, "나는 머리가 길어요." "나는 자전거를 탈 수 있어요." "나는 사탕을 좋아해요." 등 관찰 가능한 구체적인 용어를 사용하여 자신을 표현한다.

5~7세의 유아는 자아개념을 확장시켜서 자신이 현재 할 수 있는 것과 예전에 할 수 있었던 것을 비교한다. "나는 지금은 어렸을 때보다 더 빨리 달릴 수 있어요." 이는 자랑하기 위

표 9-1 영유아의 자아개념 발달

출생~1세	2~4세	5~7세
• 양육자와 분리된 존재로서 나를 인식하기 시작	• 한 번에 한 가지씩 자신을 구체적인 용어로 기술함(나는 자전거 탈 수 있어)	• 자기 정의를 내리기 위해서 구체적인 사실들을 말함(나는 수영을 잘하고 운동을 잘해)
• 자아인식이 시작됨	• 전반적으로 자신에 대해 긍정적인 관점을 갖고 부정적으로 보지 않음	• 자신에 대해 전반적으로 긍정적인 관점을 가지며, 이를 유지하기 위해 부정적인 측면을 무시하기도 함
• 비교하지 않음	• 공평성의 문제가 아니라면 타인과 비교하지 않음	• 일시적인 비교를 함. 공평함과 자신의 과거 수행에 관련해서 비교함(네 살 때에는 내 이름 중 한 글자만 쓸 줄 알았는데, 지금은 다 쓸 수 있어)
• 자신에 대한 타인의 반응에 주목함(울면 엄마가 안아 줌)	• 자신에 대한 타인의 반응을 인식함(우유를 쏟았을 때 머리를 숙임)	• 자신에 대한 타인의 평가를 인식하고, 자신을 조절하는 데 타인의 평가를 사용함

해서가 아니라 자신이 얼마나 성장했는지를 알게 되면서 나타난다. 또한 공평성을 알게 되면서 "○○이보다 더 많이 가졌어요."처럼 비교하기 시작한다(Frey & Ruble, 1990). 자아개념의 발달 특성은 〈표 9-1〉과 같다(Kostelnik, Whiren, Soderman, & Gregory, 2009).

참고 자료 EBS 아이의 사생활-제3부 자아존중감

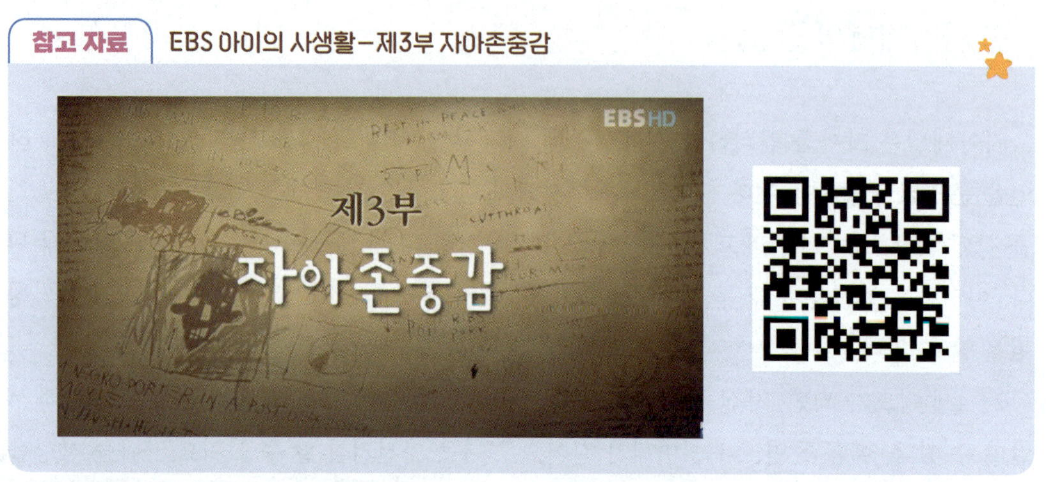

2. 친사회적 행동발달

1) 친사회적 행동의 개념 및 중요성

친사회적 행동이란 외적인 보상을 기대하지 않고 다른 사람을 이롭게 하는 행동이다. 돕기와 나누기, 배려하기, 존중하기, 협력하기와 같은 다른 사람과의 우호적인 관계를 형성하고 유지하는 행동으로 사회적 기술(social skill)이라는 넓은 의미로 사용되기도 한다(김정원 외, 2021).

친사회적 행동을 하려면 조망수용능력과 감정이입능력이 전제되어야 한다. 조망수용능력은 자신과 타인이 다름을 인지하고 독립적인 존재로 인식하여, 자기중심적 사고에서 벗어나 타인의 사고, 감정, 상황 등을 상대방의 관점에서 이해할 수 있는 능력이다. 조망수용능력이 있는 유아는 놀이상황에서 상대방의 감정을 추론하여 놀잇감을 양보하거나 공유하는 행동을 할 수 있다. 감정이입은 다른 사람이 느끼는 정서를 공감하는 것으로 다른 사람의 입장에서 생각하고 느낄 수 있는 능력을 의미한다. 감정이입을 잘하는 유아는 다른 사람이 슬픔을 표현할 때 공감하며 위로할 수 있다(박찬옥 외, 2023).

최근 우리 사회는 개인주의와 가치관의 혼란으로 인한 여러 가지 사회문제가 나타나고 있다. 송은영 등(2014)은 유치원 교사의 53.3%가 놀이 시간에 유아들의 따돌림을 목격한 것으로 나타나는 등 타인을 배려하고 협력하는 유아들의 모습이 감소하고 또래를 배척하는 성향을 보인다고 하였다(김정원 외, 2021). 유한나 등(2021)은 신체적 폭력과 언어적 폭력, 친구를 따돌리는 것과 같은 학교폭력의 양상들을 유치원에서도 볼 수 있음을 보고하고 있다.

유아기에 성공적인 또래 관계가 형성되지 못하면, 이후 학교생활에 어려움을 겪게 되며 성인이 된 이후에도 타인과의 관계에서 어려움을 겪는 등 장기적으로 부정적인 영향을 미칠 수 있다(Campbel, Hansen, & Nangle, 2010). 교사는 영유아들이 하루 일과를 보내는 동안 또래 관계에서 반사회적인 폭력에 노출되는 것에 대한 민감한 관찰과 더불어 친사회적 행동발달을 위한 교육적 경험을 제공해야 한다.

2) 친사회적 행동의 발달단계

호프만(Hoffman, 1971, 1984)은 감정이입의 발달을 통해 친사회적 행동의 발달단계를 다음과 같이 제시하고 있다(전정민 외, 2017).

표 9-2 친사회적 행동의 발달단계

단계	내용
1단계	• 영아는 자신과 타인의 존재에 대한 구분이 없어 타인의 고통을 자신의 고통과 혼동한다(예: 신생아가 다른 아이의 울음소리를 듣고 따라 우는 것).
2단계	• 자신과 타인이 별개라는 것을 알고 고통이나 슬픔에 빠진 타인을 달래 줘야 한다고 느끼지만, 아직은 자신과 타인의 감정적 관점이 다르다는 구분이 확실하지 않다. • 우는 표정을 짓는 엄마에게 본인이 좋아하는 장난감을 양보하는 것처럼 자아중심적 감정이입이 이루어지는 시기이다.
3단계	• 타인의 입장이 되어 고통의 근원을 찾고 적절한 대응을 할 수 있게 된다. • 자아중심적 사고가 감소되면서 다른 사람이 자신의 도움을 필요로 한다는 것을 인식하는 능력이 발달한다.
4단계	• 감정이입이 눈에 보이는 특정 상황, 특정인에만 국한되지 않고 일반적인 상태까지 고려하게 된다. 전반적인 부분까지 감정이입이 가능해진다.

3. 성역할 발달

1) 성역할 개념

성역할(gender role)이란 생물학적인 성에 의해 남성과 여성으로 구분한 후, 개인이 속한 특정한 사회에서 수용되는 성별에 따른 행동이나 태도, 가치관 또는 신념을 의미한다. 영유아의 성역할 개념은 사회문화적 맥락의 다양한 요인의 영향을 받아 형성된 것으로 본다. 영유아가 가정이나 유아교육기관에서 남자 또는 여자라는 생물학적 성별에 적절하다고 여겨지는 행동이나 태도를 보였을 때, 부모나 교사의 반응에 따라 영유아들은 성역할에 대한 개념을 형성하게 된다(김경철 외, 2024; 이연규 외, 2024).

2) 성역할 개념 발달

성역할 개념이 발달하기 위해서는 성 개념의 발달이 이루어져야 한다. 영유아의 성개념 발달은 성 정체성이 이루어진 후에 성 안정성, 성 항상성이 이루어진다(김정원 외, 2021; 김혜금 외, 2013).

표 9-3 성역할 개념의 발달

단계	내용
성 정체성 (gender identity)	• 자기 자신을 여자 혹은 남자로 정의하고 다른 사람의 성도 정확하게 인식하는 것으로 3세경에 획득한다. 그러나 이때는 외모나 옷, 머리 모양을 보고 남과 여를 구별한다. 4~5세가 되어야 다른 사람에게도 남자와 여자라는 명칭을 정확하게 붙여 줄 수 있다.
성 안정성 (gender stability)	• 평생 동안 같은 성을 갖게 되는 것을 이해하는 것으로 4세경에 획득한다. 즉, 여아는 엄마가 되고 남아는 아빠가 되는 것처럼 성은 시간이 지나도 변하지 않는다는 것을 인식하는 것이다. 그러나 이때는 머리, 옷, 행동이 바뀌면 성도 바뀐다고 생각한다.
성 항상성 (gender consistency)	• 시간이나 상황이 변하여도 성이 변하지 않는다는 것을 아는 것으로 5~7세경에 얻어지는 개념이다. 즉, 옷이나 머리 모양 등 외형적인 특성이 변하여도 한 개인의 성은 변화하지 않는다는 것을 이해하는 것이다.

3) 성역할 개념에 대한 새로운 견해

우리 사회에는 아직도 남성과 여성의 역할에 대한 전통적인 고정관념이 남아 있다. 영유아는 자신이 속한 공동체의 문화적 관습에 의해 성역할에 대한 고정관념을 만들어 간다. 영유아는 주변 성인의 말과 행동, TV 같은 전자매체의 영향을 받으며, 부모나 교사의 역할 기대에 따라 행동하게 된다. 예를 들면, 여아는 분홍색 옷, 남아는 파란색 옷을 입어야 한다는 생각과 여아에게는 "예쁘다." "착하다."라는 표현을 자주 하고 남아에게만 "멋있다." "씩씩하다."라는 말은 특정 성에 대한 고정관념을 갖게 한다. 남성이냐 여성이냐의 문제가 아니라 자신의 능력 여하에 따라 직업, 진로 등을 선택 · 결정할 수 있어야 한다. 가정에서의 평등한 성역할, 직업 선택에서의 평등, 서로 다른 성에 대한 가치 인식을 포함하여 양성평등 의식을 가질 수 있도록 해야 한다(김정원 외, 2021).

벰(Bem, 1975)은 남성성과 여성성을 서로 상반된 것으로 보는 일반적 관점에 의문을 제기하고 양성성(androgyny)의 개념을 제시하였다. 양성성이란 하나의 유기체 내에 심리적으로 여성적 특성과 남성적 특성이 공존하는 것을 의미한다. 양성적인 사람은 남성적인 특성과 여성적인 특성의 역할을 적절하게 수행하기 때문에 적응력이 높다는 것으로 해석할 수 있다. 정형화된 성역할은 행동의 제약을 가져온다. 다양성을 요구하는 현대 사회에서 고정된 성역할 개념은 적합하지 않으며, 상황에 따라 적절한 역할을 수행할 수 있도록 다양한 경험을 유아에게 제시해 줄 필요가 있다(곽노의 외, 2007). 특히 성인의 성역할 및 성인지 감수성이 유아의 성역할 고정관념에 영향을 미친다는 선행 연구결과(강연희 외, 2008; 김은경, 2021; 변길희, 1999; 이효영, 2006)를 볼 때, 교사 스스로 성역할에 대한 고정관념을 갖고 있는지 살펴보고 유아들이 성역할 고정관념에 노출되는 것을 막는 역할을 해야 한다.

참고 자료

- EBS 아이의 사생활–제1부 남과 여
- 『종이봉지 공주 이야기』 로버트 문치 글, 마이클 마첸코 그림, 비룡소.
- 『닉 아저씨의 뜨개질』 마거릿 와일드 글, 그림, 중앙출판사.
- 『돼지책』 앤서니 브라운 글, 그림, 웅진닷컴.
- 『쉿! 쉬!』 김춘효 글, 백은희 그림, 비룡소.

4. 도덕성 발달

1) 도덕성의 개념

도덕성은 선과 악, 옳고 그름을 구별하여 판단하고 인간 관계에서 지켜야 할 규범을 준수하는 능력으로 사회질서를 유지하고 사회집단에 적응할 수 있도록 돕는 기능을 한다. 도덕성은 인지적 요소, 정의적 요소, 행동적 요소로 구성된다. 인지적 요소는 옳고 그름을 구별하고 어떻게 행동할지를 판단하고 결정하는 사고 과정이 포함되며 공정성, 분별력, 책임감, 자제력 등이 포함된다. 정의적 요소는 도덕적 규범에 따르고자 하는 성향과 대도를 의미하며 양심이나 공감, 이타성, 죄의식과 같은 감정들이다. 행동적 요소는 도덕적 규범을 받아들여 실제 행동으로 옮기는 것으로 나누기, 돕기, 공유하기, 협동하기 등의 도덕적 행동 자체를 의미한다. 이 세 가지 요소는 도덕적 기준에 의해 중요하게 작용하며 인성에 대한 총체적 요소라고 할 수 있다(김미영, 2017; 김경철 외, 2024).

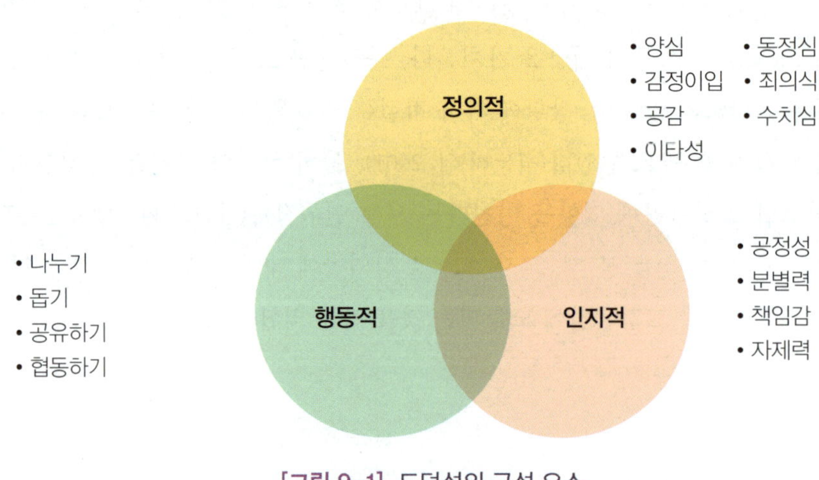

[그림 9-1] 도덕성의 구성 요소

2) 도덕성 발달

(1) 피아제의 도덕성 발달

피아제는 인지발달에 의해 도덕성 발달이 이루어진다는 전제하에 유아가 도덕적 추론 과정을 어떻게 하느냐에 따라 도덕성을 설명하였다. 피아제는 유아에게 가상적인 도덕적 갈등 상황을 제시한 후, 어떻게 판단하고 대답하는지에 따라 인지적 성숙도를 측정하여 도덕성 발달단계를 제시하였다. 다음의 이야기를 듣고 유아들은 다음과 같은 질문을 받았다. 어느 아이가 더 나쁘지? 왜 그렇지? 이러한 개방형 임상 면접법을 사용하여, 피아제는 도덕성 발달단계를 타율적 도덕성 단계와 자율적 도덕성 단계로 제시하였다.

피아제가 제시한 가상의 갈등 상황 이야기

• 이야기 1

엄마가 존에게 저녁을 먹으라고 부르신다. 존은 식당으로 내려갔다. 그런데 문 뒤에 의자가 있고, 의자 위에 접시가 15개 놓여 있었다. 존은 문 뒤에 접시가 놓여 있는 것을 몰랐다. 존이 문을 열고 들어가는데, 문이 '쾅' 하고 접시에 부딪히면서 접시 15개가 모두 깨져 버렸다.

• 이야기 2

헨리라는 아이가 있었는데, 어느 날 엄마가 외출하고 없는 사이에 몰래 찬장에 있는 잼을 꺼내 먹으려 했다. 헨리는 의자를 놓고 올라가 손을 뻗어 보았지만, 잼이 너무 높은 칸에 놓여 있어서 꺼낼 수 없었다. 헨리는 잼을 꺼내려고 애를 쓰다가 접시 1개를 넘어뜨렸다. 접시는 바닥에 떨어져서 깨지고 말았다.

① 타율적 도덕성

2~7세의 유아에 해당되는 시기로, 이 단계의 아이들은 규칙이나 법에 대한 강한 존중을 보인다. 타율적 도덕성(heteronomous morality)이란 규칙이나 법은 신이나 부모와 같은 권위자에 의해 만들어졌기 때문에 변경이 불가능하며, 이를 위반하면 벌을 받아야 한다고 생각하는 절대적인 도덕적인 기준을 가지고 있는 것을 의미한다. 옳고 그름을 판단할 때에도 단지 행위의 결과를 기준으로 판단한다. 앞의 존과 헨리의 이야기에서, 우연히 15개의 접시를 깬 것이 잼을 몰래 꺼내려다가 1개의 접시를 깬 것보다 더 나쁘다고 생각한다(김미영, 2017).

② 자율적 도덕성

7세부터는 자율적 도덕성(autonomous morality)의 단계로, 인지가 점차 발달하고, 성인의 통제로부터 어느 정도 자유로워지고, 또래와의 상호작용을 경험하면서, 규칙과 법은 사람들이 만든 것이며 가변적인 것임을 이해하기 시작한다. 또한 어떤 행위의 옳고 그름을 판단할 때, 결과뿐만 아니라 행위자의 의도를 고려해야 한다는 것을 알기 시작한다. 앞의 존과 헨리의 이야기에서, 잼을 훔치다가 1개의 접시를 깬 것이 우연히 15개의 접시를 깬 것보다 행위의 의도가 옳지 못하므로 나쁘다고 생각한다(김미영, 2017).

유아의 도덕적 판단이 타율성 단계에서 자율적 단계로 전환되는 과정에는 인지적인 성숙과 사회적 경험이 중요하다. 인지적 성숙은 도덕적 갈등을 자기중심적 관점에서 판단했던 것을 타인의 관점에서 조망해 볼 수 있는 것이다. 사회적 경험은 또래와 공동의 목표를 달성하기 위해 서로 협력하며 갈등 상황을 해결해 나가면서 타인의 행동 의도나 동기를 파악할 수 있게 한다(김정원 외, 2021).

참고 자료

○ EBS 아이의 사생활-제2부: 도덕성

(2) 콜버그의 도덕성 발달

콜버그는 영유아의 도덕성이 인지발달에 따라 단계적으로 이루어진다는 피아제의 의견에 동의하며, 도덕적 갈등 상황을 내포하고 있는 가상의 이야기를 들려주고 몇 가지 질문에 의한 반응을 분석하여 도덕성 발달단계를 제시하였다. 다음은 도덕적 추론을 알아보고자

하인츠(Heinz)의 딜레마

유럽의 어느 마을에 희귀한 암에 걸려 죽어 가는 부인이 있었다. 그 부인을 구할 수 있는 약이 있는데, 그 부인과 같은 마을에 사는 한 약사가 최근에 개발한 것이다. 그 약을 제조하는 데 비용도 많이 들었지만, 약사는 약을 만드는 데 들었던 비용의 열 배인 2,000불을 약값으로 요구하였다. 그 부인의 남편인 하인츠는 주변의 모든 사람에게 돈을 빌렸으나, 약값의 반인 1,000불밖에 구할 수 없었다. 그래서 약사에게 가서 아내가 죽어 가고 있으니 약을 반값에 팔거나, 아니면 후에 약값을 갚게 해 달라고 부탁하였으나 약사는 거절하였다. 그래서 남편은 절망한 나머지 밤에 약국을 부수고 들어가 약을 훔쳤다.

- 하인츠는 약을 훔쳐야 했는가?
- 약을 훔친 행동은 옳은 일인가? 나쁜 일인가? 그 이유는 무엇인가?
- 약을 훔친 행동이 최선의 방법인가?
- 약사는 약을 비싸게 받을 권리가 있는가?

했던 '하인츠와 약사'의 이야기이다.

콜버그는 유아기 이후 성인기의 도덕적 추론은 3수준 6단계로 발달되어 간다고 하였다. 발달단계는 1단계에서 6단계까지 순서대로 진행한다고 주장한다. 자기중심적인 전인습적 수준에서 인습적 수준으로 전이되기 위해서는 다른 사람의 생각과 입장을 이해할 수 있어야 하며, 후인습 수준은 형식적 · 조작적 사고가 가능해야 도달할 수 있다.

표 9-4 콜버그의 도덕성 발달단계

제1수준: 전인습적 도덕성 수준(pre-conventional morality level)
도덕적 판단이 자기중심적인 경향을 나타내며, 권위에 대한 복종과 자신의 이기적 동기에 대한 기준으로 판단함
• 1단계: 복종과 처벌의 지향 단계
권위자가 만든 규칙을 지켜야 하며, 어기면 벌이 따르는 것으로 생각함('남편은 나쁜 사람이다.'라고 하며, '훔치는 것은 나쁜 것이니까' '훔치면 벌받는다고 했으니까' 등의 이유를 이야기한다.)
• 2단계: 도구적 상대주의 지향 단계
자신이나 타인의 욕구를 도구적으로 충족시키는 것이 옳은 것이라고 판단함. 자신이 원하고 필요한 것을 다른 사람이 해 줄 때 그것은 옳은 것이며, 다른 사람 자신도 욕구에 만족하면 옳은 것이라고 생각함. 각자의 욕구와 쾌락에 따라 옳고 그름이 상대적으로 결정됨(남편이 아내를 사랑한다면 약을 훔칠 수 있으나, 다른 여성과 결혼을 원한다면 훔칠 필요가 없다고 생각한다.)
제2수준: 인습적 도덕성 수준(conventional morality level)
사회적 질서에 동조하고 질서 유지에 적극적임. 그러므로 도덕적 판단은 사회적 기대와 질서에 부합하는 규칙과 인습에 의존하는 수준임
• 3단계: 착한 소년, 소녀 지향 단계
다른 사람들과 좋은 관계를 유지하고, 자신이 좋은 사람으로 보이기를 기대함. 착한 사람의 행위에 초점을 두고, 다른 사람이 착하다고 보는 기대에 맞추어 도덕적 판단을 함. 이 단계에서는 행위자의 어떤 의도를 고려할 수 있게 됨(남편은 착한 사람으로, 약사는 나쁜 사람으로 판단한다. 남편은 아내를 사랑하고 생명을 구하려고 애썼으며, 절망 때문에 도둑질하게 된 착한 사람으로 본다. 반면, 약사는 탐욕스럽고 자신의 이익만 보려는 나쁜 사람으로 생각한다.)
• 4단계: 법과 질서의 지향 단계
사회의 질서 유지에 가치를 두고 사회규범이나 의무에 복종해야 한다고 생각함. 도덕적 판단은 공동체의 규범과 인습을 따르며, 사회가 만들어 놓은 법은 지켜져야 한다고 생각함(남편의 입장은 동정할 수 있으나, 약을 훔친 행동은 용서할 수 없으므로 법에 따라야 한다고 생각한다.)

제3수준: 후인습적 도덕성 수준(post-conventional morality level)
사회규범이나 인습에 의존하지 않고, 인류의 보편적 가치나 원리에 근거하여 자신 스스로의 생각으로 도덕적 판단을 함
• 5단계: 사회적 계약과 합법 지향 단계
규범과 규칙은 사람들이 화목하기 위해 만들어 놓은 것임을 인식함. 사람들이 동의만 한다면 규범과 규칙은 변경될 수 있다고 봄. 민주적 절차는 상호동의하에 바꿀 수 있는 것임(남편이 법을 어긴 것은 나쁘지만, 병든 아내의 생명의 고귀함에 가치를 두면 처벌에 대한 규정도 바꿀 수 있다고 본다.)
• 6단계: 보편적 원리 지향 단계
보편적 원리는 인간의 존엄성, 공정성, 평화와 같은 윤리에 가치를 둠. 이에 부합하여 법을 초월한 보편적인 가치와 원리에 따라 양심에 의해 도덕적 판단을 함(남편이 아내를 위해 약을 훔칠 권리는 없으나, 사람의 생명은 고귀하기 때문에 남편뿐 아니라 누구든 생명을 구제할 의무가 있다고 판단한다.)

그러나 콜버그는 모든 사람이 최고의 도덕 수준까지 도달하는 것은 아니고 소수의 사람만이 6단계에 이를 수 있다고 하였다(김경철 외 2024; 정옥분, 2015; 조순옥 외, 2013).

콜버그의 도덕성 발달단계 연구는 도덕적 사고를 촉진하는 교육의 이론적 근거로서 많은 영향을 미쳤으나 이론적 한계를 지적하는 관점도 있다. 도덕적 사고 수준이 높다고 하여 높은 수준의 도덕적 행위를 한다고 볼 수는 없다는 점과 한 사회의 문화는 도덕적 가치에 영향을 주기 때문에 미국 중상류층 백인의 도덕적 가치를 반영하고 있는 콜버그의 이론적 단계가 모든 문화권에 통용되는 것은 아니라는 것이다. 그러나 '도덕적 추론이 도덕적 행동과 무관하지는 않다.'라고 전제할 때 유아들에게 다른 사람의 의도와 입장을 생각해 볼 수 있는 기회를 제공함으로써 도덕적 판단능력이 발달되도록 지원해야 한다.

5. 영유아 사회성 발달을 위한 교육 지원

사회성 발달과 관련된 자아개념, 친사회적 행동, 성역할, 도덕성에 대한 교사의 역할을 살펴보고자 한다.

1) 영유아 자아개념 발달을 위한 교육 지원

자아개념은 개인이 어떠한 경험을 하는지와 밀접한 관련이 있다. 교사는 유아교육기관에서 하루 일과를 보내는 동안 영유아의 자아개념 발달을 위해 다음과 같은 지원을 할 수 있다(김정원 외, 2021).

(1) 영유아가 자기를 인식할 수 있는 구체적이고 긍정적인 경험을 제공한다

교사는 교실의 개인 사물함과 신발장 등에 개인의 사진과 이름을 부착하는 등의 환경 구성을 통하여 자기인식을 할 수 있도록 지원할 수 있다. 또한 신체 마주치기(손바닥, 발바닥, 손가락, 엉덩이 등), 신체를 활용한 동작 만들기 등의 활동을 하면서 영유아가 자신의 신체를 인식할 수 있는 경험을 제공하고 각 신체의 명칭뿐 아니라 신체기능에 대해서도 인식할 수 있는 경험을 제공할 수 있다.

(2) 영유아 개개인을 수용하고 존중한다

영유아의 긍정적인 자아개념인 자아존중감은 의미 있는 타인으로부터 존중받고 수용되는 경험을 통해 발달한다. 영유아가 가진 능력, 상황 등 현재의 모습을 있는 그대로 인정해 줌으로써 스스로 가치 있고 인정받고 있다는 느낌을 갖도록 한다. 영유아가 선택한 놀이나 행동을 존중하며 또래 간의 비교는 하지 말아야 한다. 영유아가 지금 할 수 있는 것에 초점을 맞추어 개인의 강점을 함께 찾아보고 유아 스스로 자신의 모습에 만족할 수 있도록 돕는다.

(3) 영유아의 학문적 자존감 형성을 지원한다

영유아는 자신이 획득한 기술을 능숙하게 활용함으로써 학문적 자존감을 높일 수 있다. 교사는 영유아 혼자 자신의 능력으로 다룰 수 있는 가구, 놀이 자료, 환경을 마련해 주어야 한다. 예를 들면, 걸음마기 영아가 스스로 다룰 수 있도록 작고 가벼운 책상과 의자를 준비해 주는 것은 영아가 스스로 무엇가를 할 수 있다는 자신감을 갖는 데 도움이 된다. 유아에게는 스스로 조작할 수 있는 컴퓨터 기기 등을 준비해 주면서 도구를 조작하고 활용해 보면서 유능감과 통제감을 경험할 수 있다.

2) 친사회적 행동발달을 위한 교육 지원

다른 사람과 함께 서로 돕고 나누는 사회적 행동은 유아의 삶에 있어서 성공적인 상호작용을 위한 가장 기본적인 요구 중의 하나이다. 유아교육기관에서는 사회성을 발달시키는 친사회적 행동에 관심을 가져야 한다. 친사회적 행동발달을 지원하기 위한 교사의 역할을 살펴보면 다음과 같다(김혜금 외, 2013).

(1) 친사회적 행동의 모델이 되어 준다

영유아는 일상에서 일어나는 많은 행동을 관찰한다. 가정에서 아빠가 분리수거를 하고 집안일을 서로 나누고 도와주는 것 등 영유아가 보는 매일의 사건은 친사회적 행동의 모델이 된다. 그러나 영유아는 보고 경험한 모든 것을 모방하지는 않는다. 영유아는 성장하면서 주변의 믿음직한 대상의 행동을 관찰하고 그것을 모방한다. 그러므로 교사는 친사회적인 언어와 행동을 하여 친사회적인 행동의 중요한 모델이 될 수 있도록 한다.

(2) 보상(칭찬과 격려)을 통해 친사회적 행동을 긍정적으로 발전시킨다

영유아에게 협력과 도움을 가르치는 방법으로 그 행동에 대해 말로 표현하는 것이 매우 효과적이다. 교사는 영유아의 행동에 관심을 갖고 관찰하면서 "잘했어." "착하다."라는 말보다는 "○○이는 ○○이가 정리할 수 있도록 도와주고 있구나." "놀잇감을 나누어 주네." 등과 같이 구체적으로 칭찬과 격려를 하는 것이 좋다. 이러한 격려는 영유아가 만족감과 성취감을 느낄 수 있게 하며 다른 영유아들을 존중하고 도울 수 있는 방법을 알게 한다.

(3) 갈등 상황에서 상대방의 생각과 의견, 감정을 존중하는 방법을 배운다

유아들의 일상생활이나 놀이 과정에서 발생하는 갈등은 유아들의 탈중심화를 경험하는 좋은 기회가 된다. 교사는 유아 스스로 갈등을 해결할 수 있도록 믿고 기다려 줄 필요가 있으며 지켜보면서 적절한 개입을 해야 한다. 교사는 각자의 입장에서 자신의 생각을 얘기해 보고 해당 유아의 마음을 인정해 주며, 상대방의 입장에서 생각해 볼 수 있는 기회를 갖는 질문(예를 들면, "○○이가 그랬다면, 너는 어떤 마음일까?" 등)을 할 수 있다. 그 후, 화해의 방법 또는 해결 방법을 함께 찾아보도록 한다. 유아들은 서로의 입장을 말하고 상대의 입장을 바꾸어 생각해 보면서 자신이 몰랐던 상대방의 입장을 알게 되고 무엇보다 자신의 감정을 바람직하게 표현하는 방법을 배우게 된다.

3) 영유아 성역할 개념 발달을 위한 교육 지원

남성성, 여성성을 강조하는 전통적인 성역할 개념은 개인의 능력과 관심을 무시하고 남성과 여성에게 규정된 역할을 강요함으로써 다양한 선택의 가능성을 제한하는 요인이 된다. 전통적인 성역할 개념의 대안으로 양성성(androgyny) 개념이 소개되면서 성평등을 강조하고 있다. 양성평등 교육을 위한 구체적인 방안을 살펴보면 다음과 같다(조순옥 외, 2013).

(1) 고정적 성역할 개념에서 벗어날 수 있는 새로운 활동을 계획, 참여하게 한다

남아와 여아가 즐길 수 있는 놀이나 활동이 따로 있는 것이 아니라 남아, 여아 모두 함께 놀이를 할 수 있다는 인식을 강조한다. 예를 들면, 역할놀이 시 청소, 식사 준비하기 등 여성의 일이라고 여긴 일들에 남아의 참여 기회를 제공한다. 게임 진행 시, 남아와 여아로 그룹 짓지 말고 다양한 집단화 방법(옷 색깔, 이름의 성 등)을 활용한다.

(2) 해부학적 성 정체성과 사회적 성 정체성에 대해 올바른 이해를 할 수 있도록 한다

여성과 남성의 특징이 나타난 그림책 보기 등의 활동을 통하여 남성과 여성을 결정하는 것이 유아들이 선택할 수 있는 문제가 아니라 타고난 것임을 이해하도록 하여 건전한 성 정체성을 발달시키도록 한다. 또한 생물학적 성에 관한 정확한 용어를 사용하도록 하며, 남자와 여자의 신체적 차이를 구분하고 인정하되 서로 존중해야 하는 것임을 인식하도록 한다.

(3) 성인 스스로 성역할에 대한 고정관념을 갖지 말아야 한다

영유아가 성 고정관념을 갖게 된 것은 부모나 교사 등의 성인이 성에 대한 고정관념을 일상생활에 반영해 왔기 때문이다. 대부분의 부모는 자녀가 태어날 때부터 옷이나 놀잇감 구입 시, 여아와 남아의 색을 구별한다. 이러한 행동이 그릇된 성 고정관념을 영유아에게 전수시키는 결과를 가져온다. 교사 자신도 성역할에 대한 고정관념이 있는지의 여부를 점검하고 만약 성 고정관념을 갖고 있다면 벗어나기 위해 노력해야 한다.

4) 영유아의 도덕성 발달을 위한 교육 지원

도덕성 발달을 지원하기 위해서는 유아들이 사회가 기대하는 올바른 가치관을 가지고 도덕적 행위로 이어지도록 지도해야 한다. 도덕성 기초교육은 성인의 몫으로 일상생활에서 어떤 행동을 해야 하는지 규범을 알려 주고, 가정과 기관, 지역사회가 일관성 있게 지원하는 것이 중요하다. 도덕성 발달을 지원하기 위한 구체적인 방안을 살펴보면 다음과 같다(김정원 외, 2021).

(1) 도덕적 갈등 상황에 대한 토의를 한다

토의하기는 도덕적 민감성과 도덕적 판단력을 길러 주어 도덕적 행동으로 이끌어 주는 전략이다. 도덕적 갈등 상황을 내포하고 있는 그림책은 토의를 이끄는 데 사용하기 좋은 매개체이다. 교사는 정답을 알려 주는 것이 아니라 갈등을 해결하는 방법을 유아와 함께 추론해 보고 유아 스스로 선택해 볼 수 있도록 도와주는 역할을 할 수 있다.

- 갈등해결 방법을 추론해 볼 수 있는 그림책이나 주제를 선정한다.
- 유아들이 생각해 볼 수 있는 문제가 무엇인지 갈등 문제를 규명한다.
- 인지적인 갈등이 일어날 수 있도록 논쟁의 균형을 유지한다. 이때 도덕적 가치가 한 방향으로 흐르지 않도록 약한 편을 지지해 볼 수 있다.
- "만약 너에게 이런 일이 생긴다면 어떻게 할 것 같니?" 등의 질문으로 역할수용을 한다.
- 유아가 자신의 추론을 이야기할 때는 경청하고 질문하며 선택하는 등의 다양한 상호작용이 이루어질 수 있도록 격려한다.

(2) 민주적이고 도덕적인 분위기를 형성한다

도덕적인 행동의 시작은 생활 속에서 문제를 고민하고 갈등하면서 해결점을 찾는 것이기 때문에 교사는 유아교육기관에서의 일상생활에서 도덕적 행동이 실천될 수 있도록 해야 한다.

- 교사는 자신의 권리를 남용하지 않고 유아와 상호존중 관계를 유지하여, 유아 스스로 자율적으로 규칙을 지킬 수 있도록 해야 한다.
- 교사는 유아의 생각을 자유롭게 표현할 수 있도록 수용적인 분위기를 조성해 주어야 하며, 갈등 상황이 발생했을 때 유아와 함께 문제해결에 대해 의논하여 유아가 자발적으로 생각하고 판단하고 선택할 수 있는 기회를 주어야 한다.
- 교사는 협상과 공유의 경험을 할 수 있는 자율적인 분위기를 만들어 주어야 한다.

(3) 도덕적 행동의 모델링이 된다

교사는 유아의 도덕적 행위가 모델링을 통해 동기화될 수 있도록 지원할 수 있다. 유아의 의견을 수용해 주고 배려하는 언어를 사용하며 약속을 지키는 등의 도덕적인 모델을 보여주어야 한다. 만약에 교사가 약속을 지키지 못할 때에는 상황을 설명해 주고 사과하는 태도를 보이는 것은 유아에게 좋은 모델링이 될 수 있다.

*** 다음에서는 영유아 사회성 발달을 위한 교육 지원의 실제를 살펴보겠다.**

영유아 사회성 발달을 위한 교육 지원의 실제: (1) 자아개념-나예요~

상황

만 2세 세연이는 화장대 거울을 보며 자신이 좋아하는 토끼 머리띠를 하고, 화장하는 척하며 놀이를 하고 있다. "선생님, 우리 엄마도 맨날 이렇게 화장해요. 입술 색이 바뀌는데……."라고 말하며 자신이 원하는 옷을 골라 입고 자신의 얼굴을 거울에 비추어 본다.

영아 경험의 실제

- 영아가 거울에 비친 자신의 모습을 꾸미고 있다.
- 교사는 영아가 원하는 옷, 머리, 소품 등의 사진을 붙여 자신의 모습을 꾸며 볼 수 있도록 한다.
  교사: "세연이 사진을 찾았네~ 세연이 머리 모양이 바뀌었네."
  교사: "세연이는 하늘색 옷을 입고 싶구나."
- 영아는 다양한 동작 사진 중에 자신이 원하는 동작 그림을 선택하여 동작을 흉내 내 본다. 이때 교사는 영아의 얼굴 사진과 영아가 선택한 동작 그림을 연결하여 게시한다. 게시된 자신의 동작을 흉내 내 보는 영아의 사진을 찍어 주고, 영아가 자신의 모습을 볼 수 있도록 한다.

영아 경험에 대한 이해

- 세연이는 거울 속에 비친 자신의 모습을 탐색하며 자신을 인식하였음
- 세연이는 자신이 좋아하는 것을 알고 표현하며 활용하여 놀이를 하였음
- 세연이는 선택한 동작을 만들어 보며 자신의 신체를 인식하는 경험을 하였음

교사 지원

- 상호작용: 자신의 모습에 관심을 가진 영아의 흥미가 지속될 수 있도록 지원함
  - 영아가 무엇을 좋아하는지 관심을 가지고 인정해 줌
- 자료: 자신의 모습을 탐색하고 자신이 좋아하는 것들을 알 수 있도록 사진, 그림 자료를 제공함
- 공간: 자신이 만든 모습을 게시하고 자신의 신체를 이용하여 움직여 볼 수 있도록 함

출처: 김정원 외(2021). 유아사회교육, p. 117.

영유아 사회성 발달을 위한 교육 지원의 실제: (2) 친사회적 행동발달-협력하기

유아 경험의 실제

만 4세반 영주, 민성, 수용, 헌수가 블록으로 시계탑 쌓기놀이를 하고 있다.

영주: 여기에 블록을 올리면 시계탑이 되는 거야?

민성: 응. 꼭대기에 올려 봐.

영주: 근데 잘 안 올려져. 너무 높아. 넘어질 것 같아.

헌수: 여기 의자에 올라가서 해 봐. 좀 괜찮지? (의자를 놓아 준다.)

영주: (영주가 맨 위에 블록을 올려 놓자 쌓아 놓은 탑이 무너진다.) 어! 어떡해~

민성: 야. 우리가 여태까지 해 놓은 건데 무너뜨리면 어떻게 해.

영주: (수용이를 손으로 가리키며) 야. 너가 그걸 건드리면 어떻게 해. 너가 다 해.

수용: 나는 잡아 주려고 했지…….

헌수: 괜찮아~. 우리가 다시 만들면 되지. 너무 높은 곳에 시계탑을 올렸어. 넘어지지 않는 시계탑을 생각해 보자.

수용: 그래……. 그것도 좋은 생각이야~!

교사: 와! 너희들이 시계탑을 쌓기 위해 좋은 방법을 찾아냈구나.

유아 경험에 대한 이해

- 영주, 민성, 수용, 헌수는 블록 방에서 협력하여 시계탑 쌓기놀이를 하고 있음
- 시계탑의 완성을 위해 맨 꼭대기에 블록을 올려 놓는 순간 무너지며 갈등이 생기게 됨
- 영주, 민성이는 수용이의 행동에 대해 지적을 하면서 갈등이 유발됨
- 헌수는 친구의 갈등 상황에 대해 모두 협력하여 시계탑을 만들 수 있는 다른 방법을 제안

교사 지원

- 자료: 세계 여러 나라의 탑이 그려진 사진을 벽에 붙여 놓고 다양한 블록을 제시해 줌
- 공간: 블록 영역의 공간에 제한을 두지 않고 통합하여 공간을 넓혀 줌
- 상호작용: 교사는 협력하여 탑을 만들어 가는 과정을 언어적 · 비언어적으로 지원함

출처: 김정원 외(2021). 유아사회교육, p. 181.

영유아 사회성 발달을 위한 교육 지원의 실제: (3) 성역할 발달-성역할 고정관념이 있는 유아

상황

만 4세 학급에서 경찰놀이가 많이 이루어지고 있다. 남아 A는 경찰놀이를 즐기는 유아 가운데 한 명으로, 놀이에 적극적으로 참여하여 이끌어 간다. A는 블록으로 경찰서를 만들고 인형 등을 이용해 놀이하는 과정에서 "여자는 잡아서 감옥에 가두자!"라고 하기도 하고, 또래가 여자 경찰에 대해 언급하면, "여자는 경찰 못하거든!"이라며 반발하기도 한다. 또래가 "아니야. 여자 경찰도 있어."라고 설득하려 하지만, "아니거든!"이라며 언쟁을 벌인다.

교사는 A의 발언에서 성역할에 대한 고정관념과 이성에 대한 배척을 발견하고 A의 행동을 지켜보았다. A는 자신이 '멋지다'라고 생각하는 경찰, 군인, 조종사 등과 같은 직업에 대해 "남자만이 할 수 있다."라고 이야기하였다. 비행기 놀이를 하는 중에는 교사가 조종사를 하겠다고 하자 "여자가 비행기 조종사를 어떻게 해요?"라고 이야기하였고, 직업에 관련된 책을 보면서 "군인은 남자만 할 수 있지요?"라고 질문하기도 하였다. 교사는 A의 성역할 고정관념이 주로 직업관을 통해 드러나고 있고, 이것이 이성 또래를 놀이에서 배척하는 형태로 나타나거나 성역할에 대한 잘못된 고정관념을 고착화시키므로 수정이 필요하다고 생각했다. 특히 또래와 활발하게 놀이하는 A의 성향을 고려하면, 이는 단순히 A의 문제뿐만 아니라 또래에게도 영향을 미칠 수 있는 사안일 수도 있다고 생각하였다.

교사 지원

1) 환경적 지원

- 사회적 성역할 고정관념이 형성된 직업의 반대 사례를 화보로 제시하기(예: 여자 경찰, 여자 파일럿, 여자 건축가, 남자 간호사, 남자 플로리스트, 남자 미용사)
- 성역할 고정관념을 줄이는 데 도움을 주는 그림책 제시하기
- 성역할 고정관념이 없는 직업의 역할 놀잇감 제시하기(예: 요리사, 경찰, 소방관)

2) 정서적 지원

- 성역할 고정관념이 없는 말과 행동을 했을 때 칭찬과 격려해 주기
- 남성성을 강조하는 일이 아니라 자신이 좋아하는 일로 기쁨과 성취감을 느끼게 격려하기

3) 정보적 지원

- 직업은 성별로 결정하는 것이 아닌 개인의 적성과 선택에 의해 결정하는 것임을 알게 하기
- 성별로 인한 차이와 차별에 대한 기준을 제시하고, 차이는 인정하되 차별하지 않게 하기(예: 남자와 여자는 몸의 생김새가 다르지만 생각하고 감정을 느끼는 것은 같으므로 '남자' 또는 '여자'라는 이유로 할 수 있는 일과 없는 일을 제한하여서는 안 됨)

4) 일상을 통한 지원

- 성 고정관념을 탈피한 놀이를 발전시켜 성역할에 구애받지 않고 노는 것이 재미있다는 인식을 심어 줌(예: 경찰놀이를 남아와 여아가 참여할 때 더 재미있다는 것을 느끼도록 지원함)
- 교사와 유아 모두 성별을 강조하는 어휘보다 유아 개인이 중심이 되는 어휘나 중성적인 어휘를 사용할 수 있도록 하기
- 기관에서 매 순간, 하루 일과 내내 어떤 일을 하던 남 · 여를 구분하지 않고 놀이, 당번, 규칙, 역할을 하게 하기(예: 놀이에서 성별을 이유로 배척하거나 역할 정하지 않기, 성별에 관계 없이 당번 정하기)

출처: 김희진(2020). 영유아교육기관에서의 행동지도, p. 323.

영유아 사회성 발달을 위한 교육 지원의 실제: (4) 도덕성 발달-그림책을 통한 이야기 나누기

그림책 개요

- 제목: 거미 아난시와 이끼 낀 돌
- 내용: 거미 아난시는 길을 걷다가 "이상한 이끼 낀 돌이네."라고 말하기만 하면 그 말을 한 사람이 기절하게 되는 이상한 돌을 발견한다. 장난꾸러기 아난시는 그 돌을 이용하여 여러 친구가 열심히 모아 둔 음식들을 몰래 가져간다. 이러한 한 상황을 처음부터 지켜보고 알고 있던 사슴이 꾀를 내어 아난시를 기절시킨 후, 동물들이 잃어버렸던 음식을 돌려준다. 그러나 아난시는 지금도 여전히 장난을 치고 있다고 한다.

출처: 거미 아난시와 이끼 낀 돌. 에릭 킴멜 글, 자넷 스티븐 그림, 다음세대(1999).

활동 내용

- 『거미 아난시와 이끼 낀 돌』을 들려준다.
- 그림책 내용을 회상하며 이야기를 나눈다.
  - 거미 아난시가 무엇을 발견했니?
  - 거미 아난시는 자기가 발견한 것을 가지고 어떤 일을 했니?
  - 그래서 어떤 일이 생겼니?
  - 거미 아난시는 그 돌을 가지고 왜 그런 일을 했을까?
  - 속이는 것은 어떤 행동일까?
  - 속아서 음식이 없어진 것을 알았을 때 동물들의 마음은 어땠을까?
  - 너희가 그런 돌을 발견했다면 어떻게 했을 것 같니?
  - 사슴은 어떻게 했었니?
  - 사슴에 대해서는 어떻게 생각하니?
- 아난시를 도와줄 수 있는 방법에 대해 이야기를 나눈다.
  - 만약에 너희가 아난시라면 어떻게 했을 것 같니?
  - 만약에 너희가 사슴이었다면 아난시를 속이는 방법 말고 어떻게 아난시를 도와줄 수 있었을까?
- 평가를 한다.
  - 아난시에게 해 주고 싶은 말이 있니?
  - 친구들이 나를 속이거나 잘못된 행동을 했을 때 어떻게 도움을 줄 수 있을까?

후속 활동

- 아난시에게 편지 쓰기
- '거미 아난시와 이끼 낀 돌' 동극 해 보기
- '내가 아난시라면?'이라는 제목으로 이야기 짓기

출처: 조순옥 외(2013). 유아사회교육, p. 124.

학습내용 확인

※ 다음 문제를 읽고 ○, ×로 답하시오.

1. 유아는 자신의 성별이나 나이, 좋아하는 물건으로 자신을 인식하지만, 아직 자신과 타인의 신체적 · 심리적인 특성을 잘 구별하지 못한다. (　　)
2. 성인의 태도는 유아의 자아개념 형성에 영향을 미치므로 성인의 태도가 거부적일 때 유아는 자신을 부정적으로 인식하게 된다. (　　)
3. 유아기 도덕성 발달은 직접적인 가르침뿐 아니라 자신에게 의미 있는 대상을 관찰하고 모방함으로써 이루어지기도 한다. (　　)

※ 다음 (　　) 안에 알맞은 내용을 쓰시오.

4. (　　　　　　)은 사회에서 남성과 여성에게 각각 기대하는 행동양식이다.
5. (　　　　　　)은 외적인 보상을 기대하지 않고 다른 사람을 이롭게 하는 행동이다.
6. (　　　　　　)은 평생 동안 같은 성을 갖게 되는 것을 이해하는 것으로 4세경에 획득한다.

※ 다음 문제를 읽고 (　　) 안에 알맞은 번호를 쓰시오.

7. 다음 중 유아의 친사회적 행동 유형이 아닌 것은? (　　)

① 나누기　　② 공감적 반응
③ 이타적 행동　　④ 문제해결능력

8. 성 정체성 개념에 대한 설명 중 옳은 것은? (　　)

① 자신의 성별에 대해 정확하게 인식하는 것
② 자신의 성이 변하지 않으며 성인이 되어서도 지금의 성이 유지된다는 사실을 아는 것
③ 겉모습과 상관없이 자신의 성이 일정하게 유지된다는 것
④ 타고난 성이 평생 변하지 않고 지속된다는 사실을 이해하는 것

9. 다음 중 피아제의 도덕성 발달단계를 설명하는 용어는? (　　)

① 타율적 도덕성 단계　　② 보편적 원리 지향 단계
③ 복종과 처벌 지향 단계　　④ 법과 질서의 지향 단계

※ 다음 문제에 대해 서술하시오.

10. 피아제의 도덕성 발달단계에 대해 설명하시오.

11. 자아개념의 중요성에 대해 설명하시오.

활동해 봅시다

활동 9-1 **영유아 사회성 발달을 위한 교사의 지원에 대해 세 가지 이상 예를 들어 적어 보세요.**

활동 9-2 **여러분이 교사라면 다음 상황에서 어떻게 지도할지 생각하고 이야기해 보세요.**

만 5세인 민지는 평소에 교사를 잘 따르고 교사에게 관심이 많다. 일과 중 교사를 자주 찾고 교사에게 자신의 올바른 행동을 일일이 보고해 확인받는 것을 좋아한다. 그러나 시간이 지날수록 민지는 자신이 잘한 일보다 또래의 실수나 잘못에 대해 이야기하는 경우가 많아졌다. 민지는 주로 학급에서 정한 약속(예: 종이 아껴 쓰기, 바른말 사용하기)과 어긋난 행동을 한 것에 대해 이야기를 하는 편이나 이미 해결된 갈등 상황에 대해 재차 말하기도 한다. 모두가 있는 교실에서 공개적으로 또래의 실수를 밝혀 특정 또래와 사이가 멀어지는 일도 있었다.

- 원인분석

- 지도방법

- 가정과의 연계

제 10 장

영유아 지능, 창의성 발달과 교육

학습 개요

지능과 창의성은 인간의 인지능력 중에서 가장 핵심적인 요소이다. 이 두 능력은 서로 다르지만 상호작용하며 영유아의 학습과 문제해결능력에 영향을 미친다. 21세기 사회는 빠르게 변화하고 있으며 다양한 분야에서 새로운 아이디어와 접근법, 혁신이 필수적인 요소가 되고 있다. 이에 따라 교육 분야에도 창의성이라는 개념이 더욱 강조되고 있다. 제10장에서는 지능의 개념과 지능 이론, 창의성의 개념과 발달, 영유아의 지능과 창의성 발달을 위한 교육 지원에 대해 살펴보고자 한다.

학습 목표

1. 영유아 지능, 창의성의 개념에 대해 이해한다.
2. 영유아 창의성 발달에 대해 이해한다.
3. 영유아 지능, 창의성을 지원하는 방법에 대해 이해한다.

주요 용어

- 영유아 지능, 지능검사, 다중지능 이론, 창의성

함께 생각해 봅시다

∴ 지능검사(intelligence test)를 받았던 경험이 있나요? 지능지수가 높으면 공부를 잘할까요? 지능검사로 영유아의 모든 인지능력을 알 수 있을까요?

1. 영유아 지능발달

영유아들은 많은 부분에서 다양한 개인차를 가지고 있다. 전조작기에 들어선 유아는 이전 시기에 비해 다양한 지적 능력의 개인차를 드러낸다. 책 보기 등의 정적인 놀이를 좋아하고 잘하는 유아가 있는 반면, 신체를 활용한 동적인 놀이를 잘하는 유아도 있다. 놀이 활동을 하는 동안 유아는 자신이 잘하는 강점과 잘하지 못하는 약점 지능을 드러낸다. 유아가 지닌 특정 영역의 지적 능력은 활동이나 놀이에 대한 동기에도 영향을 미친다(신명희 외, 2016). 다음에서는 영유아의 지적 능력이 주는 의미가 무엇인지 지능 이론과 지능검사에 대해 살펴보겠다.

1) 지능 이론

인간이 지닌 지적 능력의 속성에 대한 견해는 다양하다. 지능이란 인간의 학습 역량, 새로운 상황과 환경에 적응하는 능력, 추상적으로 사고할 수 있는 능력, 문제를 효과적으로 해결하는 능력 등이라고 정의할 수 있다(신명희 외, 2016). 지능의 의미에 관한 학자들의 견해가 다양하듯이 지능이 단일 속성인지, 복수 속성인지에 대한 관점 역시 분분하다.

지능의 속성에 대한 견해는 크게 일반요인 이론, 다요인 이론, 위계 이론, 다중지능 이론이라는 관점으로 나눌 수 있다. 일반요인 이론은 지능은 하나의 요인으로 구성된다는 관점이며, 다요인 이론은 지능은 한 개가 아닌 몇 개의 기본정신능력으로 구성된다는 관점이다. 지능 속성 간의 위계를 강조한 것은 위계 이론이며, 지능 각각의 능력은 모두 독립적인 고유한 영역이라는 관점이 다중지능 이론이다. 지능에 관한 초기 이론은 지능을 단일능력으로 보았으나, 1990년대에 들어서 학자들은 지능을 다차원적인 것으로 보고 포괄적이고 다양한 지능의 개념을 찾으려 노력하였다(김경철 외, 2024; 신명희 외, 2024).

(1) 스피어만의 일반요인 이론

스피어만(Speaman)의 지능 이론은 인간의 지능이 일반요인(a general factor)과 특수요인(specific factors)으로 구성되었다고 본다. 일반요인에 의해 대표되는 능력은 모든 지적 과제 수행에 관여하는 반면, 특수요인에 해당되는 능력들은 그렇지 못했기에 그의 특수요인은 심리학적 흥미의 대상이 되지 못하고 일반요인만이 주목받게 되었다. 그래서 그의 이론을 흔히 g요인설이라 불린다(Sternberg, 1985: 임규혁, 1996 재인용).

(2) 써스톤의 다요인 이론

써스톤(Thurstone)은 지능은 하나가 아닌 여러 가지의 기본정신능력(Primary Mental Ability: PMA)으로 구성되어 있다고 하였다. 지능이 서로 독립적인 별개의 요인으로 존재하므로 지능에 대한 기술은 7개의 지능 요인(언어 이해, 기억, 추리, 공간 시각화, 수, 단어 유창성, 지각 속도)에 대한 개별화된 점수로 제시되어야 한다고 하였다.

(3) 길포드의 지능구조 이론

길포드(Guilford)는 인간의 지능에는 세 가지의 필수적인 지적 차원이 있다고 주장하면서 삼차원적인 지능구조 이론을 창안하였다. 그가 주장하는 지능의 삼차원이란, 무엇에 대해 생각하는가의 내용(content) 차원, 사고의 과정인 조작(operation) 차원, 사고의 결과인 산출(product) 차원을 말한다. 그의 관점에 의하면 한 개인이 인지과제를 수행하는 것은 하나의 산출을 얻기 위한 어떤 특수한 내용에 대한 정신적 조작이라고 할 수 있다(이용남 외, 1999).

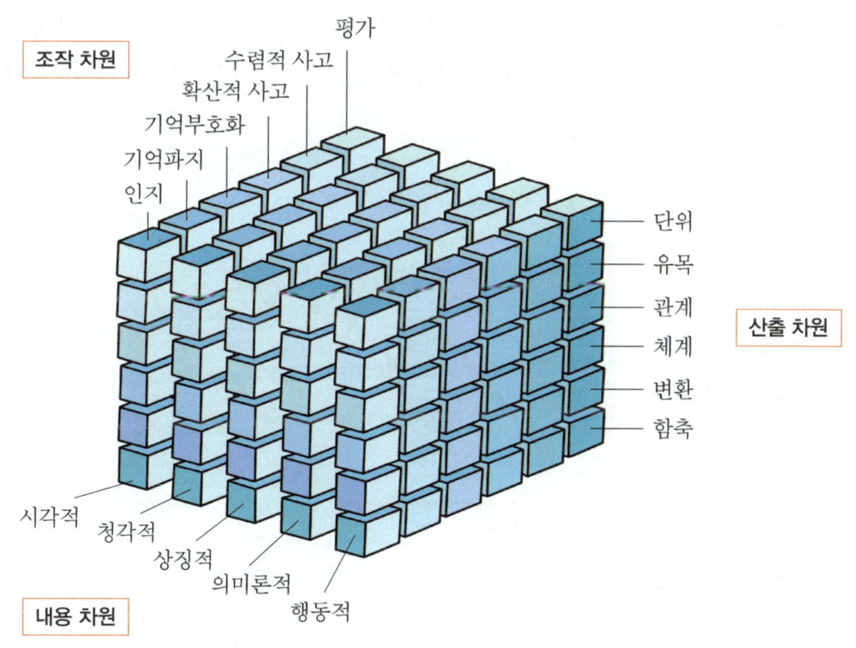

[그림 10-1] 길포드(Guilford)의 지능구조 이론

출처: 신명희 외(2016). 유아 발달, p. 203.

지능은 이러한 차원을 구성하는 요인이 상호 결합하여 얻어지는 5개 내용 차원, 6개 조작 차원, 6개 산출 차원이 결합하여 얻어지는 180개의 상이한 정신능력으로 구성되었다([그림 10-1] 참조).

(4) 스턴버그의 삼원지능 이론

스턴버그(Sternberg)는 인간이 특정한 문제를 해결하기 위해 정보를 어떻게 수집하고 얼마나 효율적으로 처리하는지의 관점에서 지능을 조명하였다. 그가 제안한 삼원지능 이론([그림 10-2] 참조)에 의하면 지능은 분석적 지능, 창의적 지능, 실제적 지능으로 구성되어 있으며, 이 세 가지 능력으로 구성된 지능을 성공 지능이라고 명명하였다(김경철 외, 2024).

분석적 지능은 특정 문제를 분석, 대조, 평가하는 정신작용으로 효율적으로 정보를 처리하는 능력이다. 분석적 지능은 우리가 문제를 평가하고, 문제를 해결하기 위한 방법을 찾고, 문제를 해결할 때까지 우리의 인지적 활동을 조절하는 데 사용하는 인지적 과정(상위인지)들로 이루어져 있다. 창의적 지능은 새로운 문제에 직면했을 때 이것을 해결할 수 있는 능력을 말하며, 상상력, 발명, 종합적 능력을 포괄하는 능력을 의미한다. 창의적 지능이 높은 사람은 새로운 과제가 주어졌을 때 다른 사람보다 더 능숙하고 신속하게 해결할 수 있다. 실제적 지능은 환경에 대처하고 적응하는 능력이다. 이는 지능의 실제적이고 현실적인 측면으로 교육을 통해서 배우지 못하는 실생활에 필요한 중요한 정보를 얻는 능력이다. 실제적 지

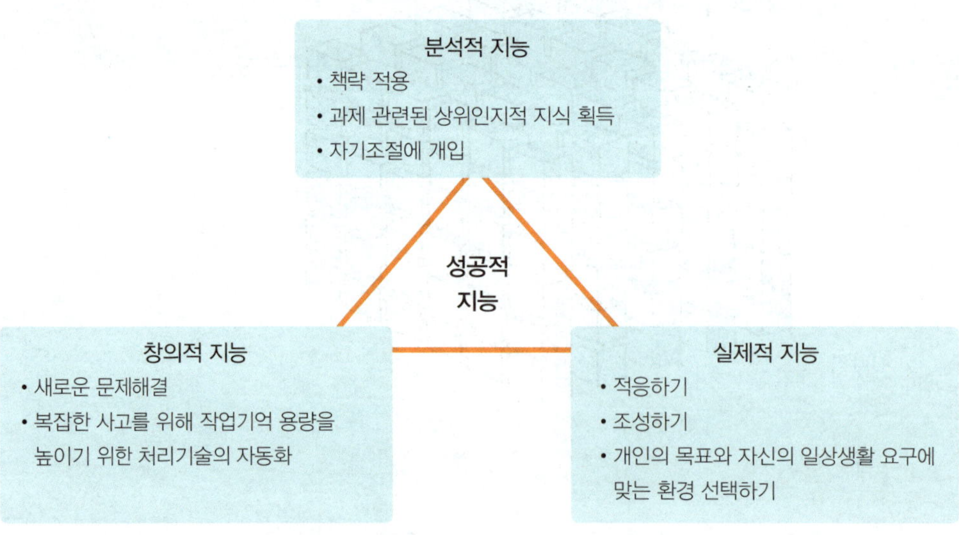

[그림 10-2] 스턴버그(Sternberg)의 삼원지능 이론

출처: 김경철 외(2024). 영유아발달, p. 278.

능이 높은 사람은 환경의 변화에 성공적으로 적응할 수 있거나 혹은 자신에게 적절하도록 환경을 조성할 수 있는 사람으로 실용적인 지능이 뛰어나다.

(5) 가드너의 다중지능 이론

가드너(Gardner)는 지능(intelligence)이 높은 아동은 모든 영역에서 우수하다는 전통적인 획일주의적인 지능관을 비판하며, 인간의 지적 능력이 서로 다른 유형의 능력으로 구성되어 있다는 다중지능 이론을 제시하였다. 그는 각기 다른 종류의 정보를 처리하는 두뇌의 영역이 다르기 때문에 인간의 지능은 서로 독립적이며 상이한 아홉 가지 지능으로 구성된다고 주장하였다. 아홉 가지의 지능은 〈표 10-1〉과 같이, 언어지능, 논리수학지능, 공간지능, 음악지능, 신체운동지능, 자기성찰지능, 인간친화지능, 자연친화지능, 실존지능이다(이영 외, 2017).

가드너의 관점에서는 한 영역에서 높은 지능을 가진 사람이 다른 영역에서도 높은 지능

표 10-1 가드너의 다중지능 이론

지능의 종류	핵심 구성 요인	적용되는 영역/직업
언어지능	언어의 의미, 소리, 구조와 기능에서의 민감성	웅변가, 작가
논리수학지능	연쇄 추리하여 다루는 능력과 수리와 논리 유형에 대한 민감성	수학자, 과학자
공간지능	초기의 지각에 기반하여 형태를 다르게 하는 능력, 시·공적 세계를 확실하게 지각하는 능력	건축가, 화가
음악지능	음색, 리듬, 음조를 창작하고 평가하는 능력, 음악으로 표현형식에 대해 평가하는 능력	연구자, 작곡가
신체운동지능	사물을 익숙하게 다루는 능력과 신체의 움직임을 통제하는 능력	조각가, 운동선수, 무용가
자기성찰지능	자신의 정서를 구분하고 감정에 충실하는 능력, 자기 자신의 단점과 장점에 대한 인식	종교지도자, 심리치료사
인간친화지능	타인의 동기, 기분, 욕망, 기질을 구분하고 대응하는 능력	정치지도자, 상담가
자연친화지능	자연물을 분석, 인식하는 능력, 자연 현상을 분석하고 규정하는 능력	생물학자, 수의사, 환경운동가 등
실존지능	종교적이고 철학적인 능력, 인간의 가치, 생과 사의 문제, 인간의 본성, 존재 이유, 희노애락 등	철학자, 종교지도자

출처: 문용린(2007). **다중지능**, pp. 27-42.

을 보이지는 않는다. 셰익스피어, 조수미, 박찬호는 모두 지능이 뛰어나지만, 그 영역이 서로 다르다는 것이다. 아동은 하나 이상의 우수한 지능을 가지고 있고, 이 지능은 아동기의 환경 조성과 훈련을 통해 어느 정도 촉진시키고 발달시킬 수 있다고 보았다(김경철 외, 2024). 다중지능 이론은 전통적인 지능검사에서 탈피하여 한 개인이 가지고 있는 고유한 잠재력의 가치와 범위를 확장시켰다는 데 의의가 있다.

참고 자료 EBS 위대한 수업 – 가드너의 다중지능 이론

2) 지능검사

지능은 키, 몸무게처럼 명확한 수치로 표현될 수 있는 것이 아니기 때문에 유아의 외현적 행동을 관찰하여 추론할 수밖에 없다. 타당도, 신뢰도가 검증된 검사 도구라 해도 단 한 번의 검사로 유아의 지적 능력을 정확하게 측정했다고 보기는 어렵다. 또한 지능검사 시 유아의 기분이나 상태, 상황 등 여러 가지 요인에 의해 영향을 받기 때문에, 결과 해석에 신중하게 접근해야 한다(신명희 외, 2024). 다음에서 몇 가지 지능검사 도구에 대해 살펴보겠다.

(1) 비네의 지능검사

지능을 측정하기 위한 최초의 시도는 1905년 프랑스의 비네(Alfred Binet)와 시몽(Theodore Simon)에 의해 이루어졌다. 이들은 프랑스 정부로부터 정규학급에서 수업을 따라오지 못하는 특수한 교육 과정이 필요한 아동을 선별하기 위한 검사를 만들어 달라는 의뢰를 받고 지능검사를 개발하였다. 그들은 학습능력으로서의 지능, 즉 주의집중, 지각, 수학적

사고, 언어적 이해 등을 측정하고자 언어와 비언어 항목으로 구성된 일반능력검사를 고안하였고, 연령에 따라 항목들이 점점 더 어려워지도록 개발하였다. 비네의 검사는 학교에서 배우는 내용과 유사했기 때문에 이 지능검사와 학업성취도와는 높은 상관관계가 있는 것으로 나타났다(김경철 외, 2024).

비네는 정신연령이라는 개념을 만들어 생활연령과 정신연령으로 지능을 판단하였다. 지능이 보통 수준인 사람은 생활연령과 정신연령이 일치하며 지능이 높은 사람은 생활연령보다 정신연령이 높으며 지능이 낮은 사람은 생활연령보다 정신연령이 낮다고 보았다. IQ는 정신연령을 생활연령으로 나누고 100을 곱해서 값을 계산한다. IQ가 100이라는 것은 생활연령과 정신연령이 동일한 평균 지능을 의미한다. IQ가 100 이상이면 생활연령보다 정신연령이 높다는 것이고, IQ가 100 이하면 생활연령보다 정신연령이 낮다는 것을 의미한다. 비네 검사는 각국의 언어로 번역되었다. 1916년 미국의 스탠퍼드 대학교의 루이스 톨만(Lewis Terman)에 의해 번역되고 여러 번 개정된 스텐포드-비네(Stanford-Binet) 지능검사는 폭넓게 사용되는 검사 중의 하나이다(정옥분, 2025).

$$\mathrm{IQ} = \frac{\text{정신연령}(MA)}{\text{생활연령}(CA)} \times 100$$

(2) 웩슬러의 지능검사

비네의 지능검사 다음으로 널리 사용되는 것이 웩슬러 지능검사이다. 웩슬러(Wechsler)의 지능검사는 11개의 하위 지능검사로 구성되어 있다. 언어능력을 측정하는 언어성 검사는 상식 문제, 이해 문제, 숫자 외우기, 공통성 찾기, 산수 문제, 어휘 문제 등이 포함된다. 동작성 검사에는 기호 쓰기, 빠진 곳 찾기, 블록 찾기, 그림차례 맞추기, 모양 맞추기 등이 있다. 우리나라에서도 한국교육개발원이 아동용 웩슬러 지능검사(KEDI-WISC)를 개발하였고 박혜원, 곽금주, 박광배 등이 한국형 유아 지능검사(WPPSI-R)를 개발하였다(정옥분, 2002).

(3) 베일리의 영아발달검사

베일리(Bayley)의 영아발달검사는 영아의 발달 기능을 검사하여 수준을 측정하고, 지적 능력과 운동능력의 지연 정도를 수치화하여 행동 특성을 비교하는 검사이다. 이 검사는 생후 1개월부터 30개월 영아가 대상이며, 정신척도, 운동척도, 행동평가척도로 구성되어 있다. 정신척도는 영아의 감각지각과 자극에 반응하는 능력, 기억, 학습 및 문제해결능력과 의사소통능력 등을 평가한다. 운동척도는 신체능력과 대근육과 소근육 기술을 평가한다. 행동척도는 영아의 반응을 측정하여 영아의 주의집중, 정서, 지구력 등을 평가한다(김경철 외, 2024). 국내에서는 한국판 베일리 영유아 발달검사(K-BSID-II)를 표준화하여 시행하고 있으며, 일부 소아과와 놀이치료센터 등에서 검사가 가능하다.

2. 영유아 창의성 발달

창의성은 미래 사회의 중요한 능력이며, 영유아기는 창의성을 발달시킬 수 있는 최적기라는 인식과 함께 이를 위한 교육적 실천이 강조되고 있다. 특히 3~5세 유아는 다양한 사물이나 상황에 대하여 보고, 느끼고, 생각하는 경험을 통해 창의적 사고가 발달하게 된다는 점에서 유아기의 창의성 교육 지원이 필요하다(교육과학기술부, 2011). 다음에서는 창의성의 개념 및 요소, 영유아 창의성 발달, 창의성을 길러 주는 사고 기법에 대해 살펴보겠다.

1) 창의성의 개념과 중요성

창의성의 개념은 학자들의 관점에 따라 다양하게 정의된다. 토런스(Torrance, 2005)는 창의성이란 문제를 감지하고 가설을 세우고 검증하여 결과를 산출하는 과정이라고 정의하였다. 길포드(Guildford, 1971)는 창의성을 새로운 사고를 생산해 내는 지적인 능력으로 개념화하였다. 아마빌레(Amabile, 1996)는 창의성을 지식, 기술, 내적 동기의 세 가지가 상호작용하여 나타나는 것이라고 하였다(이영 외, 2017 재인용). 정리하면, 창의성이란 인지, 성향, 동기 등의 창의적 특성이 상호작용하여 새롭고 유용한 산출물을 나타나는 것이라 할 수 있다.

유아는 본질적으로 창의적인 존재이며, 성인에 비해 사고 양식이 유연하고 개방적이며 상상력이 풍부하다. 유아기는 논리적 사고보다 상상력을 포함하는 창의성 개발 교육이 필요하다. 유아기에 창의성 교육을 받지 못하면 성인이 되어서도 창의성을 발달시키기 어렵다(이경화, 이미남, 2007). 창의성은 짧은 시간에 길러질 수 있는 것이 아니라 오랜 시간 동안 적절한 경험과 환경적 지원에 의해 쌓여 길러진다. 유아의 삶은 창의적 특성의 근원이 되며 일상생활 속에서 문제해결을 위해 탐구하고 즐기는 과정을 갖는 것이 중요하다. 그러므로 유아의 창의성 발달을 위한 내용과 방법으로 지속적인 창의성 교육이 이루어져야 한다.

2) 창의성의 구성 요소

창의적인 사람은 주어진 문제를 해결하는 인지적 특성, 성향적인 특성, 동기적 특성이 적절히 조화되는 사람이다. 창의성을 구성하는 인지적 요소, 성향적 요소, 동기적 요소를 살펴보면 [그림 10-3]과 같다(과학창의재단, 2010).

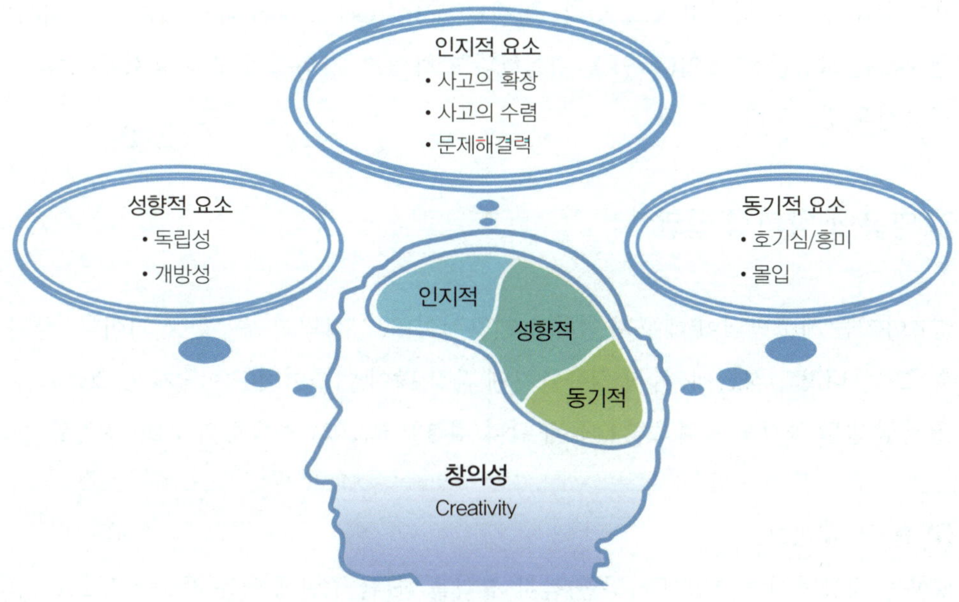

[그림 10-3] 창의성의 요소

출처: 과학창의재단(2010). 배려와 나눔을 실천하는 창의인재육성을 위한 창의 · 인성교육 총론적 고찰.

(1) 인지적 요소

인지적 요소에는 확산적 사고, 수렴적 사고, 문제해결력이 포함된다. 확산적 사고는 새로운 아이디어 생성을 위해 필요하고, 수렴적 사고는 산출물이 얼마나 유용하고 적절한지를 판단하는 것으로, 이 두 가지 사고는 상호보완적으로 작용하게 된다. 또한 문제 파악하기, 문제와 관련된 정보 찾기, 정보로부터 해결책 찾기, 제안된 해결 방안을 평가하고 수정하기 등의 문제해결력이 포함된다.

(2) 성향적 요소

성향적 요소는 창의적 성취에 필요한 성향을 말하며, 스턴버그와 루바트(Sternberg &

Lubart, 1995)는 모호함에 대한 참을성, 인내, 성장하려는 욕구, 기꺼이 모험을 하려는 정신, 새로운 경험에 대한 개방성을 성향적 요소로 제시하였다(교육과학기술부, 2011).

(3) 동기적 요소

동기적 요소는 창의적 성취와 표현을 하고 싶어하는 내적 동기를 말하며, 아마빌레(Amabile, 1996)는 과제 자체에 대한 흥미, 즐거움, 만족 및 도전에 의해 동기화될 때 창의적 사고가 최대화될 수 있다고 보고 있다. 칙센트미하이(Csikszentmihalyi, 1997)는 창의적인 일에 몰두하는 사람들은 '몰입(flow)'을 경험한다고 하였고, 창의성의 구성 요소에서 내적 동기의 중요성을 강조한다.

3) 영유아 창의성 발달

영유아기는 사고방식이 매우 유연하고 개방적이며, 상상력이 풍부한 시기이다. 창의성은 생후 초기부터 발달하는데, 특히 영유아기에 가장 많이 이루어진다(이숙재 외, 2020). 영유아의 창의성 발달 특징을 살펴보면 다음과 같다(김경철 외, 2024; 이숙재 외, 2020; 전경원, 2006).

(1) 출생~12개월

영아는 세상에 태어나면서 다양한 감각 경험을 한다. 주변에 있는 사물을 두드리거나 입에 집어넣거나 흔들면서 촉감, 소리, 맛을 느낀다. 9~12개월이 되면 영아는 감각을 통해 주변 환경을 탐색하고 정보를 받아들인다. 이 시기에는 시각 · 청각 · 미각 · 후각 · 촉각 활동을 다양하게 제공해 주어 오감각을 민감하게 발달시켜 주는 것이 창의성 발달에 큰 도움이 된다.

(2) 13~18개월

영아는 이동이 가능하고 소근육 운동능력이 발달하여 폭넓게 탐색을 하면서 주변 환경에 대한 호기심이 증대된다. 13~18개월이 되면 영아는 주위 환경에 호기심을 가지고 탐색을 하기 시작한다. 또한 이 시기의 영아는 타인의 소리나 행동을 모방하여 인형에게 밥을 먹여 주는 등의 상징놀이가 나타난다. 일상생활 속에서 상징놀이가 시작되고, 타인의 소리나 행동을 모방하는 것은 이 시기의 주요한 창의적 능력이다. 그러므로 일상생활과 관련된 놀잇감을 준비해 주어 다양한 모방놀이가 이뤄질 수 있도록 도와주는 것이 필요하다.

(3) 19~24개월

영아는 19~24개월이 되면 대상영속성 개념이 발달하고, 이전 시기에 시작된 가상놀이와 문제해결능력도 더욱 발달하게 된다. 또한 행동을 통한 시행착오를 겪으면서 문제를 해결하던 것에서 정신적인 표상을 사용하는 문제해결로 발달하게 되며, 이 과정에서 창의적인 방법으로 문제를 해결할 수 있게 된다.

(4) 2~3세

2~3세가 되면 신체 활동이 더욱 활발해지고 신체 민감성도 발달한다. 음식의 다양한 맛을 식별하고, 사물의 촉감이나 소리의 차이를 변별해 내고, 냄새를 구별해 낸다. 스스로 노랫말과 멜로디를 만든 노래 부르기, 여러 형태와 색을 이용한 그림 그리기, 다양한 형태의 블록 구조물 만들기 등 창의적인 놀이가 나타난다. 이 과정에서 유아의 창의적인 행동을 격려하면 유아는 더욱 적극적으로 창의적인 표현을 하게 된다.

(5) 4~5세

4~5세가 되면 유아의 창의적인 행동이 뚜렷하게 나타난다. 이 시기에는 도형 창의성이 나타나기 시작하여 미완성의 그림이나 도형을 제시하면 재미있는 상상을 추가하여 흥미로운 그림을 그린다. 그리고 다양한 색을 섞어 새로운 방법으로 그림을 그리거나 언어도 폭발적으로 발달하여 새로 익힌 단어의 뜻과 소리를 가지고 놀이를 할 수 있다. 동작 창의성도 발달하여 동화나 이야기를 듣고 등장인물의 감정이나 생각, 표정 등을 상상하여 신체로 표현하거나 새로운 형태의 동작으로도 표현하게 된다. 가상놀이에서도 역할에 따른 특성과 상황적 사건을 자세히 흉내 내고 묘사하게 된다.

4) 영유아 창의성 발달을 지원하기 위한 사고 기법

영유아의 창의성 발달을 지원하기 위한 사고 기법으로 브레인스토밍, 속성열거법, PMI, 스캠퍼, 강제결합법에 대해 살펴보면 다음과 같다(교육과학기술부, 2011).

(1) 브레인스토밍

브레인스토밍(brainstorming)은 뇌에 폭풍을 일으킨다는 의미로 주제나 문제해결을 위해 최대한 많은 아이디어를 여럿이 함께 생각해 보는 사고 기법이다. 이 기법은 아이디어의 평가를 유보한 채 최대한 많은 아이디어를 제안하는 방법이며, 자유롭게 사고할 수 있는 분위기를 만들어 창의적인 아이디어를 이끌어 낼 때 활용할 수 있다.

(예) 유치원 교실에서 나는 소리 생각해 보기

- 문 여는 소리, 친구 부르는 소리, 피아노 소리, 뛰어다니는 소리, 놀잇감 소리 등
- 들리지 않지만 교실에 있는 소리: 숨소리, 눈 깜박이는 소리 등

(2) 속성열거법

속성열거법(attributc listing)은 제품의 개선 아이니어를 얻기 위한 목적으로 개발된 것으로 사물의 속성을 열거하고 어떻게 기능을 개선할 것인지 생각해 보는 사고 기법이다. 유아들에게 친숙한 사물의 모양, 크기, 색깔, 특성 등의 중요한 속성을 중심으로 관찰하고 새로운 방법이나 용도 등을 생각해 보게 할 때 활용할 수 있다.

(예) 새로운 저금통 만들기

- 저금통의 속성 찾기[브레인스토밍, 속성열거(명사적 속성: 동전을 넣는 구멍, 동전이 모이는 공간, 손잡이 / 형용사적 속성: 귀여운, 무거운 / 동사적 속성: 동전이 떨어진다, 부딪힌다)]
- 찾아낸 속성을 조합하기(동전이 잘 들어가게 하려면 / 동전이 많이 들어가게 하려면 / 종이돈이 들어갈 수 있으려면)

(3) PMI

PMI(Plus, Minus and Interesting)는 아이디어에 대한 좋은 점, 좋아하는 이유, 긍정적인 측면(Plus), 나쁜 점, 싫어하는 이유, 부정적인 측면(Minus), 아이디어에 관해 발견한 흥미로운 점(Interest)의 약자이다. 이 기법은 대상의 긍정적인 측면과 부정적인 측면, 흥미로운 점에 대해 생각하고, 평가하면서 새로운 아이디어를 얻을 때 활용할 수 있다.

(예) 버스 안에 있는 의자를 모두 없앤다면?

버스 안 의자를 모두 없앴을 때 장점, 단점, 흥미로운 점 찾아보기(브레인스토밍, PMI)

- P: 버스에 더 많은 사람이 탈 수 있다, 버스를 타거나 내리기 쉽다, 버스를 금방 만들 수 있다.
- M: 의자가 줄어들어 버스가 갑자기 서면 사람들이 넘어진다, 노인이나 유아는 오래 서 있기 힘들다.
- I: 접는 버스 의자를 만들면? 버스 한쪽 줄만 의자를 놓으면?

(4) 스캠퍼

스캠퍼(SCAMPER)는 대체(Substitute), 결합(Combine), 응용(Adapt), 변형(Magnify or Minify), 다른 용도(Put to other use), 제거(Eliminate or Elaborate), 재배열(Rearrange or Reverse)의 의미이다. 이 방법은 기존의 것에 대하여 새로운 아이디어를 낼 수 있는 질문을 통해 고정된 사고의 틀에서 벗어나 다각적인 측면에서 사고를 돕는 기법이다.

(예) 여름에 필요한 물건들 생각해 보기: 부채 만들기

부채를 사용해 보고 불편한 부분, 마음에 들지 않는 부분을 살펴보기

- S: 다른 재료, 다른 방법, 다른 모양
- C: 목적을 합하면
- A: 다른 부채에서 흉내 내고 싶은 것
- M: 색, 소리, 향기, 모양을 더 넣거나 빼면, 더 튼튼하려면, 더 길면, 더 짧게 하면, 작게 하면, 가볍게 하면
- P: 모양, 무게 형태 등을 살펴보아 다른 용도는, 수정해서 다른 데 사용하려면
- E: 이것을 없애면, 재료의 종류를 줄이면, 없어도 될 것은
- R: 거꾸로 하면, 반대로 하면, 위치를 바꾸면

(5) 강제결합법

강제결합법(forced connection method)은 겉으로는 관련성이 전혀 없어 보이는 두 가지 이상의 사물이나 아이디어를 강제로 연결시켜 봄으로써 새로운 아이디어를 생각해 보는 기법이다. 전혀 관련이 없는 두 사물을 연결시켜 새로운 아이디어를 고안하는 것이다.

(예) 고양이와 운동화

- 고양이와 운동화 각각의 고유한 특성 찾기(속성열거법)
- 고양이와 운동화의 특성이 결합된 새로운 운동화 생각해 보기[강제결합(고양이 발톱같이 미끄러지지 않는 바닥의 운동화, 고양이의 반짝이는 눈처럼 밤에 걸으면 불빛이 나오는 운동화, 걸으면 소리가 나는 운동화)]

3. 영유아 지능, 창의성 발달을 위한 교육 지원

1) 창의성을 지원하는 분위기를 조성한다

영유아기는 창의성을 교육하기 가장 적합한 시기라고 볼 수 있다. 그러나 유아에게 창의성의 기능적인 면을 가르치기보다는 창의적인 성향을 더 중요하게 여기고, 생활 속에서 유아의 창의적 행동의 의미를 발견하며, 이를 존중해 주고 허용해 주는 분위기를 마련한다(김경철 외, 2020; Isenberg & Jalongo, 2001: 이숙재 외, 2020 재인용).

- 유아가 스스로 목표를 세우고, 목표에 도달하기 위해 실행에 옮길 수 있는 상황을 지원
- 실수했을 때 야단치기보다는 잘했을 때 칭찬해 주는 긍정적 평가
- 독창적인 아이디어를 기꺼이 수용하고, 문제에 대한 해결책을 모색하는 분위기 조성

2) 주변 사물과 현상을 탐색할 수 있는 기회를 제공한다

영유아는 주변에 있는 사물을 직접 조작하거나 자연물이나 자연 현상을 관찰하는 등의 경험을 통해 창의적인 사고의 기반을 형성하게 된다(이연규 외, 2024). 영유아의 창의성을 지원해 주기 위해서는 무엇보다 주변에 있는 것을 가능한 한 많이 탐색할 수 있는 기회를 제공해야 한다. 이 과정에서 교사의 지시에 따른 탐색보다 유아 스스로 자유롭게 탐색할 수 있도록 하는 것이 필요하다(김경철 외, 2024).

- 영유아가 직접 보고, 듣고, 냄새 맡고, 만지고 느끼면서 주변 세계에 대해 민감하게 탐색하고 반응할 수 있는 놀이 환경 제공

- 친숙한 자료와 함께 새로운 재료를 제공함으로써 기존의 경험과 지식을 확장시킴
- 지역사회와 연계하여 다양한 경험(예: 인형극 관람)을 해 볼 수 있는 기회 제공

3) 창의적인 사고와 행동을 지원하는 상호작용을 한다

창의적인 사고를 이끌어 내기 위해서는 교사의 창의성뿐만 아니라 상호작용이 중요하다. 교사는 유아가 하는 질문이나 문제를 해결하기 위한 각자만의 독창적인 방법을 존중해 주고, 유아가 생각한 다양한 방법으로 문제를 해결할 수 있다는 자신감을 심어 주는 것이 필요하다(김경철 외, 2024). 교사는 유아의 놀이를 항상 관찰하면서 적절한 시기에 유아의 창의적 사고능력을 도울 수 있는 적절한 질문과 격려를 해 주어야 한다.

4) 영유아의 창의적 표현 활동을 다양하게 제공한다

영유아에게 적합한 창의적 표현 활동으로 동극 활동, 음악 활동, 미술 활동, 인형극, 신체표현, 상상놀이, 이야기 짓기 등을 들 수 있다(이연규 외, 2024; 이숙재 외, 2020). 이러한 활동을 통해 영유아가 능동적으로 참여하고 만들어 가며 창의력이 증진될 수 있다.

- 동극 활동: 영유아가 흥미 있어 하는 다양한 사건이나 인물, 동화 내용 등을 동극 활동으로 표현해 봄
- 미술 활동: 그림 그리기, 오리기, 만들기, 콜라주, 찰흙, 미술 감상 등 다양한 미술 활동을 함
- 음악 활동: 노래 부르기, 악기연주, 음악감상, 신체표현 등을 통합적으로 지원함
- 인형극: 다양한 인형(막대 인형, 손가락 인형, 테이블 인형, 그림자 인형, 줄 인형 등)을 활용하고, 인형극 틀, 녹음기, 동화책 등을 함께 제공함
- 신체표현: 음악을 들려주면서 몸으로 리듬을 느끼고 동작으로 표현함
- 이야기 짓기: 책을 읽으면서 다음에 일어날 일에 대해서 이야기하고, 그림을 그리면서 그림과 관련된 이야기를 짓거나 제목을 붙여 보게 함
- 상상놀이: 상상놀이와 극놀이를 하면서 창의적 놀이로 발전하는 경우가 있으므로 구조적(사실적) 놀잇감이나 비구조적 놀잇감을 적절하게 제공함

*** 다음에서는 영유아 창의성 발달을 위한 교육 지원의 실제를 살펴보겠다.**

영유아 창의성 발달 교육의 실제: 유아의 사고능력을 촉진하는 발문의 유형		
범주	정의	예
이름 알기	사물의 명칭이나 사건, 대상의 위치 등을 단순하게 확인함	• 이것은 무슨 색일까? • 그 책은 어디에 있니?
나열하기	필요한 정보를 하나씩 차례로 늘여 놓게 함	• 이 그림에서 무엇을 볼 수 있니? • '커다란 순무'에는 어떤 동물들이 나왔니?
분류하기	사물의 특성이나 어떤 조건, 기준에 따라 구분하여 다시 말하게 함	• 여기서 먹을 수 있는 것은 무엇이니? • 여기서 묶을 수 있는 물건들은 무엇일까?
설명하기	어떤 사건이나 사물의 내용이 어떻게 되었는지 확인함	• 아이들은 콩을 어떻게 했니? • 다람쥐는 도토리를 주워서 어떻게 했니?
예측하기	결과를 예상하게 함	• 여기에 검정색을 섞으면 어떻게 될까? • 마른 미역을 물에 담그면 어떻게 될까?
비교하기	유사점과 차이점을 묘사하도록 함	• 지민이와 은혜의 신발은 어떻게 같아? • 사자와 호랑이는 어떤 점이 다를까?
추론하기	일어날 수 있는 사실에 대해 미루어 생각하게 함	• 이를 닦지 않으면 어떻게 될까? • 토끼가 왜 잠이 들었을까
회상하기	과거에 있었던 경험을 기억하게 함	• 비행기를 타 본 적이 있니? • 치과에 가 본 적이 있니? 그때 치과에서 무엇을 했니?
상상하기	자신이 상상한 것을 말하게 함	• 과자나라에 가면 어떨 것 같니? • 산타 할아버지가 선물로 요술봉을 주신다면 어떤 일이 생길까?
문제해결하기	문제를 해결할 수 있는 방법을 생각하게 함	• 시냇물을 건너가야 하는데 어떻게 해야 할까? • 친구가 빌려준 장난감을 잃어버렸는데 어떻게 하는 게 좋을까?
대안 제시하기	다른 관점 및 방법을 찾아보게 함	• 집에서 유치원에 가는 다른 길이 있니? • 탑을 쌓는 또 다른 방법은 어떤 것이 있니?
변형하기	사물, 사람, 사건의 변화 과정을 이야기하게 함	• 그것을 돌리면 어떻게 될까? • 빨강색과 노랑색을 합치면 어떻게 될까?
결합하기	공통요소를 찾거나 유목화하게 함	• 우리는 노랑, 파랑, 초록 등을 무엇이라고 부를까? • 'ㄱ'에다가 'ㅛ'를 합치면 무슨 글자가 될까?
일반화하기	이미 알고 있는 정보나 지식을 다른 상황 · 조건에 일반화시키도록 함	• 눈사람은 태양이 비치게 될 때 어떻게 될까? • 오리도 하늘을 날 수 있을까?
평가하기	어떤 대상의 수준, 정서 상태, 좋고 나쁨, 옳고 그름 등을 판단하게 함	• 여기에 있는 퍼즐 중에 네가 가장 쉽게 할 수 있는 것은 무엇이니?

출처: 박은혜(2023). 유아교사론, p. 267 재구성.

학습내용 확인

※ 다음 문제를 읽고 ○, ×로 답하시오.

1. 스피어만의 일반요인 이론은 지능이 여러 개의 독립된 요인으로 구성되어 있다. (　　)
2. 가드너의 다중지능 이론에서는 한 영역에서 지능이 높다고 해서 다른 영역에서도 반드시 높다고 보지 않는다. (　　)
3. 베일리의 영아발달검사는 1개월에서 60개월 유아를 대상으로 한다. (　　)

※ 다음 (　　) 안에 알맞은 내용을 쓰시오.

4. 스턴버그가 제시한 지능은 분석적 지능, (　　　　), 실제적 지능으로 구성되어 있다.
5. 창의성을 구성하는 요소는 인지적 요소, 성향적 요소, (　　　　)이다.
6. (　　　　)은 문제해결을 위해 최대한 많은 아이디어를 여럿이 함께 생각해 보는 사고기법이다.

※ 다음 문제를 읽고 (　　) 안에 알맞은 번호를 쓰시오.

7. 다음 중 길포드의 지능구조 이론에 대한 설명으로 옳은 것은? (　　)
   ① 지능은 하나의 일반요인과 특수요인으로 구성된다.
   ② 지능은 언어 이해, 기억, 추리 등 7개의 기본정신능력으로 구성된다.
   ③ 지능은 내용, 조작, 산출의 세 차원이 결합하여 다양한 정신능력을 형성한다.
   ④ 지능은 분석적 · 창의적 · 실제적 지능으로 구분된다.

8. 다음 중 가드너의 다중지능에 해당하지 않는 것은? (　　)
   ① 언어지능　② 논리수학지능　③ 후각지능　④ 신체운동지능

9. 비네의 지능검사에서 IQ 100은 어떤 의미를 가지는가? (　　)
   ① 생활연령보다 정신연령이 높다.　② 생활연령과 정신연령이 동일하다.
   ③ 생활연령보다 정신연령이 낮다.　④ 지능이 평균 이하이다.

10. 다음 중 영유아 창의성 발달의 특징으로 옳은 것은? (　　)
    ① 2세에는 도형 창의성이 나타나기 시작한다.
    ② 18개월 영아는 대상영속성이 발달한다.
    ③ 6개월부터 상징놀이가 시작된다.
    ④ 3세에는 언어발달보다 신체 활동이 감소한다.

※ 다음 문제에 대해 서술하시오.

11. 영유아기 창의성 교육이 왜 중요한지 설명하시오.

12. 스캠퍼(SCAMPER) 사고기법의 일곱 가지 주요 질문 요소를 쓰시오.

활동 10-1 영유아 지능, 창의성 발달을 위한 교사의 역할과 예를 세 가지 이상 기술해 보세요.

활동 10-2 다중지능 이론이 유아교육 현장에 주는 시사점을 기술해 보세요.

제 11 장

영유아 발달과 놀이

학습 개요

영유아의 발달과 놀이는 불가분의 관계이다. 영유아기 이후의 초등학생은 학습 또는 무언가에 몰두한 후 쉼의 의미로서 놀이를 하지만, 영유아에게 놀이는 삶 그 자체이고 성장과 발달의 수단이다. 영유아는 누가 가르쳐 주거나 시키지 않아도 쉬지 않고 주변 사물을 탐색하면서 놀이에 빠져든다. 제11장에서는 놀이의 의미, 놀이의 특성, 놀이와 발달과의 관계에 대해 살펴보고자 한다.

학습 목표

1. 영유아기 놀이의 의미를 이해한다.
2. 영유아의 놀이 특성을 이해한다.
3. 영유아의 발달과 놀이의 관계를 이해한다.

주요 용어

- 기능놀이, 구성놀이, 상상놀이, 병행놀이, 연합놀이

함께 생각해 봅시다

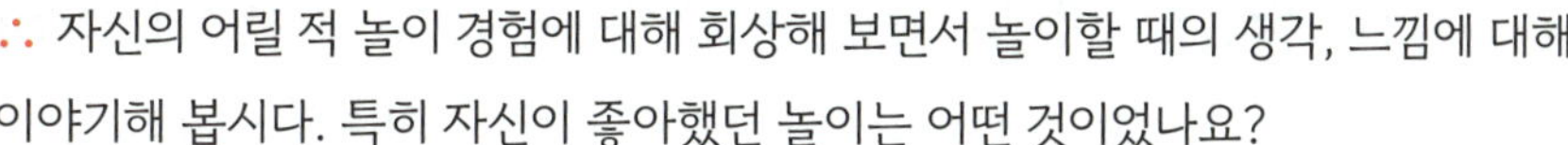

∴ 자신의 어릴 적 놀이 경험에 대해 회상해 보면서 놀이할 때의 생각, 느낌에 대해 이야기해 봅시다. 특히 자신이 좋아했던 놀이는 어떤 것이었나요?

1. 영유아와 놀이

1) 놀이의 의미

영유아기의 놀이는 많은 의미를 담고 있다. 놀이는 영유아들의 삶이며 생활 그 자체이자 성장과 발달의 수단이다. 영유아에게 놀이는 '언어'와 같은 것이고 놀잇감은 '단어'라 할 수 있다. 어른은 언어를 매개체로 소통하지만, 영유아는 놀이를 통해 의사소통을 한다. 놀이를 통해 자신의 생각과 느낌, 감정, 경험을 자연스럽게 표현한다. 영유아들은 놀이를 통해 학습하며 놀이를 할 때 자신의 유능성을 가장 잘 드러낸다. 영유아기의 놀이를 단순히 시간 낭비로 생각하는 것 등의 시각에서 성장과 발달, 학습의 수단으로서 영유아기의 놀이에 대한 인식의 전환이 필요하다.

2) 놀이의 특성

(1) 내적으로 동기화된 활동

놀이는 자발적으로 이루어지는 내적으로 동기화된 활동이다. 즉, 영유아는 자발적인 내적 동기에 의해 놀이하고 싶은 마음이 생겨 놀이를 한다. 놀이는 경쟁, 보상과 같은 외적 요인과 관계없이 영유아의 흥미와 관심 등의 내적 요인에 의해 이루어진다. 아주 어린 영아라 할지라도 움직임능력이 생기기 시작하면서 세상에 대한 탐색과 더불어 놀이가 시작된다. 자발적으로 시작된 놀이는 놀이 자체가 보상으로 작용하며 놀이에 몰입하면서 성취감과 만족감을 경험하게 된다.

(2) 결과보다 과정을 중시

놀이는 영유아의 흥미와 호기심에서 자발적으로 이루어지므로 그 자체가 목적이 된다. 결과에 대한 부담이 없으므로 놀이하는 과정 자체가 중요하다. 심적인 부담이 없으므로 다양한 시도를 가능하게 하여 사고의 유연성과 융통성에 기여하게 된다.

(3) 긍정적인 정서 동반

놀이는 긍정적 감정이 동반된 행위이다. 영유아에게 즐거움을 주는 모든 행위는 놀이가 될 수 있다. 즐겁고 가벼운 마음으로 놀이를 하지만, 그 어느 순간보다도 집중하고 무언가를 학습하고 있다. 간혹 부정적인 감정이 발생할 수 있지만, 이 또한 감정 조절의 기회와 부정적인 감정을 해소하는 계기가 될 수 있다.

(4) 적극적인 참여가 전제

영유아의 놀이는 관심과 흥미에 의한 자발적인 활동이다. 스스로 시작한 자발적인 놀이는 영유아로 하여금 적극적인 참여를 유도한다.

(5) 비사실적 행동

영유아들은 놀이 과정에서 가작화(~인 것처럼 하는 놀이)의 경험을 통해 현실의 제약에 벗어나 상상의 세계로 빠져든다. 가상세계에서 엄마 역할, 만화 영화의 주인공 역할을 하면서 현실의 구속에서 벗어나 자유롭게 상상하면서 새로운 가능성을 경험하게 된다. 영유아의 가작화 행동은 가설적 추론 기술이나 사고의 융통성 측면에서 중요하다.

(6) 외부 규칙으로부터의 자유

놀이 과정 중에 일어나는 놀이의 주제와 놀이 방법은 놀이에 참여하는 영유아들이 결정한다. 외부에서 부과된 규칙과 구속을 받지 않는다. 외부의 지시에 따르지 않고 자유롭게 놀이하면서 영유아들은 자신감을 경험한다.

(7) 자유로운 선택

놀이의 중요한 특성 중의 하나가 자유로운 선택이다. 자유롭게 선택하는 놀이를 통해 영유아들은 잠재적 능력을 최대한 표출할 수 있다. 자유로운 선택은 책임과 자기통제를 포함하는 의미로 영유아의 자율성의 기반이 된다.

2. 영유아 발달과 놀이

놀이와 영유아의 발달 간의 관계에 대해 살펴보고자 한다(신은수 외, 2011; 지성애, 1994).

1) 신체발달과 놀이

놀이는 영유아의 대근육, 소근육을 포함한 협응능력 사용의 기회를 제공하면서 영유아의 신체발달을 도모한다. 실외놀이에서 미끄럼틀, 그네 등의 놀이기구를 이용하면서 대근육 사용의 기회, 모래놀이를 하면서 소근육 사용 경험을 제공한다. 그림 그리기, 가위로 오리기, 퍼즐 맞추기를 하는 동안 눈과 손의 협응능력 등 세부적인 운동 기술의 발달에도 공헌한다.

2) 인지발달과 놀이

영유아는 놀이하는 과정에서 이 세상에 대해 알아간다. 다양한 놀이 자료를 가지고 탐색, 실험, 사고하는 과정에서 사물의 특성을 알게 되고 여러 가지 개념을 형성하게 된다. 예를 들어, 블록 쌓기놀이를 하면서 높이와 너비를 측정해 보고, 균형, 공간 개념 등 수학적 개념을 형성할 수 있다. 실외놀이에서 미끄럼틀을 타면서 경사로의 특성 등 과학적 개념을 경험하게 된다. 영유아들은 놀이 자료를 직접 관찰하고 다루어 보는 과정에서 물리적 지식과 논리 · 수학적 지식을 습득하게 된다.

3) 사회성 발달과 놀이

놀이를 통한 타인과의 상호작용은 물리적 환경 내에서의 사물과의 상호작용 못지않게 중요하다. 사회적 상호작용의 기회가 주어지지 않는다면, 사회적 기술 및 의사소통 관련 기술 발달에 문제가 발생한다. 또래와 함께 놀이하면서 협동하는 것을 배우고 서로 경쟁하면서 타협과 양보하는 경험을 한다. 특히 사회극놀이를 통해 유아들은 자기중심성에서 탈피하여 탈중심화의 기회를 얻게 된다(문현숙, 2000).

4) 정서발달과 놀이

놀이를 통해 영유아는 쾌, 불쾌와 관련된 감정 또는 정서를 경험하고 표현한다. 놀이는 영유아에게 기쁨을 주며 마음의 안정을 갖게 한다. 놀이를 통해 얻어진 만족감, 자신감의 경험은 자기 보상의 기회가 된다. 불편한 마음을 건강하게 표현하는 법도 놀이를 통해 배우게 된다. 억제된 감정을 표현하여 안정을 되찾아 긍정적 정서로의 전환을 가능하게 한다. 놀이는 부정적 감정을 표출하여 해소시키는 정화작용(카타르시스 효과)의 효과도 있다.

5) 언어발달과 놀이

놀이는 영유아에게 언어 연습의 장(場)을 제공해 준다. 놀이 시 유아는 혼잣말로 중얼거리면서 놀기도 하지만, 또래와 상호작용하면서 자신의 생각과 의견 등을 주고받는다. 놀이의 상대자가 되어 자신이 무엇을 하고 있는지 설명을 하고 다른 사람의 말에 귀 기울이면서 의사소통능력을 기르게 된다. 특히 사회극놀이를 하는 동안 일상생활과 관련된 단어나 상황에 적절한 문장을 습득하게 되며, 상황에 따라 적절한 언어를 사용할 수 있는 능력을 기르게 된다.

6) 창의성과 놀이

놀이와 창의성은 두 가지 측면에서 깊은 연관이 있다.

첫째, 놀이와 창의성은 모두 상징을 이용하는 유아의 능력에 의해 좌우된다. 영유아들은 놀이 중에 나무토막을 자동차로 연상하고 장난감 강아지를 진짜 강아지처럼 생각하는 상징적 표상화가 가능하다. 놀이 중에 나타나는 유아들의 상징적 변형이 창의성을 증진하는 핵심 요인이 된다. 둘째, 놀이와 창의성은 주어진 상황 속에서 대안적인 가능성을 받아들이는 확산적 사고의 발달과 관련이 있다. 놀이 중에 유아는 새로운 관점에서 문제를 해결하거나 독특한 방법으로 놀잇감을 사용할 수 있는 사고를 한다. 블록 등의 비구조화된 놀잇감을 갖

참고 자료

○ EBS 놀이의 기쁨－제1부 스스로 놀아야 큰다

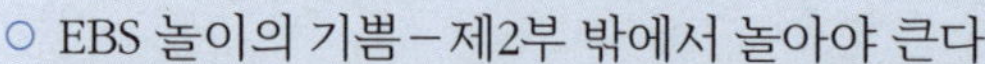
○ EBS 놀이의 기쁨–제2부 밖에서 놀아야 큰다

고 노는 유아가 구조화된 놀잇감을 갖고 노는 유아보다 창의성이 높을 가능성이 있으며 더 다양한 상징놀이를 한다(이정연, 김수영, 2020).

3. 영유아 발달에 따른 놀이 유형

영유아의 발달 수준에 따른 놀이 유형을 인지적 측면과 사회적 측면으로 구분하여 살펴보겠다(박찬옥 외, 2004; 신은수 외, 2011).

1) 인지적 놀이 유형

영유아의 인지발달이 이루어지면서 자신의 인지능력과 부합된 놀이의 형태가 나타난다. 피아제의 인지발달 이론에 의하면, 놀이는 그 자체로서 인지발달을 의미한다. 즉, 감각운동기, 전조작기, 구체적 조작기, 형식적 조작기로의 질적인 변화를 계속하면서 영유아의 놀이도 감각적이고 기능적인 연습의 수준에서 상징적인 놀이를 거쳐 규칙이 있는 높은 수준의 놀이로 변화한다.

스밀란스키(Smillansky, 1968)는 영유아기의 놀이를 인지발달 수준에 따라 기능놀이, 구성놀이, 극놀이, 규칙이 있는 게임의 네 가지 형태로 구분하였다.

(1) 기능놀이

기능놀이(functional play)는 감각운동기에 주로 나타나며, 영아기 초기에 즐거움을 위해 반복적으로 되풀이하는 단순한 근육 운동으로 인지적 능력이 적게 요구된다. 이 시기의 놀이는 '잡기' 나 '빨기'와 같이 그 자체가 목적이 되는 행동이다. 예를 들어, 딸랑이를 우연히 흔들어 소리가 나는 것을 경험한 영아가 그 행동을 반복하며 기능적인 즐거움을 즐기는 것이다. 기능놀이에는 특별한 놀이 기술이나 상징을 포함하지 않는다.

(2) 구성놀이

구성놀이(constructive play)는 놀잇감을 다양하게 활용하여 기능적인 활동으로부터 창조적으로 무언가를 만드는 조직적이고 목표지향적인 놀이이다. 2세경부터는 유아는 단순한 놀잇감을 조작하는 수준에서 점차적으로 무언가를 만들어 보는 놀이를 시작한다. 블록이나 조형 놀이 자료 등을 이용하여 자동차나, 집, 로봇 등을 만들어 낸다. 구성놀이는 유아에게 창작의 즐거움을 제공한다. 구성놀이를 시작하면서 유아는 놀이에 집중하는 시간이 길어지며 놀이 주제를 설정하고 놀이 내용을 조직화하는 것이 가능해진다.

(3) 상징놀이

상징놀이(symbolic play)는 상상놀이, 극놀이, 역할놀이 등의 의미로 사용된다. '~인 것처럼' 행동하는 가작화 요소를 지니고 있으며, 사물을 표상하는 놀이이다. 상징행동은 2세를 전후로 하여 3~4세에 절정에 도달한다. 피아제에 의하면 감각운동기에 나타나는 대상영속성 개념, 지연모방 등 인지발달의 결과로 상징놀이가 나타난다. 상징놀이는 초기에는 단순한 몇 개의 상상행동을 나열하는 수준에서 점차 인과관계에 기초한 내용의 상징놀이로 발달해 간다. 예를 들어, 침대에 인형 눕히기 행동에서 점차 인형을 씻기고 침대에 눕히는 행동 등 이야기의 구조 수준이 높아진다.

(4) 규칙이 있는 게임

규칙이 있는 게임(games with rules)은 유아의 인지발달이 전조작기에서 구체적 조작기로 도약하면서 나타난다. 규칙이 있는 게임은 게임에 포함되어 있는 규칙의 의미를 이해하고 내면화하는 인지적 수준을 요구하므로 구체적 조작기에 이르러서야 가능하게 된다. 따라서 만 4세 이전에는 거의 나타나지 않다가 5세경에 나타나서 활발해진다. 규칙이 있는 게임을 통해 유아는 정해진 규칙 내에서 자신의 감정과 행동을 조절하는 방법을 배우면서 사회적 기술을 발달시킨다. 따라서 인지적으로 가장 수준 높은 놀이 유형이라 할 수 있다.

2) 사회적 놀이 유형

영유아가 성장 · 발달하면서 사회적 경험은 점차 가족을 넘어서서 또래 관계로 확장된다. 다양한 사회적 상황에서의 경험을 통해 사회적 기술은 점점 발달한다. 파튼(Parten, 1932)의 고전적 관찰연구 이후, 영유아의 사회적 놀이 수준은 사회적 상호작용 정도에 따라 혼자놀이, 병행놀이, 연합놀이, 협동놀이의 순으로 발달해 간다는 관점이 일반적이다.

(1) 혼자놀이

혼자놀이(solitary play)는 1.5세에서 2세 사이에 나타나는 놀이 유형으로 다른 영아와 가까이서 놀이하면서도 관심을 보이지 않고 다른 영아가 무엇을 하든 상관없이 자기만의 혼자놀이를 하는 단계이다.

(2) 병행놀이

병행놀이(parallel play)는 2명 이상의 영아가 같은 공간에서 동일한 놀잇감을 가지고 놀지만, 자기가 하고 싶은 놀이를 하면서도 서로 관심을 두지 않는 단계이다. 혼자놀이보다는 좀 더 발전된 집단놀이라고 할 수 있다. 주로 2세에서 3세 유아들에게서 볼 수 있는 놀이 유형으로, 옆에서 노는 유아를 분명히 인식하고 있으면서도 결과적으로는 여전히 따로 놀이를 한다.

[병행놀이-블록놀이하는 영아들]

(3) 연합놀이

연합놀이(associative play)는 주로 4세경에 나타나는 놀이 형태로 다른 유아들과 함께 어울려 놀면서 놀잇감을 공유하거나 빌려주는 행동이 나타난다. 차례 지키기와 놀잇감 공유, 의사소통이 이루어진다는 점에서 사회성이 발달된 놀이 형태로 볼 수 있으나, 아직 역할을 분담하거나 놀이내용이 조직적으로 전개되지는 않는 단계이다.

(4) 협동놀이

협동놀이(copperative play)는 5세경에 볼 수 있는 놀이 형태로 한두 명의 유아가 주도권을 갖고 역할을 분담하여 공동의 목표를 달성하기 위해 진행되는 조직적인 놀이이다. 예를 들어, 버스놀이를 위해 놀이를 끌어가는 리더(leader)가 존재하고 규칙에 따라 각자의 역할이 정해져 있으며 그에 따라 놀이가 조직적으로 진행된다. 사회적 놀이 발달단계를 관찰할 때 연합놀이와 협동놀이는 자세히 관찰하지 않으면 정확히 구분하기 어렵다.

[협동놀이–버스를 만들고 운전자와 승객이 되어 놀이를 하는 유아들]

4. 영유아 놀이를 위한 교육 지원

유아중심 · 놀이중심을 추구하는 「2019 개정 누리과정」에서는 교사를 영유아의 놀이 지원자로 제안하고 있다. 교사는 적절하게 환경을 구성하고, 영유아와 바람직한 상호작용을 하여 영유아가 놀이에 몰입하고 놀이를 확장하도록 돕는 역할을 해야 한다(교육부, 보건복지부, 2019). 영유아 놀이를 지원하기 위한 교육 지원으로 놀이공간, 자료, 상호작용에 대해 살펴보면 다음과 같다(교육부, 2025).

1) 영유아의 놀이를 지원하는 공간

(1) 영유아의 공통적 특성과 개별적 다양성을 고려한 공간을 제공한다

- 신체발달을 지원하는 공간
  –영유아들이 자유롭게 이동할 수 있고, 대근육을 이용한 놀이를 마음껏 할 수 있는 공간
- 또래와 의사소통능력 발달을 지원하는 공간
  –또래 상호작용을 촉진할 수 있는 가구와 자료 배치
- 영유아의 개별적 흥미와 경험을 반영한 자료가 제공된 공간
  –영유아의 흥미를 반영한 인형극놀이, 병원놀이, 시장놀이 등의 다양한 자료 제공

(2) 교육적으로 가치 있는 배움이 풍부하게 일어나는 공간을 제공한다

- 창의적 놀이를 할 수 있는 공간
  - 스카프, 끈 등 영유아가 주도적으로 활용할 수 있는 개방적 자료 제공
- 놀이 자료를 매력적으로 제시한 공간
  - 투명 바구니에 자연물을 담고, 바구니에 책을 담아 창가에 놓는 등 다양하게 제시
- 긴 호흡으로 놀이할 수 있도록 지원하는 공간
  - 놀이에 사용하던 블록 구성물을 보관하거나 그리던 그림을 붙여 놓을 수 있는 공간

[또래와의 인형극놀이]

(3) 편안함과 안정감을 느낄 수 있는 공간을 제공한다

- 가정과 같은 따듯한 재질의 자료로 가득한 공간
  - 천으로 된 바닥 매트와 테이블 보 등 가정과 같은 따뜻한 재질의 자료와 색을 가진 소재로 제시
- 가정에서 가져온 놀잇감과 인형, 책을 놓아둔 공간
  - 개별 영유아에게 친숙한 놀잇감, 책, 인형 등

[편안하고 안정적인 공간]

(4) 영유아의 미적 감수성을 길러 줄 수 있는 공간을 제공한다

- 심미적인 색과 자료를 활용하여 구성한 공간
  - 차분하면서 통일감 있는 색으로 구성한 공간, 천장에 자연물 모빌과 자료를 제공한 공간
- 정형화되지 않은 가구 배치
  - 가구를 다양한 방식으로 배치하여 패턴, 대비, 조화 등의 감각을 기를 수 있는 공간

- 다양한 방식으로 작품을 전시한 공간
  - 산책에서 발견한 나뭇가지에 영유아의 그림을 전시하는 등 다양한 작품 전시 공간

(5) 자연을 느낄 수 있는 공간을 제공한다

- 영유아가 자연을 만나고 가꿀 수 있는 공간
  - 영유아가 화분에 물을 주고 가꾸며 실내에서 자연을 직접 만날 수 있는 공간
  - 나무조각, 솔방울, 나뭇잎 등 자연물 놀이 자료가 충분한 공간
- 실내에서 만나는 자연
  - 창을 통해 하늘과 자연을 만날 수 있는 공간

[자연을 만나는 공간]

2) 영유아의 놀이를 지원하는 자료

(1) 소재가 다양한 놀이 자료를 제공한다

- 상품화된 영유아용 교재 · 교구뿐만 아니라 일상생활 용품, 자연물 등 다양한 소재의 자료
- 구조적 놀이 자료 외에 자신의 생각과 느낌을 표현할 수 있는 개방적인 자료
  - 플라스틱, 나무 재질 외 다양한 소재의 놀이 자료
  - 상자, 물컵, 액자 틀, 단추, 리본 등 일상생활에서 사용하는 자료
  - 솔방울, 돌멩이 등 자연에서 수집한 자료

(2) 수준이 다양한 놀이 자료를 제공한다

- 영유아의 개별 성장을 지원할 수 있는 조금 어려운 수준과 쉬운 수준을 함께 제시함
- 영유아의 인지발달 수준뿐만 아니라 사회 · 언어 · 신체 발달 수준 등을 고려하여 다양한 수준으로 놀이 자료를 제시함
  - 퍼즐의 그림, 퍼즐 조각 수(3조각, 10조각 등), 조각 잡는 방법 등이 다양한 퍼즐

(3) 성별에 따른 선호 없이 활용할 수 있는 놀이 자료를 제공한다

- 쌓기놀이는 남아가 선호하고 역할놀이나 음악, 미술과 같은 표현 놀이는 여아가 선호한다고 생각하여 영역별 놀이 자료에 성별 특성이 반영되기도 함
- 쌓기놀이 영역의 자동차 소품, 역할놀이 영역의 드레스와 구두 등을 제공하지만, 모든 영역에서 성별에 따른 선호 없이 남아와 여아 모두 놀이할 수 있도록 자료 제공함

(4) 다양한 방법으로 다양한 영역에서 활용할 수 있는 놀이 자료를 제공한다

- 놀이 자료는 한 가지 방법으로 사용하기보다는 여러 영역에서 다양한 방법으로 사용할 수 있는 것으로 제공해야 함
- 영유아가 놀이 자료 사용의 주도권(섞어 쓰기, 이동해서 쓰기, 다른 용도로 쓰기 등)을 가지고 놀이하도록 개방적인 놀이 자료를 제공함
  - 꽃잎, 풀, 돌, 천, 리본, 각종 구슬, 재활용품 등 제공

[자연물을 활용한 미술놀이]

(5) 긴 호흡 놀이 자료와 짧은 호흡 놀이 자료를 제공한다

- 1년 동안 계속 사용하는 자료도 있지만, 어떤 자료는 특정 시기에 사용하기도 함
- 1년 내내 놀이 자료를 변경하지 않거나 영유아의 흥미에 상관없이 주기적으로 변경하기보다는 영유아의 놀이를 관찰하고 필요할 때마다 자료를 교체하거나 추가함
  - 쌓기놀이를 위한 블록, 역할놀이를 위한 교구장, 미술놀이를 위한 종이와 그리기 도구 등의 긴 호흡으로 1년 동안 큰 변화 없이 제공함
  - 놀이 주제나 계절 등에 따라 짧은 호흡으로 활용되는 자료는 교체하거나 추가함

(6) 자료 없이 이루어지는 놀이를 지원한다

- 영유아는 때로 자료 없이도 놀이를 하기도 하며, 불필요하게 과도한 놀이 자료는 오히려 자기 주도적 탐색을 방해하거나, 선택을 어렵게 할 수 있음
- 놀이 자료 없이도 영유아가 자연스럽게 사회적 관계를 형성하고 놀이를 참여할 수 있도록 적절한 공간을 마련할 필요가 있음

3) 영유아의 놀이를 지원하는 상호작용

(1) 영유아와 영유아 간의 상호작용을 지원한다

- 교사는 유아가 누구와 놀이하는지, 어떻게 놀이하는지 관찰하며 유아의 성향, 사회적 능력, 대인 관계 등을 파악하여 지원할 수 있음
- 주로 혼자만 노는 유아, 같은 친구와만 노는 유아, 놀이 상대가 계속 바뀌는 유아도 있음. 유아가 놀이하면서 또래와 맺는 관계는 연령에 따라 다르지만, 빈번한 갈등을 경험하는 유아가 있다면 좀 더 적극적으로 지원해 줄 수 있음
- 혼자 노는 유아를 우려하는 경우가 많은데, 혼자 하는 놀이도 그 자체로 의미가 있으며 주도성이 높고 배움의 요소가 풍부할 수 있으므로, 단순히 혼자 놀고 있다고 해서 다른 놀이에 참여하도록 의도적으로 유도하는 것은 바람직하지 않음
- 만약 놀이에 참여하고 싶지만 배회하는 유아가 있다면, 교사는 다른 친구의 놀이를 소개해 주고 관심이 있는지 의견을 물어본 후 유아와 유아 간의 관계를 지원할 수 있음

(2) 영유아의 놀이 지원을 위한 관찰을 한다

- 상호작용에 대해 교사들이 가지고 있는 오해 중 하나는 무조건 유아의 놀이에 개입을 하고 언어적인 상호작용을 해야 한다는 것임. 하지만 유아의 놀이를 지원하기 위해서는 즉각적인 개입보다는 유아가 놀이에서 보이는 감정의 상태, 궁금한 것, 흥미를 보이고 탐색을 하는 것 등을 관찰하면서 기다리는 것이 우선시되어야 함
- 관찰하면서 배움이 일어나도록 상호작용하기에 적절한 순간과 방법을 잘 결정해야 함

(3) 영유아 놀이를 제안하며 지원한다

- 유아들은 때때로 놀이를 하다가 어려움을 겪기도 하는데, 이러한 어려움은 유아가 도전하고 탐구하는 좋은 기회가 될 수 있음
- 유아가 거듭해서 좌절감을 느낀다고 판단된다면, 새로운 방법이나 해결의 실마리를 제시하는 등 '제안하기' 방법으로 도움을 줄 수 있음
- 진행 중인 놀이가 잘 지속될 수 있도록 공간, 자료, 시간 등의 측면에서 무엇을 어떻게 지원하는 것이 좋을지 고민하고 제안할 수 있음
- 놀이 지원으로서의 제안은 때로는 안전이나 교육적 가치에 기반할 수 있음
  - 놀이하면서 지켜야 하는 약속과 규칙이 있을 때, "다른 친구에게 방해되지 않으려면 어떻게 하면 좋을까?" 등

(4) 영유아의 놀이에 참여하며 지원한다

- 교사는 유아와 함께 놀이하는 즐거움을 느낄 수 있어야 함
- 유아와 교사가 놀이의 즐거움을 공유할 수 있는 기회가 많을수록 공감과 소통이 가능함
- 교사는 유아 주도적인 놀이에서 필요한 경우, 공동 놀이자로 참여할 수 있으며 이를 통해 교사는 놀이의 속성을 더 잘 이해하여 효과적으로 지원할 수 있음
- 유아의 놀이는 아이디어의 결핍이나 유아 간의 의견 충돌, 공간이나 자료를 점유하기 위한 갈등 등에 의해 단절되기도 함. 이와 같이 놀이가 문제 상황에 부딪혔을 때에도 교사의 놀이 참여는 문제해결 방법을 찾는 데 도움이 됨

(5) 영유아 놀이에 질문하며 놀이를 지원한다

- 유아는 놀이하면서 "왜?" "어떻게?"와 같은 내면적 질문을 하고, 스스로 해답을 찾기 위해 놀이에 몰입함. 교사는 유아의 관심과 흥미를 알아내기 위해서보다는 유아의 생각이 유연하게 흐르도록 돕기 위해서 질문하는 것이 가능함
- 교사의 질문이 즐거운 대화의 방식으로 이루어질 때 유아의 사고가 확장되고 스스로 새로운 문제를 찾아낼 수 있게 됨
- "이것은 무엇이니?" "어떻게 할 거니?"와 같이 교사가 기대하는 답을 염두에 둔 질문보다는 "선생님은 이런 생각이 드는데, 너는 어떻게 생각해?" "그것도 좋은 방법인데 무겁진 않을까?"와 같이 유아와 능동적으로 생각을 나눌 수 있는 질문이 바람직함

(6) 영유아 놀이를 정서적으로 지원한다

- 교사는 유아가 놀이를 통해 성취감을 경험할 수 있도록 긍정적인 정서 지원을 표현함
  - 비언어적 표현(미소, 끄덕거림, 공감하는 표정 등)
  - 언어적 표현("그렇게 만들 생각을 하다니 놀랍구나."와 같은 감탄, "큰 것부터 쌓는구나. 그래. 이번에는 무너지지 않을 거야."와 같은 격려 등)
- 교사는 유아가 놀이하는 과정에서 느끼는 부정적인 정서에도 관심을 기울여야 함. 유아는 놀이하면서 좌절감, 걱정, 불안 등의 감정을 느낄 수 있음. 교사는 유아의 정서를 인지하고 위안, 격려 등을 제공할 수 있음

*** 다음에서는 영유아 놀이를 위한 교육 지원의 실제를 살펴보겠다.**

영유아 놀이를 위한 교육 지원의 실제: 영아반-이건 길고, 이건 짧아

사례

민재: 이게 뭐야? 이게 뭐지? 선생님 이게 뭐예요?

교사: 글쎄, 뭘까? 궁금하면 꺼내 보는 건 어때?

(민재가 교구장 바구니에서 긴 백업을 꺼내자 혜진이가 다가와 긴 백업의 한쪽을 잡는다. 두 영아는 자연스럽게 긴 백업의 양 끝을 잡고 당긴다. 긴 백업은 길고 가늘게 늘어나더니 갑작스럽게 끊어진다. 백업이 끊어질 때의 반동으로 두 영아는 아주 잠시 균형을 잃고 비틀거리다가 이내 균형을 잡고 바로 선다. 그리고 끊어진 백업을 보고 주변을 두리번거리다가 서로 바라보며 웃는다.)

민재: 잡아당기니까 끊어져!!

혜진: 나랑 같이 잡아당겨 보자.

(영아들은 끊어진 백업을 주워 다시 서로 잡아당긴다.)

민재: 와! 점점 작아진다. 더 작게 하자!

(백업은 또 끊어져 반토막이 되고, 백업이 끊어질 때마다 두 영아는 까르르 웃는다. 바닥에 짧은 백업들이 여기저기 널려 있다. 민재는 짧게 끊어진 백업을 바구니에 넣으며 혜진이에게 말한다.)

민재: 이건 길고, 이건 짧아!

혜진: 이건 초록, 이건 노랑! 노랑이 더 많아.

(한쪽에서는 도윤이가 백업을 한 손에 잡고 좌우로 재빠르게 흔들며 큰 소리로 말한다.)

도윤: 이거는 이렇게도 돼!

유찬: 와! 뱀이다. 무서워~

(백업이 뱀처럼 흐느적거리는 모습을 보며 유찬이는 웃으며 멀리 달아난다.)

민재: 이건 머리띠야. 이렇게 하니까 반지다.

(민재는 짧은 백업을 주워 머리띠처럼 머리에 두르기도 하고, 손가락에 반지처럼 감는다.)

영아 경험의 이해

- 영아가 긴 백업을 반복적으로 탐색하면서 백업이 고무줄처럼 길게 늘어나고, 잘 끊어지는 특성을 발견하며 변화를 탐색함
- 영아가 길고 짧은 백업의 길이를 비교하는 것에 관심을 가지고 길이에 따라 뱀, 머리띠, 반지를 만들며 놀이함
- 영아는 백업을 잡아당기면서 자신의 팔의 힘 세기를 조절하여 움직임. 백업이 끊어져서 잠시 몸이 균형을 잃었지만 대근육을 조절하여 균형을 유지하였음

지원 방안

- 공간: 백업놀이를 마음껏 놀이할 수 있도록 공간을 확보해 주기
- 자료: 백업을 자유롭게 탐색하고 변형하며 사용하도록 자료의 사용법에 제한을 두지 않기
- 일과: 충분히 놀이하고 싶은 시간까지 즐겁고 자유롭게 놀이할 수 있도록 놀이 존중하기
- 상호작용: 서로 상호작용하며 놀이하는 동안 급하게 개입하지 않고 기다리기
- 안전: 백업을 잡아당기다 끊어져 균형을 잃을 때, 안전을 위해 곁에 있기

출처: 보건복지부(2020). 제4차 어린이집 표준보육과정 해설서, p. 238.

학습내용 확인

※ 다음 문제를 읽고 ○, ×로 답하시오.

1. 상상놀이는 5세 이후 구체적 조작기에만 나타난다. (   )
2. 구성놀이는 놀잇감을 활용하여 창조적인 무언가를 만드는 목표지향적 활동이다. (   )
3. 3세 유아는 공동의 목표를 가지고 한 가지 활동을 함께하고 서로 도우며 역할 분담을 하여 놀이 하는 협동놀이가 나타난다. (   )

※ 다음 (   ) 안에 알맞은 내용을 쓰시오.

4. 파튼의 사회적 놀이단계 중 같은 공간에서 같은 놀잇감을 사용하지만, 상호작용 없이 각자 놀이 하는 형태를 (   )라고 한다.
5. 인지적 놀이의 유형 중 '~인 것처럼' 행동하는 가작화 요소를 지닌 놀이는 (   )이다.

※ 다음 문제를 읽고 (   ) 안에 알맞은 번호를 쓰시오.

6. 다음 중 기능놀이의 특징으로 옳은 것은? (   )
   ① 인과관계에 기반한 복합적인 이야기 구조를 포함한다.
   ② 규칙을 이해하고 내면화하는 인지적 수준이 필요하다.
   ③ 단순한 근육 운동을 반복하며 즐거움을 얻는다.
   ④ 역할 분담을 통한 협력적 목표 달성이 포함된다.

7. 다음 중 놀이 공간 구성 원칙에 해당하지 않는 것은? (   )
   ① 영유아의 공통적 특성과 개별적 다양성을 고려한 공간
   ② 자연을 느낄 수 있는 공간
   ③ 한 가지 주제나 동일 재질의 자료만 제공하여 집중할 수 있는 공간
   ④ 가정과 같은 편안하고 안정된 공간

8. 놀이 자료 제공에 대한 설명 중 잘못된 것은? (   )
   ① 긴 호흡의 놀이 자료와 짧은 호흡의 놀이 자료가 적절하게 제공되어야 한다.
   ② 성별에 따른 놀이 선호도가 다르기 때문에 이를 고려해야 한다.
   ③ 소재가 다양한 놀이 자료를 제공해야 한다.
   ④ 다양한 방법으로 다양한 영역에서 활용할 수 있는 자료를 제공한다.

※ 다음 문제에 대해 서술하시오.

9. 영유아의 놀이가 발달에 미치는 영향을 설명하시오.

10. 교사가 놀이 지원을 위한 '제안하기' 전략을 사용할 때 유의해야 할 점을 서술하시오.

활동해 봅시다

활동 11-1 영유아 발달을 지원하는 교사의 역할과 예를 세 가지 이상 기술해 보세요.

활동 11-2 영유아의 놀이에 대한 여러분의 생각을 적어 보세요.

"영유아의 삶에서 놀이는 ( )이다.

왜냐하면 ( )이기 때문이다."

Part III

특별한 영유아와 교육 지원

제12장 영유아 발달장애와 교육

제 12 장

영유아 발달장애와 교육

학습 개요

영유아의 발달은 신체 · 인지 · 언어 · 사회 · 정서 발달 등이 통합적으로 이루어지나, 시기별 발달이 이루어지는 영역이 다르고 개인차가 발생한다. 영유아의 연령에 따른 발달 수준 및 발달의 개인차를 이해하고 이를 기반으로 발달장애, 발달이상을 조기에 발견하는 것은 중요하다. 제12장에서는 영유아기의 발달장애 및 장애 유형, 장애 특성에 대한 지원 방법을 살펴보겠다.

학습 목표

1. 영유아기 발달장애의 개념을 이해한다.
2. 영유아기 발달장애 유형에 대해 알아본다.
3. 영유아기 발달장애 특성에 따른 지원 방법에 대해 이해한다.

주요 용어

- 자폐스펙트럼장애, 학습장애, 주의력 결핍 과잉행동장애

함께 생각해 봅시다

∴ 최근에 어린 시기부터 발달장애 진단을 받는 아동이 지속적으로 증가하고 있습니다. 영유아 발달장애 및 발달이상을 조기에 발견하는 것은 어떤 의미가 있을까요?

1. 발달장애의 개념

발달은 전 생애에 걸쳐 일어나는 생물학적 · 인지적 · 사회적 변화로 미성숙하고 비분화된 구조에서 점차 분화 · 성숙되어 가는 과정이다. 발달 과정에서 정상적인 발달 속도가 다소 지연되거나 질적인 부분에서 발달이 이루어지지 않는 경우가 있다(김현호 외, 2017). 이런 경우에 정상(normal) 또는 이상(abnormal)이라는 용어가 사용되기도 하고, 적응(adjustment) 또는 부적응(maladjustment)이라는 용어가 사용되는 등 여러 가지 의미의 단어가 혼용되어 일반인들에게 혼동을 일으키기도 한다(이영 외, 2017).

발달장애의 사전적인 정의는 발달이 평균으로부터 유의미하게 일탈하여 신체적 · 정신적 또는 두 가지 영역 모두에서 심각하고 만성적인 장애가 지속될 가능성이 있는 장애를 의미한다(국립특수교육원, 2009). 발달장애의 의학적 정의는 어느 특정 질환 또는 장애를 지칭하는 것이 아니라, 해당하는 나이에 이루어져야 할 발달이 성취되지 않은 상태로, 발달 선별검사에서 해당 연령의 정상 기대치보다 25%가 뒤처진 경우를 말한다(서울대학교병원 의학정보, 2025).

미국정신의학회(American Psychiatric Association: APA)의 『정신장애 진단 및 통계 편람 제5판(Diagnostic and Statistical Manual of Mental Disorders: DSM-5)』에서는 정신장애를 20개의 주요한 범주로 나누고 그 하위범주로 300여 개 이상의 장애를 포함하고 있다. DSM-5에 의하면 영유아기 대표적인 발달 이상 중 주의력결핍 과잉행동장애(ADHD), 자폐스펙트럼장애, 지적 장애, 말더듬증, 틱장애, 반항성 장애와 같은 여섯 가지 유형을 신경발달장애(neurodevelopment disorders)로 포괄하였다. 신경발달장애는 중추신경계의 손상으로 뇌의 발달지연이나 뇌 손상과 관련된 정신장애를 포함한다(이영 외, 2017). 중추신경계의 발달에 지체 현상을 보이거나 그 기능에 문제가 있는 경우에 인지, 언어, 운동, 사회적 기능의 습득이 곤란해지게 되는데, 일반적으로 이런 장애를 발달장애(development disorder)라고 부른다. 발달장애는 선천적 원인 혹은 후천적 원인에 의한 손상으로 발달지연이 생겨나서 전 생애에 걸쳐서 가정, 학교 및 사회생활 등에서의 적응 곤란을 겪게 되는 것으로 볼 수 있다(김향자 외, 2017).

2. 발달장애의 유형 및 지원

신경발달장애 범주에 속하는 지적 장애, 자폐스펙트럼장애, 주의력결핍 과잉행동장애, 의사소통 장애에 대해 살펴보겠다.

1) 지적 장애

(1) 지적 장애의 개념 및 특징

미국정신의학회(DSM-5)에서는 지적 장애를 지적 기능과 적응 기능에서의 결함으로 정의하였다. 지적 기능은 IQ 검사에 의해 결정되며 추리, 문제해결, 계획, 추상적 사고, 판단 능력 등을 포함하고, 적응 기능은 개인이 일상생활에 적응하는 데 필요한 기술로 의사소통, 자기 관리, 사회성 기술 등이 포함된다. DSM-5의 진단 기준에서는 이런 장애가 발달 과정에서 18세 이전에 나타나는 경우를 지적 장애라고 한다(이영 외, 2017; 신명희 외, 2024).

지적 장애는 지적 기능의 손상 정도에 따라 분류하며, 일반적으로 지능(IQ)이 70 이하인 경우이다. 지적 능력의 발달 정도에 따라 경도 지적 장애(IQ 50~70), 보통 정도의 지적 장애(IQ 20~50), 중도 지적 장애(IQ 20 이하) 세 단계로 분류할 수 있다(김향자 외, 2017).

지적 장애아는 선택적 주의집중을 하고 주의를 유지하는 능력이 부족하다. 장기기억이나 단기기억도 부족한데, 특히 단기기억이 많이 부족한 것으로 알려져 있다. 정보처리 속도가 느리기 때문에 주어진 정보를 인지하는 데에 시간이 오래 걸리고 실행에 옮기는 데에도 어려움을 겪는다. 언어발달에서도 조음의 문제가 흔히 나타나고 제한된 어휘를 사용하며 의사소통의 방법에 문제를 보인다. 낮은 수준의 인지발달과 부족한 언어발달은 다른 사람과의 상호작용을 어렵게 하기 때문에 지적 장애아는 또래 관계를 형성하고 유지하는 것이 어렵다(신명희 외, 2024).

(2) 지적 장애아 지원

지적 장애아에게는 지적 기능과 적응 기술을 향상시키기 위한 프로그램을 제공해야 한다. 즉, 이들이 학습에 대한 자신감을 가지고 자신의 능력 범위 내에서는 의욕적인 태도로 임할 수 있도록 개별화된 접근이 필요하다. 이를 위한 지원 방법은 다음과 같다(김향자 외, 2017).

- 장단점을 파악하여 장점은 강화, 단점은 약화시키는 교육 프로그램을 실시함
- 준비도를 검토하여 선행학습을 파악하고, 개인 내부의 변화에 초점을 맞춤
- 학습결과에 대한 즉각적인 피드백과 이에 따른 정적 강화를 함
- 단기기억은 어려우나 장기기억은 가능하기 때문에 반복학습을 시킴
- 개념적이거나 추상적인 학습은 자제하며 개념을 구체적으로 제시함
- 언어뿐만 아니라 언어 이외의 시청각 교육 자료를 적극 활용함
- 일상생활에서의 적응기술 훈련, 사회적 기술 훈련, 직업 훈련 등을 실시함

2) 자폐스펙트럼장애

(1) 자폐스펙트럼장애의 개념 및 특징

자폐스펙트럼장애는 의사소통과 사회적 상호작용능력의 저하를 일으키는 신경발달장애로 1943년 미국의 정신과 의사인 캐너(Leo Kanner)에 의해 확인된 증상이다. 자폐의 원인은 아직 명확하게 밝혀지지 않았으나 두뇌 이상의 견해로 보는 견해가 대부분이다. 자폐스펙트럼장애는 두 가지 주된 특징이 있다. 첫째, 사회적 의사소통과 상호작용에서의 결함을 보인다. 대인관계에 필요한 눈 맞춤, 표정, 몸짓 등이 부적절하여 함께 생활하는 부모나 또래와 친밀한 관계를 맺지 못한다. 둘째, 행동, 흥미, 활동에서 반복적인 패턴이 나타난다. 제한된 특정한 패턴의 행동을 똑같이 반복하며, 특정한 대상이나 일에 비정상적으로 고집스럽게 집착하는 행동을 나타낸다. 감각적 자극(예: 고통, 온도)에 대한 과도한 또는 과소한 반응을 나타내거나 환경(예: 빛이나 물건의 움직임)의 감각적 측면에 대해 비정상적인 관심을 나타낸다(신명희 외, 2024).

(2) 자폐스펙트럼장애아에 대한 지원

자폐스펙트럼장애아의 판정은 단 한 번의 관찰과 면접, 검사만으로 불가능하다. 가정과 유아교육기관에서, 여러 차례의 행동 관찰과 검사, 면접을 실시하여 장기간에 걸쳐 지속적으로 관련 행동이 나타나고 앞으로도 예측된다고 판단될 때 자폐아로 분류하며 지도, 치료해야 한다. 다음은 자폐아를 지원할 수 있는 방법이다(김향자 외, 2017).

- 인간 관계 장애에 대한 지원을 함
  - 자폐아는 성인과의 교류는 훈련에 의해 어느 정도 가능함

- 자폐아는 타인과의 신체적 접촉을 싫어하는 경향이 있으므로 좋아하는 활동을 하면서 신체적 접촉을 자연스럽게 조금씩 시도하는 것이 효과적임

• 언어장애에 대한 지원을 제공함
  - 다양한 경험을 통하여 타인과 이야기하고 싶다는 기분이 생성되도록 도와주는 것이 필요함(예: 쇼핑, 산책 등의 일상 경험이나 여행 등의 특별한 활동을 함께하면서 그 경험을 언어화하여 되돌아보도록 유도하는 것, 느낀 점을 언어로 이야기하는 기회를 제공하고 사진이나 영상을 활용하면 효과적임)

• 반복적인 행동 패턴과 특정 사물에 대한 집착 증상을 지원함
  - 자폐아는 동일한 행동의 반복과 특정 사물에 대한 집착을 통해 즐거움이나 심리적 안정을 얻으려고 함. 본인에게 유해하거나 주위 사람들에게 피해가 되지 않는다면 허용하며 그렇지 않은 경우에는 지도를 함

3) 주의력결핍 과잉행동장애

(1) 주의력결핍 과잉행동장애의 개념 및 특징

주의력결핍 과잉행동장애(Attention Deficit Hyperactivity Disorder: ADHD)는 부주의, 과잉행동, 충동성을 주 증상으로 하며, 미국정신의학회 진단 기준인 DSM-5의 진단명이다. ADHD의 정확한 원인은 아직 밝혀지지 않았지만, 선천적인 뇌 신경 전달물질의 부족으로 나타나는 문제로 보는 학자가 다수이다(신명희 외, 2024). ADHD의 특징인 부주의는 주의집중의 어려움, 정확하게 일을 해내거나 조직하는 것의 어려움과 주저함, 지시를 잘 따르지 못함, 매우 산만한 특성을 포함한다. 다음으로, 과잉행동은 과도한 움직임, 끊임없는 행동, 지나치게 말이 많은 것과 같은 특성이 포함된다. 충동성은 행동 억제력 부족, 보상을 원하거나 행동하기 전에 먼저 생각하는 것을 어려워하는 행동 특성을 포함한다(이영 외, 2017).

(2) ADHD 장애아에 대한 지원

ADHD 아동 중 일부는 성장하면서 증상이 점차 자연스럽게 완화되지만, 치료하지 않고 방치하면 집중력 및 학습능력 저하, 반사회적인 성격장애 등 증상이 심해지거나 우울증, 틱 증후군 등의 증상으로 발전할 위험이 있다. 그러므로 조기 발견과 그에 따른 체계적인 치료가 중요하다(신명희 외, 2024). 다음은 ADHD 아동을 지원하기 위한 방법이다(김향자 외, 2017).

- ADHD에 대한 가장 흔한 치료 방법은 약물복용임
  - ADHD는 뇌의 신경전달물질을 보충하는 '리탈린'이라는 약물 치료가 효과적임. 약물 투여에 의해 주의집중의 어려움이나 과잉행동의 증상이 억제되면, 다른 사람의 이야기를 잘 듣고 책 읽기나 과제를 수행하는 등 침착하고 안정된 활동을 할 수 있음
- ADHD에 대한 행동적 개입을 시도함
  - 행동적 개입은 하나의 행동이 발생했을 때 환경과 행동의 결과와의 관계를 파악함. 바람직한 행동은 생성되고, 바람직하지 않은 행동은 생성되지 않도록 환경을 조정함
- 과잉행동을 억제하고 주의력을 높일 수 있는 방법을 모색함
  - 주의집중이 잘 되는 오전 시간대, 개별화된 상황에서의 학습, 주어진 활동에 대한 흥미나 관심이 있을 때, 행동 결과를 곧바로 알 수 있을 때, 칭찬을 많이 들을 수 있을 때는 주의력을 높일 수 있음

4) 의사소통 장애

(1) 의사소통 장애의 개념 및 특징

의사소통 장애는 지능수준은 정상이지만 말(speech)과 언어(language)의 결함으로 어려움을 겪는 것을 의미하며 말장애와 언어장애가 포함된다. 말장애는 말소리를 산출하거나(조음), 속노나 리듬, 강세 등 말의 흐름을 유지하거나(유창성), 목소리의 질, 높낮이, 크기를 조절하는 데 있어서(발성) 어려움을 보이는 장애를 의미한다. 이러한 장애는 한 가지 이상이 중복되어 나타나기도 하며, 다른 언어장애 유형들과 함께 복합적으로 나타나기도 한다(김향자 외, 2011).

언어장애는 언어의 다섯 가지 영역인 음운론, 형태론, 구문론, 의미론, 화용론 측면에서 하나 혹은 그 이상의 문제가 있는 것이다. 음운론적 장애는 음소를 정확하게 구분하지 못하며 형태론적 장애는 의도한 형태소를 적절하게 사용하는 데 어려움을 보인다. 구문론적 장애는 의도한 바를 청자가 이해할 수 있도록 적절하게 단어를 연결하는 규칙을 사용하는 데 문제가 있다. 의미론적 장애를 가진 유아는 추상적인 언어를 이해하는 데 문제를 보이거나 연령에 맞는 어휘를 발달시키지 못하기도 한다. 화용론적 장애를 가진 유아는 언어의 형태와 내용에는 문제가 없어도 사회적 목적에 맞는 언어를 사용하는 데 문제가 있다(신명희 외, 2024).

(2) 의사소통 장애아에 대한 지원

의사소통 장애를 보완하는 보완대체 의사소통은 몸짓, 수화체계, 점자 등의 상징과 의사소통 책, 차트, 전자장치 등의 보조도구 및 공학기술의 통합적인 체계를 가지고 소통할 수 있도록 한다(김향자 외, 2017). 이 외에 의사소통 장애아를 지원하기 위한 방안은 다음과 같다(신명희 외, 2024).

- 말장애의 치료 및 지원은 음성학적 문제를 유발하는 신체적 기관을 치료하기 위해 수술을 할 수도 있음
- 말장애의 경우 언어치료사를 통해 정확한 발음을 가르치고 올바른 발성을 위한 호흡조절능력을 키워 줄 수도 있음
- 말장애 중에서 말더듬의 경우, 말을 더듬는 것에 대한 두려움과 말을 하지 않고 피하려는 것을 감소시키는 데 치료의 초점이 있음
- 언어장애의 경우 이비인후과, 소아과 등에서 감각적 · 신체적 문제가 있는지를 점검함
- 언어장애의 경우 유아의 정서적 문제나 부모-자녀 관계 문제를 탐색하여 지원함
- 언어장애는 언어치료사나 교사를 통해 체계적인 언어교육을 지속적으로 실시함

다음은 장애 진단을 의심하게 하는 영유아의 행동 및 발달 특성이다(육아정책연구소, 한국육아지원학회, 2022).

표 12-1 장애 진단을 의심하게 하는 영유아의 행동 및 발달 특성

이후의 의심장애	행동 및 발달 특성
지적 장애	• 언어이해 및 표현, 대 · 소근육, 일상생활 기술 등이 전반적으로 또래보다 지체되어 있음 • 새로운 지식을 학습하는 속도가 느림 • 집중해야 할 때 무엇에 집중해야 하는지를 잘 모르거나 집중 시간이 짧음 • 배운 내용을 잘 기억하지 못하고 배운 내용을 수업 장면 외의 모든 상황으로 적용하거나(예: 다리가 넷이면 모두 강아지) 다른 상황으로 적용하는 것(예: 수업 중 사진에서 본 강아지만 강아지)이 어려움 • 일상에서 경험한 것을 연령에 맞게 논리적으로 표현하기 어려움

자폐스펙트럼 장애	• 친구나 교사와의 눈 맞춤이 부족하고 이름을 불러도 잘 반응하지 않음 • 자신의 요구를 위해 자발적으로 말을 사용하지 않고, 사용한 경우에도 자신의 요구 또는 좋아하는 주제에 한정됨 • 친구와의 놀이보다는 혼자만의 놀이에 몰두하거나 자신만의 방식으로 놀이하는 경향이 있음(예: 자동차 옆으로 길게 나열하기) • 자랑하거나 보여 주기 등의 사회적인 행동을 잘 보이지 않음 • 청각, 시각, 미각, 촉각, 후각 등 감각 영역에서 민감한 반응을 보이거나 지나치게 둔한 반응을 보임 • 상황에 맞지 않는 불필요한 동작을 반복함(예: 손 펄럭이기 등)
의사소통 장애	• 언어를 이해하는 습득 속도가 느림 • 30개월이 지나서도 두 단어 어절(예: 이거 싫어)을 말하지 않음 • 자신의 욕구를 적절한 말이나 몸짓으로 표현하기 어려움 • 말을 많이 사용하는 역할놀이에 참여하는 것을 어려워함
주의력결핍 과잉행동장애	• 놀이를 할 때 지속적인 주의집중이 어려움 • 다른 사람이 직접적으로 말을 할 때 경청하지 않는 것처럼 보임 • 과제나 활동에 필요한 물건들을 분실함 • 손발을 가만히 두지 못하거나 의자에 앉아서도 몸을 움직임 • 질문이 채 끝나기도 전에 성급하게 대답함 • 지나치게 수다스럽게 말함

출처: 육아정책연구소, 한국육아지원학회(2022). 아이의 발달속도에 맞춘 러닝메이트, p. 27

3. 장애아 통합교육

1) 장애아 통합교육의 개념 및 필요성

장애아 통합교육은 장애를 지닌 유아들이 장애를 지니지 않은 또래들과 유아교육기관에서 교육받는 것을 의미한다. 함께 교육받는다는 것은 같은 장소에 배치하고 동일한 교수 방법과 교육 과정을 적용하는 것뿐만 아니라 근본적으로 동일한 소속감을 가지고, 동등한 가치를 인정받으며 동등한 선택의 자유를 누릴 수 있는 것을 의미한다(이소현, 박은혜, 2001).

먼저, 장애아 통합교육의 필요성에 대해 법적 측면에서는 「장애인 등에 대한 특수교육법」에서 장애아 통합교육에 대해 규정하고 있다. 사회윤리적 측면에서는 통합교육을 통해 장애아에 대한 사회적 태도를 긍정적으로 변화시킬 수 있으며, 장애 유아가 사회에서 통합되어 살 수 있는 기회를 통해 건전한 사회 구성원으로 성장할 수 있게 된다. 발달적 측면에서는 장애 유아와 일반 유아의 발달과 상호작용에 효과적이고 긍정적인 영향을 미친다(구효진 외, 2014, 지옥정 외, 2021).

2) 장애아 통합교육을 위한 교육 지원

(1) 장애아 통합교육을 위한 교육 프로그램을 구성한다

장애아 통합교육을 위한 교육 프로그램은 일과 운영 중에 다양한 통합의 기회를 제공하며, 장애 유아의 활동이나 참여를 제한하는 환경을 최소화하여 불편함이 없도록 한다. 또한 교육 프로그램은 특수교육과 유아교육에서의 통합교육에 대한 관점을 교환하며 구성한다(지옥정 외, 2021).

(2) 장애아 통합교육을 위한 교수-학습 활동을 실행한다

장애아 통합교육을 위해 장애 유아들의 개별적 특성을 고려하여 활동을 단순화하거나 유아의 선호도를 반영하기, 또래 상호작용 지원, 참여를 높이기 위한 특수 장비나 설비 활용, 성인 지원 등의 다양한 교수-학습 활동을 적용한다(이소현, 박은혜, 2001).

(3) 장애아 통합교육을 위한 환경을 구성한다

장애 영유아가 필요로 하는 장비를 갖추고 편안한 환경을 구성한다. 장애 영유아를 교사 가까이에 앉히는 등의 자리 배정, 보조도구나 장치를 사용하는 유아들을 위해 넓은 책상 마련하기, 휠체어가 움직일 수 있는 공간 제공하기 등의 물리적 공간 배치, 보조공학 기기나 장애 영유아를 위한 교재 · 교구 등을 마련한다(김향자 외, 2017).

(4) 장애아 통합교육을 위한 교사, 부모, 전문가 간의 협력을 한다

장애아 통합교육을 위한 교육 지원으로 특수교사와 일반 교사, 치료사, 가족 간의 긴밀한 협력 관계가 필요하다. 먼저, 장애아를 성공적으로 통합시키기 위해서는 일반학급 교사가 특수교육에 대한 전반적인 이해를 하고, 교육 과정을 수정하고, 교수전략을 적용할 수 있도록 체계적인 프로그램을 지속적으로 제공해야 한다. 또한 치료사와 가족 간의 협력을 통해 영유아를 지원하기 위한 다양한 접근을 해야 한다. 마지막으로, 장애아 통합교육 관련 전문가들의 협력도 중요하다. 장애아 통합교육은 유아교육, 특수교육, 가족학, 상담학, 사회복지학 등과 같은 다양한 분야에서 학제적 접근이 필요하다. 교육과 치료 서비스가 분리된 형태가 아닌 전문가들이 팀원으로 상호 협력하여 통합교육을 이루어 나가야 한다(임근민 외, 2022; 지옥정 외, 2021).

4. 장애 위험군 영유아를 위한 교육 지원

1) 장애 위험군 영유아의 개념과 지원의 중요성

장애 위험군 영유아(children at-risk)는 장애 영유아로 등록되거나 진단받지는 않았지만 발달을 저해하는 위험 요소들이 있는 영유아를 말하며, 적절한 교육적 서비스를 조기부터 지속적으로 제공하지 않고 방치하면 발달과 생활 적응 문제가 심각해져 장애로 발전할 가능성이 있는 영유아를 의미한다(육아정책연구소, 한국육아지원학회, 2022). 장애 위험군 영유아의 지도는 기본적으로 발견과 선별 과정에서부터 시작되는데, 조기에 발견하려면 학급 내에서 교사가 영유아에 대한 일반적인 연령별 발달지표에 대한 지식을 갖는 것이 중요하다.

장애 위험군 영유아의 조기 발견 및 지원은 다음과 같은 점에서 중요하다. 첫째, 영유아의 발달에 문제를 일으키는 위험 요소는 영유아에게 부정적인 영향을 미치며, 이후의 학습과 성장에도 문제를 일으킬 수 있다. 둘째, 발달지연 현상은 시간이 지날수록 더욱 심해져서 전형적인 발달과의 차이를 유발하기 때문에 조기에 개입해야 전인적 발달을 도모하고 추후 장애 발생을 예방할 수 있다. 셋째, 조기 발견과 개입으로 위험군 영유아와 그들의 가족이 필요로 하는 의료, 복지, 심리 · 사회, 교육, 치료 등 다양한 측면에서의 총체적 서비스를 제공할 수 있으며, 영유아의 발달을 촉진할 뿐 아니라 부모와 그 가족이 경험하는 문제들을 줄일 수 있다.

2) 장애 위험군 영유아의 발달 특성 및 선별

(1) 장애 위험군 영유아의 발달 특성

장애 위험군 영유아는 자신이 처한 환경, 가족, 문화, 개인적 특성에 의해 하루 일과를 따르는 데 어려움을 보이는 영유아에 해당하며 또래에 비해 수행 속도가 느리고, 정상적인 발달 기술 습득이 지연되며, 주의집중, 기억력, 자기조절능력이 미흡한 모습을 보인다. 대부분 의사소통이나 사회 · 정서적 측면에서 여러 어려움을 가진다. 다양한 자료 수집과 관찰을 통해 영유아가 발달단계에 따른 일반적인 행동을 나타내지 않거나 위험 징후를 보일 경우, 부모와 영유아 발달 상태에 대해 논의하는 것이 필요하다(육아정책연구소, 한국육아지원학회, 2022).

표 12-2 연령별 발달위험 징후

연령	장애 위험군 영유아 징후
만 2세	• 8개월까지 걸을 수 없음 • 걷기 몇 개월 후에 성숙한 뒤꿈치-발가락 걷기 패턴을 하지 못하거나 까치발로만 걸으려고 함 • 적어도 15단어를 18개월까지 말하지 못함 • 2세까지 2단어 문장을 사용하지 않음 • 일반적인 가정용품(빗, 전화, 포크, 숟가락)의 기능을 15개월까지 알지 못함 • 2세 말까지 행동이나 말을 모방하지 않음 • 2세까지 간단한 지시를 따르지 않음 • 2세까지 바퀴 달린 장난감을 밀 수 없음
만 3~4세	• 팔을 어깨 위에서 아래로 내리면서 공을 던질 수 없음 • 제자리에서 뛸 수 없음 • 세발자전거를 탈 수 없음 • 엄지손가락과 다른 손가락으로 크레용을 잡을 수 없음 • 낙서하는 데 어려움이 있음 • 4개 블록을 쌓을 수 없음 • 부모님이 떠날 때마다 계속 매달리거나 울음 • 다양한 게임과 활동을 즐기지 않음 • 다른 영유아들을 무시함 • 가족 외의 사람에게 반응하지 않음 • 상상놀이에 관심을 보이지 않음 • 옷 입기, 수면, 화장실 사용을 거부함 • 화가 나거나 화가 났을 때 자제력 없이 발끈함 • 원을 그리지 못함 • 3단어 이상의 문장을 사용하지 못함 • '나'와 '너'를 올바르게 사용하지 못함
만 4~5세	• 극도로 겁먹거나 소심한 행동을 보임 • 극도로 공격적인 행동을 보임 • 부모와 헤어지는 데 어려움이 있음 • 주의가 산만해지고 5분 이상 어떤 활동에도 집중할 수 없음 • 다른 또래들과 노는 데 별 관심이 없음

	• 일반적으로 대처를 거부하거나 피상적으로만 대응함 • 놀이에서 판타지나 모방을 거의 사용하지 않음 • 대부분 불행하거나 슬픈 것처럼 보임 • 다양한 활동에 참여하지 않음 • 다른 또래와 어른과의 접촉을 피하거나 초연해 보임 • 폭넓은 감정을 표현하지 않음 • 옷 입기, 수면, 화장실 사용을 거부함 • 환상과 현실을 구분할 수 없음 • 비정상적으로 수동적인 것 같음 • 이름과 성을 정확히 말할 수 없음 • 복수형이나 과거 시제를 올바르게 사용하지 않음 • 일상적인 활동과 경험에 관해 이야기하지 않음 • 입방체 6~8개를 쌓아 올릴 수 없음 • 크레용을 들고 있는 것이 불편해 보임 • 옷 벗는 데 어려움을 겪음 • 이를 효율적으로 닦을 수 없음 • 손을 씻고 말릴 수 없음

출처: 육아정책연구소, 한국육아지원학회(2022). 아이의 발달속도에 맞춘 러닝메이트, p. 37.

(2) 장애 위험군 영유아 선별검사

영유아의 발달 위험이 의심되면 병원이나 전문 기관에서 진단받기 전에 교사가 직접 위험군 영유아를 조기에 판별하기 위해 선별검사를 시행할 수 있다. 이때 발달 선별검사 도구는 장애 진단 목적이 아닌 발달 수준을 알아보고 진단 검사가 필요한지 여부를 판단하기 위한 것이다.

① 한국 영유아 발달 선별검사(K-DST)

한국 영유아 발달 선별검사(K-DST)는 교사가 만 6세 미만 영유아(4~71개월)를 대상으로 대근육 운동, 소근육 운동, 인지, 언어, 사회성, 자조까지 총 6개의 발달영역을 평가하며, 영역당 8문항의 표준화된 발달 선별검사 도구이다. 검사결과는 양호, 주의, 정밀검사필요로 구분되며, 정밀검사필요에 해당하는 '심화평가권고' 대상자는 일정 요건 충족 시 발달장애 정밀검사비를 지원받을 수 있다.

참고 자료

○ 한국 영유아 발달 선별검사(K-DST)-국민건강보험

② 부모용 한국 영유아 발달 선별검사(KSIED-P)

부모용 한국 영유아 발달 선별검사(Korean Screening of Early Development-Parent: KSIED-P)는 12개월에서 만 5세까지의 영유아를 대상으로 부모가 가정 내 · 외 환경에서 보이는 영유아의 장애 위험을 조기선별하는 검사 도구이다. 12~17개월 46문항, 18~23개월 53문항, 24~29개월 53문항, 30~35개월 51문항, 3세 53문항, 4세 59문항, 5세 60문항으로 구성되어 있다.

참고 자료

○ 육아정책연구소 영유아 발달체크도구(K-SIED)

3) 장애 위험군 영유아를 위한 지원

영유아교육기관에서 장애 영유아와 장애 위험군 영유아를 지원하기 위해 개별 지원의 범위를 정하려면 우선 영유아의 상태를 명확히 아는 것이 필요하다. 즉, 영유아가 장애 진단을 받고 특수교육 대상자로 등록된 상태인지, 아니면 부모나 교사의 관찰에 의해 발달지연이나 장애 가능성이 의심되는 상태인지를 확인해야 한다. 이러한 구분은 이후 지원의 방향성과 범위를 결정하는 데 중요한 기준이 된다(교육부, 2025). 장애 진단을 받고 특수교육 대상자로 등록된 경우에는 관련 법과 제도에 따라 특수교육 지원센터와 협력하여 지원 범위와 절차를

구체적으로 정한다. 반면, 아직 진단이 이루어지지 않은 상태라면 우선 일반적인 반응적 지원을 제공하며 영유아의 발달 상황을 세심히 관찰하는 것이 필요하다. 장애 위험군 영유아의 선별 및 지원 절차는 [그림 12-1]과 같다.

장애 위험군 영유아의 교육 지원은 일반적인 반응적 지원을 통해 영유아가 또래와 함께 활동하며 자연스럽게 발달을 촉진할 수 있도록 환경을 조성한다. 이후, 관찰을 통해 영유아

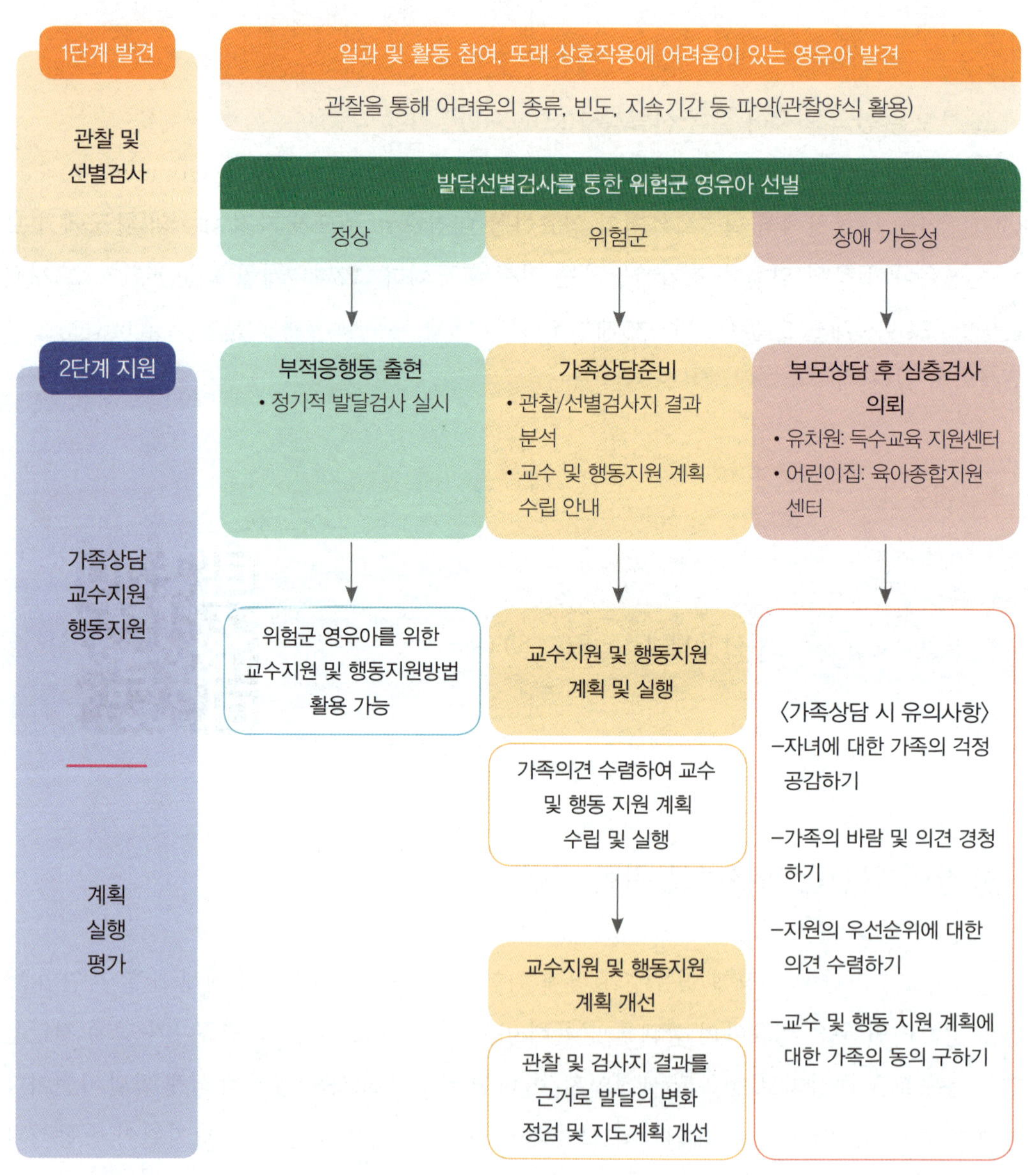

[그림 12-1] 장애 위험군 영유아 발견 및 지원 절차

출처: 육아정책연구소, 한국육아지원학회(2022). 아이의 발달속도에 맞춘 러닝메이트, p. 13.

의 개별적인 요구가 확인되면 개별 지원 계획을 수립한다. 이 과정에서는 언어 자극이 필요한 영유아에게 언어놀이를 추가로 제공하거나 감각 발달을 돕는 활동을 계획하는 등 맞춤형 지원이 이루어진다. 이러한 개별 지원은 부모와의 긴밀한 소통을 바탕으로 영유아의 필요를 더 정확히 이해하고 반영하는 방향으로 진행한다. 영유아에게 지속적인 지원이 필요하거나 발달지연이 명확히 확인되는 경우, 부모와 협력하여 장애 진단을 받을 수 있도록 안내하고 특수교육 대상자로 등록하는 절차를 진행한다. 이후에는 특수교육 지원센터와 연계하여 전문적인 서비스를 받을 수 있도록 지원 범위를 확장한다. 이 모든 과정에서 지원 범위는 통합의 원칙에 따라 영유아가 또래와 함께 어울릴 수 있는 환경을 유지하면서 이루어져야 한다. 그와 동시에 영유아의 독특한 요구를 반영한 개별화된 지원을 제공해야 하며, 부모와 교사, 관련 전문가 간의 협력을 통해 종합적인 지원 체계를 구축하는 것이 중요하다(교육부, 2025).

*** 다음에서는 발달장애 영유아를 위한 교육 지원의 실제를 살펴보겠다.**

발달장애 영유아를 위한 교육 지원의 실제: 자폐스펙트럼장애 영유아 지원 방향		
구분	하면 안 되는 것	해야 하는 것
놀이	• 영아가 관심을 보이지 않는 놀이나 활동을 억지로 하게 하기	• 흥미와 관심을 보이는 것을 활용하여 놀이 확장하기
	• 제한된 놀이를 하는 영아를 지원하기 위해 영아의 놀이에 간섭하거나 방해하기	• 영아의 관심을 끌 수 있도록 영아가 가지고 노는 놀잇감을 이용하여 영아 옆에서 재미있게 병행놀이하기 • 영아가 즐기는 감각 자극이나 놀잇감이 있다면 놀이에 적극적으로 활용하기
의사소통	• 입 모양을 보여 주며 말을 따라 하도록 하기	• 영아가 하고 싶어 할 것 같은 말을 그 말이 필요한 상황에서 해 주기
	• 말로 안내하거나 소통하기	• 그림이나 사진 등 시각적 자료를 함께 활용하여 안내하고 소통하기
	• 영아에게 "주세요."처럼 요구하기 위한 의사소통 표현만 가르치기	• 영아가 설명하기, 자랑하기, 질문하기 등 다양한 의도의 표현을 할 수 있도록 격려하고 교사가 먼저 시범 보이기
상호작용	• 성인이 질문하거나 지시하면 영아가 반응하는 방식으로 상호작용하기(예: "이건 뭐야?"라고 묻기, "이렇게 해."라고 지시하기)	• 영아가 교사를 훌륭한 상호작용 파트너로 인식하도록 영아의 의도를 읽고 반응적으로 대하기
감정조절	• 영아가 화를 내거나 울 때 이유 없이 운다고 생각하기	• 겉으로 드러나지 않지만 영아를 불안하게 하거나 불편하게 한 요소 찾아보기
	• 영아가 화를 내거나 도전행동을 보일 때 훈육하기	• 화를 내거나 도전행동을 보일 때 감정을 읽어 주고 공감한 후 적절한 표현 방법 알려 주기
	• 영아가 울거나 화를 낼 때 반응하지 않거나 야단치기	• 위로를 구하고 싶은 따뜻한 사람이 되어 주기

출처: 교육부(2025). 모든 영아를 위한 지원자료, p. 153.

학습내용 확인

※ 다음 문제를 읽고 ○, ×로 답하시오.

1. DSM-5에서는 자폐스펙트럼장애, 지적 장애, ADHD 등을 '신경발달장애' 범주로 묶는다. (　　)
2. 지적 장애는 특정 인지 기능에만 장애가 있으므로 전반적 지체는 드물다. (　　)
3. 통합교육의 핵심은 같은 교실에 있는 것만으로도 충분하며 또래와의 상호작용 기회는 필수 요소가 아니다. (　　)

※ 다음 (　　) 안에 알맞은 내용을 쓰시오.

4. 지적 장애의 지능지수(IQ) 기준은 일반적으로 (　　　　　) 이하이다.
5. ADHD의 주요 증상은 (　　　　　), (　　　　　), (　　　　　) 이다.
6. 의사소통 장애는 지능은 정상이지만 (　　　　　)과 (　　　　　)의 결함으로 어려움을 겪는 것이다.

※ 다음 문제를 읽고 (　　) 안에 알맞은 번호를 쓰시오.

7. 다음 중 '지적 장애'의 교육적 지원 원칙으로 옳지 않은 것은? (　　)

① 즉각적 피드백과 강화 제공　② 개념적 · 추상적 학습은 언어로 제시
③ 반복학습 제공　④ 시각 · 촉각 자료 적극 활용

8. 다음 중 자폐스펙트럼장애의 기준에 해당하지 않는 것은? (　　)

① 사회 · 정서적 상호작용 결함　② 비언어적 의사소통 행동의 결함
③ 제한적 · 반복적 행동　④ 지능지수 50~70으로만 진단

9. ADHD 아동의 행동 특성으로 가장 적절한 것은? (　　)

① 장시간 정적인 활동 선호　② 질문이 끝나기 전에 답함
③ 지시를 항상 정확히 따름　④ 외부 자극에 거의 영향을 받지 않음

※ 다음 문제에 대해 서술하시오.

10. 장애 위험군 영유아의 조기 발견 및 지원이 중요한 이유는 무엇인가?

11. 장애아 통합교육을 위한 지원 방안을 기술해 보세요.

활동해 봅시다

활동 12-1 장애 위험군 영유아 선별 및 지원 절차에 대해 알아보세요.

활동 12-2 장애아 통합교육의 효과에 대한 자신의 생각을 이야기해 보세요.

Part IV

영유아 발달과 사회적 맥락

제 13 장

영유아 발달과 주요 문제

학습 개요

영유아기 성장 · 발달에 있어 가장 기본적인 역할을 담당하는 가족의 형태가 다양해지고 있다. 가족의 형태가 다양해지면서 영유아기의 경험도 과거와 많이 달라졌다. 정보화 시대로의 전환, 미디어 매체의 발달로 영유아기부터 매체를 활용하는 시간이 늘어나면서 그 영향에 대한 우려가 크다. 조기 사교육에 대한 사회적 분위기가 조성되면서 이에 대한 우려도 함께 일어나고 있다. 제13장에서는 영유아 발달에 직 · 간접적으로 영향을 주는 요인과 영유아 발달에 영향을 미치는 최근 이슈들을 살펴보고자 한다.

학습 목표

1. 가정환경, 부모의 역할 및 양육 태도가 영유아의 발달에 미치는 영향을 이해한다.
2. 미디어 매체가 영유아의 발달에 미치는 영향을 이해한다.
3. 조기 사교육이 영유아의 발달에 미치는 영향을 이해한다.

주요 용어

- 부모의 양육 태도, 미디어 매체, 조기 사교육

함께 생각해 봅시다

∴ 조기 영어교육은 영유아기 언어발달에 도움이 될까요? 이 외에 신문 기사, 뉴스 등을 검색하면서 영유아 발달과 관련된 최근 주요 문제(이슈)를 찾아봅시다.

1. 가족과 영유아 발달

1) 가족 유형의 변화

영유아가 건강하게 성장하기 위해서는 부모의 역할이 무엇보다 중요하다. 부모는 먹이고 입히고 재우는 기본적인 욕구 충족은 물론 자녀의 건강한 성장과 발달에 기여해야 한다. 우리 사회에는 다양한 형태의 가족이 공존하고 있다. 예전에는 결혼으로 인한 생물학적 부모가 있는 가족을 표준이라 여기고, 그 밖의 모든 다른 가족구조는 결함이 있는 것으로 보았다. 시대와 사회의 변화에 따라 가족구조에 대한 이러한 관점도 변화되고 있다(Wittmer et al., 2006). 다음에서 다양한 가족의 유형과 부모의 양육 태도가 영유아에게 미치는 영향에 대해 살펴보겠다.

(1) 이혼 가족

오늘날 이혼은 과거에 비해 빈번한 현상으로 많은 영유아가 부모의 이혼을 경험하고 있다. 부모의 이혼이 아이에게는 한 번 지나가는 사건이 아니므로 여러 가지 측면에서 적응을 필요로 한다. 이혼 전부터 부모의 갈등으로 인한 고통을 경험하게 되며 이혼 후에는 어느 한쪽 부모와 살게 되고, 여러 가지 상황의 변화로 새로운 곳으로 이사 가게 되고, 친한 친구와 멀어지거나 다니던 기관을 옮기는 등 새로운 환경에 적응해야 하는 어려움을 겪게 된다(신명희 외, 2016).

부모의 이혼은 자녀에게 다양한 영향을 미치는데, 특히 영유아기 자녀는 부모의 이혼을 이해하기 어려워 혼란스러워하거나 유아기 사고의 특성상 이혼의 원인을 자신에게 돌리면서 죄책감을 갖는 경우도 있다. 부모가 자신을 버렸다는 생각에서 상처를 받기도 한다. 부모는 자녀에게 전혀 책임이 없고 양쪽 부모의 사랑이 변함없다는 사실을 확신시켜 줘야 한다. 또한 양육하지 않는 친부나 친모, 다른 가족구성원들과도 계속 연락할 수 있도록 하는 것이 바람직하다. 한편으로, 부모의 갈등으로 인한 불안과 스트레스에서 벗어날 수 있다는 점에서 오히려 이혼은 아이의 발달에 도움이 될 수도 있다(박성연 외, 2003).

교사는 부모와 자녀의 관계를 지원함에 있어서, 이혼한 가족의 부모와 공정하게 관련을 맺고 있어야 한다. 애매하고 복잡한 감정의 상황일 수 있지만 중립을 유지하면서 엄마와 아빠 모두와의 관계를 지원할 수 있어야 한다. 또한 교사는 부모 모두가 자녀에 대한 정보를 잘 제공받을 수 있도록 하고, 필요하다면 부모와의 관계나 양육권과 관련된 상황이 자녀에게 미칠 수 있는 영향을 설명해 줄 수 있는 방법을 찾아야 한다(Wittmer et al., 2006).

(2) 한부모 가족

한부모 가족이란 이혼, 사망, 별거 등의 상황으로 부모 중 한 명이 주된 보호자 역할을 하며 자녀를 양육하는 가정을 말한다. 즉, 부모 중 한쪽이 부재하는 가족 형태를 말하며 결합 형태에 따라 아버지가 자녀를 양육하는 '부자 가족' 또는 어머니가 자녀를 양육하는 가정을 '모자 가족'으로 구체화할 수 있다. 한부모 가족의 개념에는 양부모 중 어느 한 사람이 양육에 참여하지 않는 가족이라는 의미가 있기 때문에 부모 외에 조부모나 친척 등 다른 가족이 함께 거주하더라도 한부모 가족에 해당된다(우수경, 2004).

한부모 가족은 개인의 적응부터 사회적 인식 차원에 이르기까지 어려움을 경험하게 된다. 양쪽 부모가 갖지 않는 훨씬 가중된 역할에 대한 부담을 가질 수밖에 없다. 즉, 한쪽 배우자의 부재로 인해 경제적 어려움, 가족관계, 자녀양육 및 가사노동의 어려움, 역할수행상의 혼란과 사회적 위축 등의 문제를 수반한다(박성연 외, 2003).

이러한 이유로 유아교육기관에서도 한부모 가족의 자녀에 대한 세심한 배려가 필요하다. 한부모에게서 자라는 영유아는 안전한 상황에서 양쪽 성의 성인들과의 지내는 경험을 필요로 하므로 교사가 특별히 민감할 필요가 있다. 유아교육기관의 경우, 여성 교사가 대부분이기 때문에 모자 가족의 자녀에게 남성의 경험을 제공하는 것보다, 부자 가족의 자녀에게 여성의 경험을 제공하는 것이 보다 수월할 수 있다(Wittmer et al., 2006).

(3) 재혼 가족

재혼은 이혼이나 사별로 전혼 관계가 해체된 후 또 다른 혼인 관계를 맺는 것을 의미한다. 재혼 가족은 자녀의 유무에 관계없이 최소한 한쪽 배우자가 재혼인 경우에 형성되는 가족을 의미하며 부부 가운데 부와 모 중 한쪽이 친부모이다(우수경, 2004). 재혼 가족을 이루는 이유는 다양하지만, 이혼으로 인한 재혼율이 가장 높으며 빠르게 증가하는 이혼율만큼 재혼율도 증가하는 추세이다.

재혼으로 인해 법적으로 혹은 형태적으로는 한 가족이 되었지만, 여전히 재혼 가족의 적응을 어렵게 하는 요인들이 있다. 재혼은 초혼 가족과 달리 가족 형성기에서부터 이혼 과정을 통해 겪었을 심리적 고통의 경험과 기억, 미해결된 감정 등이 남아 있는 채로 시작되며, 전혼 가족이나 한부모 가족 시기에 형성된 가족문화, 익숙해진 생활양식 등의 문제를 가지고 시작해야 하는 부담을 갖게 된다. 또한 재혼 가족은 초혼 가족에 비해 비교적 짧은 시간에 만들어지는 가족이기 때문에 기존의 익숙한 가족 내 역할구조 등 전반적인 생활영역에서 갑작스러운 재구조화가 요구된다. 특히 여성은 자녀와의 관계에 있어 되도록 빠른 시간 내에 애착관계를 형성해야 한다는 사회적 압력을 남성에 비해 더욱 심하게 느끼는 경우가 있다(박성연 외, 2003).

재혼 부모와 자녀 간의 신뢰를 구축하기 위해서 몇 가지 노력해야 할 점이 있다. 첫째, 자녀와 약속한 것은 반드시 지키도록 한다. 불가피하게 약속을 지키지 못한 경우에는 그 이유를 설명하고 사과하는 것이 좋다. 둘째, 중요한 일은 가족들과 상의해서 함께 결정하도록 한다. 셋째, 일관된 태도로 자녀를 대하되, 상황에 따라 융통성을 발휘해서 행동한다. 넷째, 상호 간의 신뢰와 유대감이 형성될 때까지 부모의 권위를 내세우거나 자녀의 행동이나 습관 등을 바꾸기 위해 재촉하지 않고 여유를 갖고 기다려 준다.

(4) 다문화 가족

다문화 가족이란 우리와 다른 민족 또는 다른 문화적 배경을 가진 사람들이 포함된 가족을 통칭하는 용어로, 한 가정 내의 인종과 문화의 차이는 물론 가치, 종교, 성, 생활양식 등 문화적 다양성의 중요성을 강조하는 개념이다. 다문화 가족에 대한 정의는 광의 개념과 협의의 개념으로 나눌 수 있다. 광의의 개념은 자국 내에 거주하는 모든 외국인 가정을 포함하며 협의의 개념은 단순히 거주하는 것이 아니라 가족 중 한 명이 국적을 취득해 구성된 가정을 의미한다(우수경, 2004).

다문화 가족은 언어와 문화의 차이, 서로 다른 가치관과 관습으로 갈등을 겪을 수 있다. 다문화 가족이 겪는 어려움은 다음과 같다. 첫째, 언어능력 부족으로 부부간 의사소통이 원활하지 못하고, 부모가 자녀에게 한국어 교육을 제대로 제공하기 어려워 자녀의 언어발달에도 영향을 미칠 수 있다. 둘째, 자녀가 겪는 어려움으로, 부모의 언어 미숙으로 발생하는 의사소통의 부족으로 언어발달이 지체될 수 있다. 또한 또래 관계 형성의 어려움과 외모 차이로 따돌림을 경험할 수 있고 이로 인한 낮은 자존감과 정체성 혼란을 겪을 수 있다. 셋째, 부모가 겪는 자녀양육의 어려움이다. 부부간의 서로 다른 언어, 문화, 교육방식의 차이로 인해 자녀양육 방식에 대한 갈등을 겪을 수 있다(박신규 외, 2015).

건강가정 다문화지원센터, 드림센터를 통해 다문화 가족을 위한 다양한 프로그램을 지원하고 있다. 또한 온라인 다문화 가족지원 포털 다누리를 통해 다문화 가정이 한국생활 적응에 필요한 정보와 다문화 관련 최신 정보를 다국어로 제공하여 지원하고 있다(양옥승 외,

2022). 다문화 가정의 자녀양육을 위한 부모 지원도 적극적으로 추진되어야 한다. 지역 육아 종합지원센터를 활용한 자녀양육 및 교육 프로그램 등을 지원하는 것도 하나의 방법이 될 수 있다. 특히 다문화 가정의 아버지를 대상으로 한 교육을 통해 아버지 양육 참여의 효과를 이해시키고 자녀양육에 적극적인 참여를 유도하는 것도 병행해야 한다.

2) 가족구성원과 영유아 발달

(1) 부모의 양육 태도

부모 역할 중 부모의 양육 태도는 영유아의 발달에 절대적인 영향을 미치는 요인이다. 바움린드(Baumrind, 1972)는 부모의 애정과 통제 정도에 따라 권위 있는 부모, 권위적인 부모, 허용적인, 부모, 방임적인 부모의 네 가지 유형으로 구분하였다. 애정은 부모가 얼마나 자녀에게 애정적이며 관심을 갖는가의 차원이다. 통제는 자녀에게 성숙한 행동을 요구하고 행동을 통제하는가의 정도를 의미한다(박찬옥 외, 2023; 신은영, 2017).

① 권위 있는 부모

애정과 통제가 높은 부모 유형을 권위 있는 부모라고 한다. 권위 있는 부모는 자녀에게 애정적이며 자녀의 결정을 존중하고 독립심을 길러 준다. 행동을 제한할 때는 그 이유를 설명하며 적절한 대안행동을 제안한다. 권위 있는 부모에게서 자란 자녀는 사회적으로 책임감이 높고, 자신감이 높고 다른 사람과 우호적인 관계를 유지하는 경향이 있다.

② 권위적인 부모

통제가 높으나 애정이 낮은 부모유형을 권위적인 부모라 한다. 자녀에게 많은 규칙을 부과하고 강요하며 복종을 기대하고 애정표현을 잘 하지 않는다. 이런 유형의 부모에게서 자란 자녀는 또래에 비해 불안하고 의사소통기술이 부족하며 대인관계를 잘 맺지 못하는 경향이 있다. 의존적이고 복종적이지만 지나치게 공격적일 때도 있다.

③ 허용적인 부모

애정은 높으나 통제가 낮은 유형의 부모이다. 자녀에게 애정과 관심을 가지고 있으나, 규칙이나 제한도 없이 자녀가 원하는 대로 방임적인 양육 태도를 보인다. 허용적인 부모에게서 자란 자녀의 특징은 부모의 사랑과 관심 속에서 자라 낯선 환경에 대한 적응을 잘하나,

타인에 대한 배려가 부족하고 자신의 행동을 통제하는 데 어려움을 겪기도 한다.

④ 방임적인 부모

애정과 통제가 둘 다 낮은 유형의 부모이다. 자녀에 대한 애정도 없고 냉담하다. 자녀에 대해 엄격하지도 않고 전반적으로 무관심하다. 이러한 유형의 부모에게서 자란 자녀는 독립심도 없고 자기통제력도 부족하다.

(2) 형제자매

형제자매는 가족 내에서 영유아의 발달에 또 다른 영향을 미치는 주요 인물이다. 형제자매의 유무, 출생순위는 성격 형성 및 발달에 영향을 미친다.

① 형제자매 유무

형제자매의 유무 및 형제관계와 영유아 발달과의 관계를 밝히는 많은 연구가 이루어졌다. 최근 출산율 저하 현상으로 과거에 비해 가정에서의 형제간 교류 경험 부족, 외동아에 대한 부모의 과보호 등의 달라진 가정환경은 영유아의 발달에도 영향을 미친다. 실제 연구에서 외동아보다 형제자매가 있는 자녀의 사회적 능력(social competence)이 높았으며(이현정 외, 2002), 외동아는 주도성, 사교성, 대인 행동 등이 낮은 것으로 나타났다(우수경, 2004). 반면, 외동아가 부모에게 관심과 정서적 지지를 많이 받으며 지신보다 성숙한 성인들과 상호작용을 많이 한 경험 때문에 인지발달이나 언어발달이 더 우수하다는 관점도 있다(이현정, 정옥분, 2025; 조성연, 2002).

② 출생순위

부모는 출생순위에 따라 자녀에 대한 기대를 다르게 하는 경향이 있다. 첫째 자녀에게는 출생 전부터 많은 기대를 하고 정성을 들여 양육하며, 지적 자극과 경제적인 지원을 많이 한다. 따라서 첫째는 성취 지향적이며 인지발달이 뛰어난 경향이 있다. 반면, 부모가 첫째에 대한 기대가 많아 애정적이기는 하나, 다소 엄격하고 과보호적인 태도를 보인다. 이로 인해, 첫째는 책임감이 강하고 다소 권위적인 경향이 있다. 둘째는 손위 형제가 있음으로써 무력감과 좌절감을 경험한다. 자신의 자리를 확보하기 위해 경쟁적이 되며 독립심이 강하며 사회성이 발달한다. 막내는 부모에게 애교를 부리면서 자신의 위치를 확보하려 한다. 독자적으로 혼자 하려기보다 가족구성원들의 지원을 받기를 원하기 때문에 다소 미성숙한 성격 특성을 보이는 경우가 있다(전정민 외, 2017).

형제자매는 부모 못지않게 가족 내에서 중요한 역할을 하며 영유아의 발달에 관여한다. 형제자매의 가장 큰 장점은 형제자매끼리 함께 놀고 지낼 수 있는 시간이 많다는 것이다. 시간을 함께 보내며 자연스럽게 사회적 행동과 기술을 배우게 되고 외로움에서 벗어날 수 있게 해 준다. 서로를 가르치고 서로에게 배울 수 있는 기회가 생긴다. 윗 형제는 동생들보다 어른스럽고 성취 지향적이며 행동으로 시범을 보이고 강화를 제공하며 동생은 모방자로서 학생의 역할을 하는 경향이 있다. 형제자매는 부모의 부재 시 돌봄과 양육을 담당한다. 형은 동생을 보호하고 동생은 형을 의지한다. 가족구성원의 수가 많을수록 윗 형제들이 보호자 역할을 하는 경향이 높아진다(조성희, 2017).

(3) 조부모

맞벌이 부부의 증가로 조부모가 손자녀를 양육하는 경우가 늘어나고 있다. 조부모와 손자녀와의 관계는 서로에게 즐거움과 편안함을 주고받는 관계이다. 오늘날 한 자녀만 있는 핵가족의 아이들은 낯가림이 심한데, 이웃이나 친척과의 접촉이 과거와 달리 빈번하지 않아 부모하고만 애착이 형성되기 때문이다. 조부모와 함께 사는 아이들은 보다 넓은 인간 관계로 인하여 애착형성이 다양하게 이루어지고 사회성도 발달한다. 영유아와 조부모와의 애착 관계는 부모와의 애착과는 다른 것으로 핵가족에서 느낄 수 있는 고립감을 완화시킨다. 조부모의 양육 참여에서 중요한 점은 조부모와 부모 간의 양육 방식의 일관성이다. 양육자 간의 일관된 양육 태도가 유지될 때, 자녀가 혼란스럽지 않고 정서적으로 건강하게 발달할 수 있다(신은영, 2017; 정옥분, 2025).

3) 영유아기 가족 지원

영유아기 가족 지원은 영유아기 자녀를 둔 가정에 제공되는 다양한 형태의 지원을 의미한다. 이는 경제적 지원, 양육 지원, 교육 및 상담 서비스 등을 포함하며, 영유아의 건강한 성장과 발달을 돕고, 부모의 양육 부담을 경감시키는 것을 목표로 한다.

(1) 경제적 지원

- 부모 급여: 영아를 키우는 가정에 매월 현금으로 지급되는 급여
- 아동 수당: 아동에게 매월 지급되는 수당

- 가정양육수당: 어린이집, 유치원 등 돌봄서비스를 이용하지 않는 경우에 지급되는 수당

(2) 양육 지원

- 영유아 건강 관리: 영유아의 발달단계별 건강 및 놀이 등을 지원
- 부모 교육: 영유아기 자녀를 둔 부모를 대상으로 양육 태도, 애착형성, 놀이지도 등 교육 및 상담 제공
- 다문화 가족 생애주기별 지원: 다문화 가족 이중 언어 환경을 고려한 언어 지원, 다문화 감수성을 고려한 교육 환경 제공, 지역사회 연계 프로그램, 다문화 가족 영유아의 또래 관계 형성 등 지원 프로그램 운영
- 발달장애 영유아 부모 교육: 영유아 발달검사, 발달장애 자녀를 둔 부모의 양육, 놀이지원, 관련 지원 정보 제공 등 역량 강화를 위한 지원

(3) 기타 지원

- 장애아 가족 양육 지원: 장애아를 양육하는 가정에 필요한 지원을 제공
- 저소득 한부모 가족 지원: 저소득 한부모 가족의 양육 환경 개선을 위한 지원을 제공
- 공공어린이재활병원 영유아 발달 정밀검사비 지원: 영유아 발달 정밀검사 비용을 지원

참고 자료

○ 한국건강가정진흥원 가족센터

– 가족지원서비스, 다문화 가족지원, 맞춤형 가족역량강화 서비스 등 제공

https://www.familynet.or.kr

4) 다양한 가족 유형과 주요 문제

다음에서는 다양한 가족 유형 중에서 다문화 가정과 관련된 주요 이슈를 중심으로 살펴보고자 한다.

발달지연 의심 다문화 가정 영유아 급증세…… '학습 격차 우려'

발달지연 의심 다문화 가정 영유아 급증세…"학습 격차 우려"
수검자의 6.3%로 1년만에 1.6배 증가…수검률은 감소

건강검진 결과 발달지연이 의심되는 다문화 가정 영유아가 최근 급증한 것으로 나타났다. 12일 국회 보건복지위원회 소속 김영주 더불어민주당 의원이 보건복지부에서 받은 자료에 따르면, 지난해 영유아 건강검진 발달선별검사에서 '심화 평가 권고' 판정을 받은 다문화 가정 영유아는 4천 678명으로 전체 다문화 가정 영유아 수검자 중 6.3%를 차지했다.

이는 2021년 2천 674명(3.9%)보다 1.6배 정도 늘어난 것이다. 내국인 가정의 경우, 같은 기간 수검자 중 심화 평가 권고율은 1.4%에서 2.4%로 1%포인트 증가했다. 반면, 재작년 7만 7천 174명이던 다문화 가정 영유아 수검자 수는 작년 7만 4천428명으로 줄었고, 수검률 역시 67.6%에서 56.2%로 낮아졌다. 심화 평가 권고는 전문적 치료 필요성 여부를 진단하기 위해 내려지며, 대상자 중 약 75%에서 발달장애가 발생할 가능성이 있는 것으로 알려져 있다. 심화 평가 권고 대상으로 선정된 다문화 가정 영유아 수는 지난 2018년 2천 명에서 해마다 늘어나는 추세다. 이 중 실제 정밀진단이 실시된 인원 또한 2018년 2천 618명에서 2022년 5천 239명으로 4년간 2배 증가했다. 김영주 의원은 "아동기의 발달지연은 취학 후 학습 격차와 부적응으로 이어질 가능성이 높다."라며 "다문화 가정 아동이 적절한 시기에 이를 발견하고 치료받을 수 있도록 영유아 건강검진 수검률을 높일 방법을 찾아야 한다."라고 지적했다.

출처: 연합뉴스. https://www.fnnews.com/news/202310120800535177

함께 이야기해 봅시다

- 다문화 가정의 영유아가 겪는 발달의 어려움은 무엇이며, 다문화 가정을 위한 지원은 무엇일까요?

2. 미디어와 영유아 발달

1) 미디어 환경의 변화

현대 사회에서 디지털 미디어 환경의 영향력은 우리가 상상할 수 없을 정도로 크고 빠르게 변화하고 있다. 즉, 컴퓨터, 인터넷, 스마트폰 등 디지털 미디어는 현대 사회의 필수적인 도구로 누구나 누릴 수 있는 사회적 인프라로 자리 잡고 있다. 이러한 변화 속에서 유아들은 아주 어린 시기부터 생활 속에서 다양한 종류의 디지털 미디어를 접하고 있으며, 이러한 디지털 미디어 환경은 유아의 삶에 많은 영향을 미치고 있다(이기숙 외, 2021). 최근 유아교육 현장에서도 디지털 미디어를 학습의 도구로 활용하고 있으며, 디지털 미디어의 부정적 측면으로부터 유아를 보호하고 방어하는 접근에서 나아가 미디어 활용능력 및 자기조절력 향상을 돕고 바람직한 윤리의식을 길러 주는 미디어 리터러시 교육의 중요성을 강조하고 있다.

하지만 유아기에 과도한 미디어 사용은 성인이나 또래와의 사회적 상호작용 감소, 인터넷 중독, 가상세계와 현실세계의 혼동, 전자파와 유해 정보에의 노출, 구체적인 경험의 부족

디지털 미디어 사용, '언제부터, 어떻게' 시작해야 하나요?

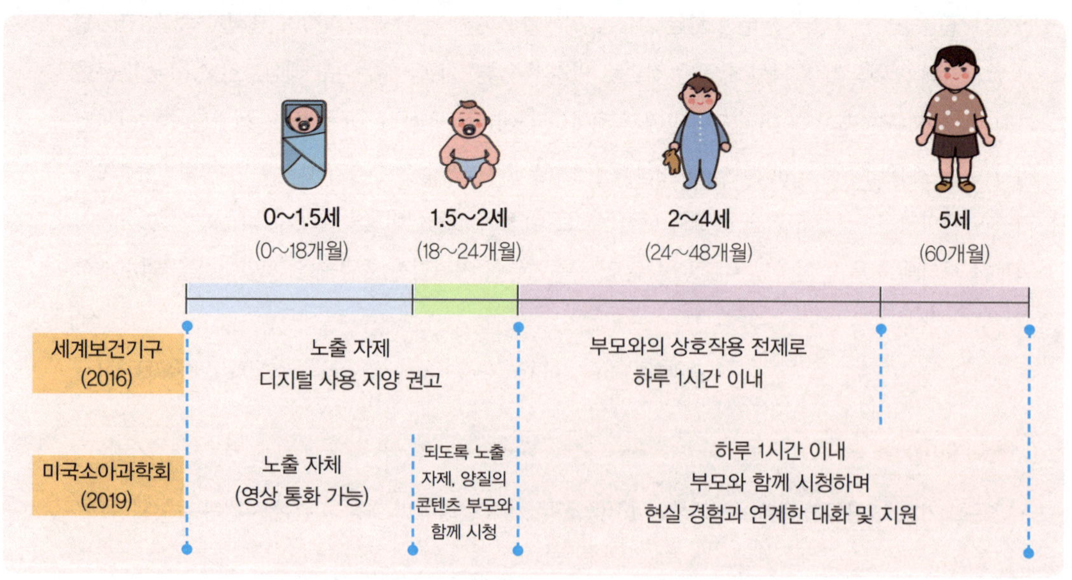

[그림 13-1] 영유아 연령에 따른 디지털 미디어 사용

출처: 교육부(2024). 우리 아이의 안전하고 건강한 디지털 생활을 위한 부모지원자료, p. 6.

등 부정적인 영향을 받을 수 있다(박소윤 외, 2019). 교육부(2024)는 디지털 미디어 및 콘텐츠에 대한 노출은 영아가 24개월이 되기 전까지는 피하는 것이 좋고, 2~5세 유아의 경우, 양방향 소통이 가능한 고품질 프로그램을 하루 1시간 이내로 하여 시간을 제한하는 것이 필요하다고 [그림 13-1]과 같이 권고하고 있다.

최근 「지능정보화 기본법」(2020)에서는 '인터넷 중독'을 '지능정보서비스 과의존'으로 용어를 변경하였고, "국가기관 및 지방자치단체는 지능정보서비스 과의존의 예방, 해소를 위하여 필요한 교육을 실시할 수 있다."라는 내용(제54조)으로 유치원 및 어린이집에서 연 1회 이상 예방 교육을 실시하고 보고하도록 하고 있다.

참고 자료

○ 인터넷 · 스마트폰 중독(과의존) 예방교육 자료
 –스마트쉼 센터: 유아용 예방교육 표준강의안 제공
 https://www.iapc.or.kr

2) 미디어가 영유아 발달에 미치는 영향

(1) 긍정적 영향

① 영유아교육기관의 교육매체로서 활용할 수 있다

영유아의 개별적인 수준이나 요구 등을 고려하여 적합한 교육 프로그램을 선정하여 보여주거나, 소그룹이나 대집단으로 관련 프로그램을 활용함으로써 효과적인 교육매체로 활용할 수 있다.

② 다양한 개념에 대한 정보를 제공하며, 상황에 맞게 해석 · 응용하는 문제해결력을 길러 준다

영유아가 놀이 활동에서 필요한 개념을 찾을 때 미디어 콘텐츠를 통해 새로운 주제와 개념에 대한 호기심과 지식을 넓히는 데 도움을 줄 수 있다. 또한 문화 프로그램 같은 미디어 콘텐츠를 통해 자신이 접하기 어려운 다양한 문화적 배경과 지식을 접할 수 있으며, 세계의 다양한 문화, 역사, 환경 등에 대해 접할 수 있다. 이는 영유아의 타인과 다른 문화에 대한 이해와 공감을 높이는 데 기여할 수 있다.

③ 사회 · 정서적 지원의 역할을 통해 영유아들의 관계 형성에 도움이 될 수 있다

긍정적인 사회적 상호작용을 보여 주는 미디어는 등장인물들이 상호작용을 하는 모습을 관찰하고 모방함으로써 사회적 기술을 배우고, 올바른 상호작용 방법을 습득하는 데 도움을 줄 수 있다.

[신체 활동 콘텐츠]

[다문화 콘텐츠]

[또래 관계 콘텐츠]

[그림 13-2] 신체 활동, 다문화, 또래 관계 콘텐츠

출처: 유튜브(딩동댕 유치원, 세계 인사송, 유튜브 · 친구와 사이좋게 지내기).

(2) 부정적 영향

① 영유아 두뇌 발달에 부정적인 영향을 끼칠 수 있다

영유아기는 뇌 발달의 중요한 시기이다. 이때 무분별한 디지털 미디어 사용 습관은 감정, 운동, 지적 기능을 하는 전두엽 기능을 저하시키고, 시각적 자극을 처리하는 후두엽만 기능이 활성화된다. 즉, 디지털 미디어는 뇌의 전체를 자극하는 것이 아닌 뇌의 일부 영역만 자극하여 좌뇌 · 우뇌 발달의 불균형을 초래한다. [그림 13-3]과 같이 정상 뇌파의 경우에는 초록색이 골고루 분포하고 있다. 붉은색에 근접할수록 뇌파의 활성도가 높아지고, 반대로 보라색에 근접하면 뇌파의 활성도는 떨어진다. 즉, 디지털 미디어에 많이 노출될 경우에는 전두엽의 뇌파 활성도가 떨어져 뇌 발달에 부정적인 영향을 미친다(양옥승 외, 2017). 또한 취침 전 디지털 미디어 화면 사용은 뇌를 자극하여 수면을 방해하고, 이는 영유아의 성장 호르몬 분비를 저해한다.

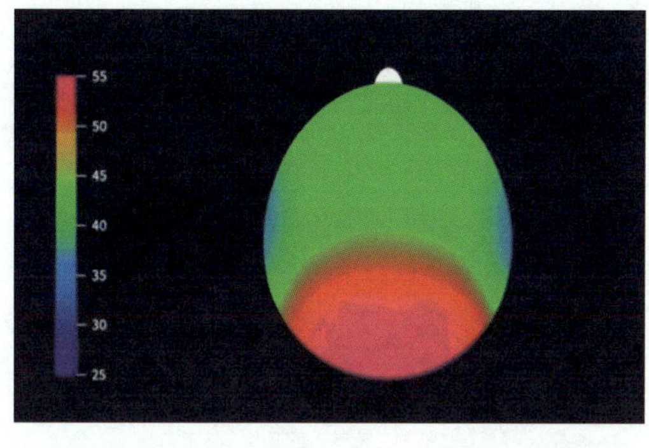

[정상 뇌파]

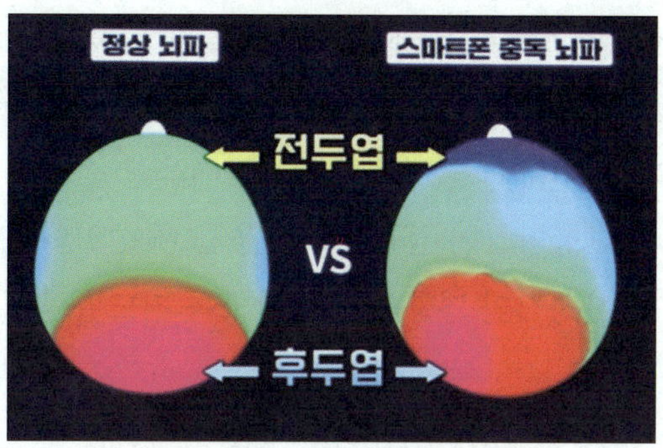

[정상 뇌파와 스마트폰 중독 뇌파의 차이]

[그림 13-3] 정상 뇌파와 스마트폰 중독 뇌파 차이

출처: tvN-미래수업. 아이들의 디지털기기 사용을 제한해야 하는 이유. 뇌 발달의 불균형을 초래한다.

② 영유아 신체 · 운동 발달에 부정적인 영향을 끼칠 수 있다

디지털 기기를 장시간 사용할 때 머리를 앞으로 숙이고 목과 어깨가 구부러지는 자세를 유지하게 될 경우, '거북목 증후군'을 유발할 수 있다. 또한 디지털 미디어를 과도하게 시청하는 영유아들은 신체 활동의 기회가 줄어들어 근육 및 운동 기술 발달, 균형 감각 발달 등에 부정적 영향을 끼칠 수 있다. 신체 활동 부족은 체중 증가나 비만과 같은 문제로 이어질 수 있다. 그 외에 가까운 거리에서 오랜 시간 화면을 응시할 때 시력이 나빠지고, 눈의 피로감도 증가시킬 수 있다.

③ 영유아 인터넷 · 스마트폰 중독을 가져올 수 있다

디지털 기기는 빠른 화면전환, 음향효과, 자극적인 내용 등으로 유아들에게 매우 강렬한 자극을 줄 수 있는 요소를 가지고 있다. 특히 인터넷을 통한 게임은 과몰입 상태를 가져올 수 있으며, 중독으로 이어질 수 있다는 점에서 가정과 기관에서 예방적인 지침과 교육이 필요하다(강정원 외, 2011).

④ 가상세계와 현실세계를 혼동할 수 있다

가상공간에서의 미디어 환경에 노출되는 시간이 많아지게 되면 유아들은 현실과 가상공간에 대한 구분이 모호해지게 된다. 유아기는 현실과 상상의 세계를 구분하지 못하는 특성을 가지고 있는데 인터넷 등 가상공간에 몰입하는 경험은 특히 이러한 구분에 혼동을 야기하게 됨으로써 건전한 사고의 발달을 저해할 수 있다.

⑤ 폭력물, 유해 정보에 노출될 수 있다

디지털 미디어는 접근의 용이성과 함께 유아들에게 부적절한 유해 정보나 폭력물, 선정적인 장면이나 내용이 무차별적으로 전달될 수 있다. 이러한 유해성 노출에 대비하기 위해서는 유아들이 컴퓨터를 사용할 때 성인이 함께 있음으로써 유해 정보로부터 유아를 보호하고 부정적인 영향을 받지 않도록 지도할 필요가 있다.

3) 영유아 미디어 사용 지원

현대 사회에서는 디지털 미디어가 영유아의 일상생활에 자연스럽게 스며들어 있으며, 다양한 측면에서 영향을 주고 있다. 영유아들이 이러한 디지털 환경에서 긍정적인 영향을 얻을 수 있도록 돕는 것은 유아교육기관과 가정에서의 중요한 과제이다. 영유아들이 디지털 미디어를 올바르게 활용할 수 있도록 돕는 지도 방안을 살펴보면 다음과 같다.

(1) 디지털 미디어의 순기능적인 요소를 활용하여 건전한 미디어 활용능력을 기른다

디지털 미디어의 가장 중요한 순기능은 다양한 정보를 손쉽게 이용할 수 있다는 것으로, 유아와 함께 유익한 정보를 검색하고 이를 실제 생활에서 적용해 보는 경험을 갖게 한다. 미디어 경험을 자신의 삶과 연결시켜 성장할 수 있도록 지도하는 것은 주어진 상황에 적절하게 지식을 활용하고 문제를 해결할 수 있는 능력을 길러 줄 수 있다는 점에서 중요하다. 또한 이러한 디지털 미디어 활동을 하게 되면서 유아들이 겪을 수 있는 가상세계와 현실세계 간 구분의 모호함을 극복할 수 있도록 도와줄 수 있다.

(2) 디지털 미디어를 바른 자세로 이용하는 습관을 가지도록 지도한다

미디어를 사용할 때 가정이나 기관에서 지켜야 할 규칙을 정하고 이를 지키도록 지도한다. 유아들이 미디어를 처음 사용할 때 각 부분의 명칭 및 기능을 알려 주고 이를 바르게 사용하는 자세와 방법을 지도한다. 또한 미디어 사용 시간을 정하고 이를 준수하도록 지도하는 것도 중요하며, 유아교육기관에서는 사용 순서 및 개별적으로 사용할 수 있는 시간 등을 규칙으로 정하고 실행하도록 한다([그림 13-4] 참조).

(3) 디지털 미디어 사용에 대한 자기통제력 및 조절능력을 갖도록 지도한다

미디어 사용에 대한 자기통제력 및 조절능력을 지도하는 것은 매우 중요하다. 디지털 미디어를 처음 접하게 되는 영유아기에 적절한 지도를 하여 미디어에 대한 과의존 및 중독 등을 예방하고, 순기능적인 요소를 활성화할 수 있어야 한다.

(4) 유아들이 디지털 미디어 및 사행성 놀잇감의 역기능과 위험성을 인식할 수 있도록 지도한다

영유아들에게 전자파 노출의 위험성에 대하여 알려 주고, 영유아들이 일상생활에서 전자파에 얼마나 노출되고 있는지에 대하여 파악하여 전자파로 인한 부정적인 영향을 최소화하도록 지도한다.

(5) 디지털 미디어에 대한 바람직한 윤리의식을 갖도록 지도한다

영유아들이 가상공간에서의 활동이 개별적인 활동에서 끝나는 것이 아니라 다른 사람과 소통하고 관계하는 도구가 된다는 것을 인식하도록 한다. 이 과정에서 타인에 대한 존중과 배려가 디지털 미디어 환경에서 중요함을 알도록 한다.

[그림 13-4] 스마트기기 사용 수칙

출처: 서울특별시, 서울특별시육아종합지원센터.

4) 영유아 미디어 사용과 주요 문제

다음에서는 영유아 미디어 사용과 관련한 주요 이슈를 중심으로 살펴보고자 한다.

Issue 2 **영유아 미디어 사용: 스마트폰, 영유아 발달 저하 가져올까?**

5세 이하 아동, 과도한 스마트폰 사용 시 '4대 발달' 저해
아이 달래려고 스마트폰 주는 것도 위험… 정서 발달 악영향

떼쓰는 아이를 달래려고 스마트폰을 주는 행위가 아이의 정서 발달에 부정적 영향을 줄 수 있다. 이는 미국 미시간 대학교 의과 및 공중보건대학 연구팀이 2022년 12월 「미국의학협회저널(Journal of the American Medical Association)」에서 발표한 연구 결과 내용이다. 연구팀은 3~5세 아동의 스마트폰 사용 패턴 및 부모의 관리 태도를 측정했다. 실험은 422명의 부모와 어린이를 대상으로 진행됐다. 실험 기간은 2018년 8월부터 2020년 1월까지 6개월간 이뤄졌다. 수집한 데이터는 스마트폰 사용 시 아동의 '집행 기능(executive functions)' 변화 분석에 이용됐고, 연구 결과 집행 기능 저하가 발생할 수 있는 것으로 확인됐다. 집행 기능은 뇌가 행동을 스스로 조절하고 제어하는 능력이다.

실험 결과, 약 8.5%의 부모는 투정을 부리거나 화가 난 아동을 진정시키기 위해 스마트폰을 사용한 것으로 나타났다. 이때 스마트폰을 받아 사용한 아동은 순간적으로 정서적 고통 완화가 일어났다. 하지만 이것이 반복될 경우, 습관화되면서 점차 고통 완화 효과가 줄어들었다. 뿐만 아니라 아동 뇌의 집행 기능도 감소하는 것으로 나타났다.

출처: 시사위크. https://www.sisaweek.com

함께 이야기해 봅시다

- 영유아기 미디어 사용은 발달에 어떤 영향을 끼칠 것이라고 생각하나요? 바람직한 지원 방안은 무엇일까요?

3. 조기 사교육과 영유아 발달

1) 영유아기 조기 사교육 실태

우리나라 영유아기 학부모들은 자녀들에게 보다 일찍 양질의 교육 경험을 제공하기 위한 관심이 매우 높은 편이며, 많은 사교육 비용은 예비 부모들에게 자녀 출산을 꺼리는 요인으로 작용하기도 한다. 아이들의 행복하고 건강한 성장과 발달을 위해 여러 국가 정책을 펴고 있으나, 일부 부모들은 공교육에 만족하지 못하고 사교육을 통해 자녀를 교육하고자 하는 분위기가 있다(육아정책연구소, 2024).

영유아기 조기 사교육 실태와 관련하여 서문희, 양미선(2013)의 연구에서 3~5세 유아 중 약 86.7%가 사교육을 받고 있었으며, 가구소득이 높을수록, 아동 연령이 높을수록, 어머니가 미취업일수록, 출생순위가 높을수록 사교육비 규모가 유의미하게 커졌다. 육아정책연구소(2024)의 연구에서는 2~5세 조사 대상의 과반수 이상(65.33%)이 사교육을 이용하였으며, 사교육의 형태는 예체능/기타 관련한 사교육(37.65%), 학습 관련 사교육(32.24%), 두 가지 모두 받는 경우(30.10%)로 나타났다. 유치원이나 어린이집, 반일제 이상 학원 이후에 사교육을 받는 비율과 숫자가 과거에 비해 꾸준히 증가하고 있으며, 참여 비율이 가장 높은 프로그램은 꾸준히 체육 관련 프로그램으로 나타났다. 또한 수학과 과학 프로그램도 지속적으로 증가하였다. 사교육 시작 연령 또한 점차 앞당겨지고 있으며, 유치원이나 어린이집, 반일제 이상 학원 이후의 사교육 비용과 반일제 학원 비용도 과거에 비해 증가하였음을 보고하고 있다.

2) 영유아기 조기 사교육이 발달에 미치는 영향

영유아기 조기 사교육이 발달에 미치는 영향에 대한 연구(박은혜, 2023)에서는 유아기 사교육 참여의 영향력은 미미하거나 부재하다고 보았다. 또한 정신건강과 정서, 뇌 발달에 부정적일 수 있다고 보고하고 있다. 특히 학업적 활동은 영향력이 없는 것으로 나타났다. 반면, 비학업 활동인 체육은 인지적 발달에 영향을 미치고, 예술 관련 교육은 사회·정서적 발달에 긍정적 영향을 미칠 수 있다고 보고하였다. 그 외에 영유아 학습 관련 사교육의 부정적 결과는 정서, 사회성, 인성, 건강, 인지, 언어 측면에서 광범위하게 나타났다(육아정책연구소,

2025). 영유아기 조기 사교육이 발달에 미치는 영향을 살펴보면 다음과 같다(우남희 외, 2005; 이숙재 외, 2020).

(1) 과도한 학습 자극은 영유아의 뇌 손상을 가져올 수 있다

영유아기는 뇌 발달의 최적기라 생각하여 이 시기에 많은 자극을 주어야 한다고 생각한다. 하지만 영유아기에 인지적 자극이 발달 수준과 상관없이 이른 시기에 과잉으로 공급되면 정신적 스트레스를 유발하고 신경세포 간의 연결망에 과부하가 걸려 뇌 손상이 올 수도 있다.

(2) 영유아를 수동적인 학습자로 만든다

영유아는 유능하고 능동적인 학습자이며, 각자의 방식으로 주변을 탐색하고 학습한다. 그러나 발달 수준에 맞지 않은 인지적 자극이 끊임없이 주입되는 상황에서는 자유롭고 개방된 마음으로 탐색과 배움을 즐기며 잠재력을 충분히 발달시키지 못한다. 또한 영유아가 감당하기 어려운 과도한 지적 자극을 강요하는 경우, 자신감을 잃거나 수행에 대한 두려움을 느끼고 공격적인 행동을 보이거나 새로운 학습에 도전하는 의욕을 상실하게 된다.

(3) 지식전달 위주의 조기 사교육은 학습에 필수적인 주의집중력 발달을 저해한다

영유아기 인지학습 중심의 조기 사교육은 일방적으로 지적 자극만을 제공하는 선행학습에 치중하는 경우가 많다. 집중 시간이 짧은 영유아의 관심을 유도하기 위해 제작된 비디오나 학습지, 카드 등 여러 매체를 경험하면서 빠르게 반응해야 하는 처리방식이 습관화되면 주의 산만한 영유아가 되기 쉽다. 몰입을 통한 진정한 배움의 즐거움을 모르고 이것저것에 관심을 보이면서 점차 집중력이 떨어질 수 있다.

3) 영유아기 조기 사교육에 관한 시사점

(1) 영유아기 놀이의 중요성에 대한 믿음과 지원이 중요하다

미래 사회의 인재는 인생의 초기부터 과도한 사교육으로 단편적 지식이나 기술을 습득하는 방식이 아니라, 주도적으로 자신의 관심사를 탐구·협력하고, 사고하며 창의적 아이디어를 시험해 보는 놀이를 통해 길러진다(박은혜, 2023). 또한 초기 사회적 기술 학습은 유아가 주도적으로 하는 놀이를 통해 가능하다. 또한 놀이를 통해 함양된 호기심과 자기주도성,

독립심과 비판적 사고력이 빛을 발하게 된다.

(2) 미래 인재로 성장하기 위해 유아에게 휴식과 자유가 필요하다

유아가 영어 학원이나 유아교육기관에서 짜인 스케줄에 맞추어 하루 중 상당 시간을 구조화된 활동들을 소비하는 것이 아닌 휴식과 자유, 놀이가 필요하다(Pellegring & Bohn, 2005). 세계적으로 관찰되고 있는 학교와 과외 활동 같은 성인 주도, 학업적 활동에의 시간 증가와 놀이 시간 감소 현상이 아동의 발달 병리 증상의 증가와 관련된다(박은혜, 2023). 영유아의 건강한 성장과 발달을 위해 휴식과 자유 시간이 주어져야 한다.

(3) 영유아기 양질의 경험을 제공하는 유아교육기관의 중요성을 인식해야 한다

유아교육기관이라는 초기 학습 환경에서 놀이를 통한 주도적이고 주체적인 경험은 현재의 유아 행복과 미래의 교육 참여, 성취와 같이 단기적 · 장기적으로 중요하게 작용한다. 영유아기는 초기 사회정서적 기술 학습을 위해 질 높은 유아교육기관의 제공이 중요하다.

(4) 영유아기 사교육의 폐해(발달 저해 및 정신건강 문제)에 대한 교육과 홍보가 필요하다

영유아기 적절한 학습 방법은 발달단계에 맞지 않는 무리한 선행학습이 아닌 놀이와 같이 이루어지는 능동적이고 암묵적 학습임을 부모나 교사에게 적극적으로 교육해야 한다.

참고 자료 **KBS 추적60분(2025. 2. 4). 7세 고시, 누구를 위한 시험인가**

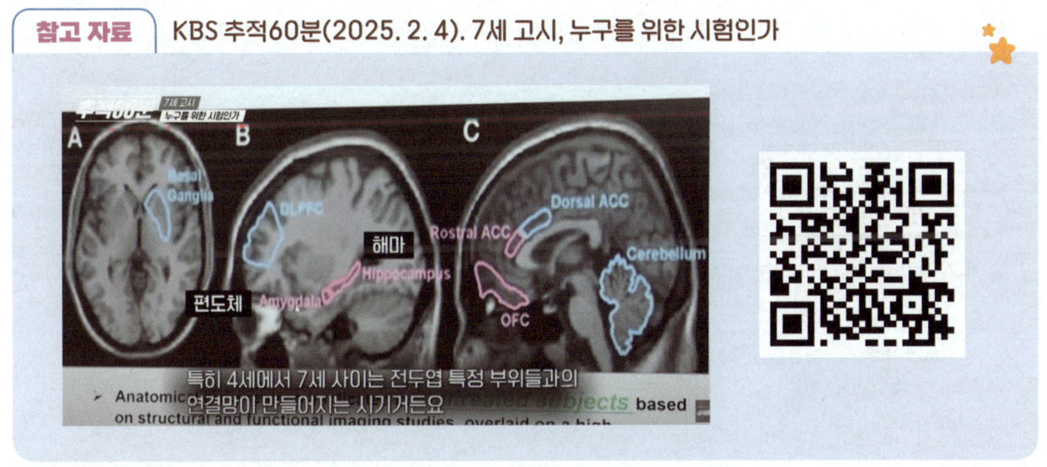

4) 영유아기 조기 사교육과 주요 문제

다음에서는 영유아기 조기 사교육과 관련한 주요 이슈를 중심으로 살펴보고자 한다.

Issue 3 **영유아기 사교육, 정말 필요할까?**

언어 · 문제해결 능력 등 향상 효과 미미, 사교육 경험 많을수록 자존감에 부정적

영유아기 사교육 경험이 아이의 언어·문제해결 능력을 비롯해 향후 학업 수행에도 긍정적 영향을 미치지 못한다는 연구 결과가 나왔다. 2024년 육아정책연구소에서 발표한 '영유아기 사교육 경험과 발달에 관한 연구'에 따르면 사교육 경험은 단기적으로 혹은 초등학교 1학년 시기의 전반적인 언어능력이나 어휘력에 영향이 없는 것으로 나타났다. 문제해결력과 집행기능(일련의 행동에 대한 인지처리 과정)과도 상관성이 없었다. 다만 예술 사교육에 참여한 아동은 예방능력이 높은 것으로 분석됐다. 사교육 경험은 성실성, 자존감, 개방성, 타인 이해 등 정서 · 행동 특성과도 상관이 없는 것으로 나타났다. 오히려 학습 사교육에 참여한 경험이 많을수록 자존감에 부정적 영향을 미치는 것으로 조사됐다. 자아존중감이나 삶의 만족도와 관련해서도 유의미한 영향은 없었고, 오히려 일부 부정적 효과가 나타났다. 장기적으로도 영유아기 사교육 경험은 학업수행능력에 효과가 없거나 미미한 것으로 나타났다. 육아정책연구소 김 연구위원은 "아동의 지능지수와 가구 소득, 부모 학력 등 다양한 변수를 통제했음에도 사교육의 독립적 효과는 미미했다."라며 "이는 사교육 효과가 과대 평가됐을 가능성과 함께 아동 발달에 사교육 외 다른 요인이 중요한 역할을 할 수 있음을 시사한다."라고 했다.

출처: 경향신문(2025. 4. 15.). https://www.khan.co.kr/article/202504150750001

함께 이야기해 봅시다

- 영유아기 조기 사교육은 영유아 발달에 어떤 영향을 끼칠까요? 조기 사교육에 대한 여러분의 생각을 이야기해 봅시다.

부록: 영유아 연령별 발달지표

* 다음의 영유아 연령별 발달지표는 육아정책연구소, 한국육아지원학회(2022), Berk(2015)를 참고하여 재구성하였고, 발달의 속도는 개인차가 있음

1) 출생~6개월

구분	출생~6개월 발달
신체	• 신장과 체중이 급격하게 증가한다. • 반사가 줄어든다. • 수면이 낮–밤 스케줄로 조직화된다. • 고개를 들 수 있으며, 뒤집고, 사물을 향해 손을 뻗는다. • 새로운 자극을 찾아내고 시간이 흐르면 친숙한 자극을 선호한다. • 촉각과 고통에 반응한다. • 사물을 입으로 탐색한다. • 기본적인 냄새와 맛을 구별하고 단맛이 나는 음식물을 좋아한다. • 사람의 얼굴 형태를 인식하고 선호한다. 엄마의 얼굴을 인식한다.
인지	• 성인의 얼굴 표정에 대한 즉각적 모방과 지연모방에 참여한다. • 즐겁고 흥미 있는 결과를 유도하는 행동 상황을 반복한다. • 주의력이 좀 더 효율성과 융통성을 갖게 된다. • 사람, 장소, 사물에 대한 재인 기억이 증가한다. • 지각적으로 유사한 자극을 범주화한다.
언어	• 쿠잉을 하고 옹알이를 한다. • 엄마의 목소리와 모국어를 듣는 것을 좋아한다. • 양육자와 공동 주의를 형성하기 시작한다. • 양육자와의 말소리 교환에 관심을 보인다.
사회 · 정서	• 사회적 미소와 웃음이 나타난다. • 면대면 상호작용에서 양육자의 감정상태와 조화를 이룬다.

2) 7~12개월

구분	7~12개월 발달
신체	• 혼자서 앉고, 기고 걷는다. • 손을 뻗고 잡는 데 있어서 유연성과 정확성이 증가한다. • 많은 청각과 시각 자극이 점점 복잡하고 의미 있는 형태로 조직된다. • 다양한 감각 간(시각, 청각, 촉각) 관계를 숙달한다. • 시각 절벽 위로 기어가는 것을 피한다.
인지	• 의도적 혹은 목표 지향적 행동에 참여한다. • 사물을 헝겊으로 덮은 후에도, 숨겨진 사물을 찾아낸다. • 사물에 행하는 성인의 행동에 대한 지연모방에 참여한다. • 사람, 장소, 사물에 대한 회상 기억이 증가한다. • 이전에 해결한 문제와 유사한 간단한 문제를 해결한다.
언어	• 언어의 흐름 속에서 친숙한 단어를 인지하고, 단어의 의미를 이해하기 시작한다. • 모국어의 소리와 운율이 반영된 옹알이를 한다. • 손바닥치기와 까꿍놀이 같은 '주고받는' 놀이에 적극적으로 참여한다. • 비언어적 몸짓(보여 주기, 가리키기)으로 의사소통한다.
사회 · 정서	• 낯선 사람에 대한 불안과 분리불안을 포함한 반응의 강도가 증가한다. • 양육자를 탐색을 위한 안전기지로 여긴다. • 자극에 접근하거나 물러섬으로써 정서를 조절한다. • 타인의 정서적 신호의 의미를 파악하고 사회적 참조를 활용한다. • 친숙한 양육자에 대한 명확한 애착을 나타낸다.

3) 13~18개월

구분	13~18개월 발달
신체	• 신장과 체중이 급격히 증가하나 생후 첫해만큼은 크지 않다. • 걸음걸이의 균형이 잡힌다. • 협응능력이 향상되어 작은 사물도 능숙하게 다룬다.
인지	• 새로운 방법으로 사물에 행위를 가하여 사물의 속성을 탐색한다. • 다양한 장소에서 숨겨진 사물(정확한 A–B 찾기)을 찾는다. • 장시간의 지연, 맥락의 변화에도 사물에 대한 성인행동(예: 가정에서 아기 돌보기)에 대한 지연모방에 참여한다.

언어	• 양육자와 함께하는 공동 주의의 정확성이 증가한다. • 첫 단어를 말한다. • 어휘력이 수백 개의 어휘로 증가한다.
사회 · 정서	• 객관적 자기가 나타난다. 거울, 사진, 영상 속의 자기상을 인지한다. • 타인의 정서적 반응이 자기 자신과 다름을 인정하기 시작한다. • 감정이입의 신호가 나타난다. • 간단한 지시에 따른다. • 상호모방의 형식으로 또래와 대응놀이를 한다.

4) 19~24개월

구분	19~24개월 발달
신체	• 점프하고, 달리고, 기어오른다.
인지	• 표상을 통하여 간단한 문제를 해결한다. • 시야를 벗어나 이동시킨 숨겨진 사물을 발견한다. • 완전하게 인식하지는 못하지만, 성인이 시도한 행동에 대한 지연모방에 참여한다. • 일상생활에서 경험한 간단한 행동을 사용하여 가장놀이에 참여한다. • 사물, 장소, 사물에 대한 회상 기억이 좀 더 증진된다. • 지속적인 주의력이 증진된다. • 실제의 상징으로서 사진이나 영상을 인식하기 시작한다.
언어	• 친숙한 단어의 정확한 발음을 인지한다. • 단어 발음을 단순화하는 체계적 전략을 사용한다. • 두 단어를 조합한다. • 어휘력이 지속적으로 증가한다.
사회 · 정서	• 정서적 어휘를 획득한다. • 정서적 자기조절을 돕기 위해 언어를 사용하기 시작한다. • 자기의식적 정서가 명확하며, 이는 성인의 관리 및 격려에 의해 좌우된다. • 양육자 부재를 더 잘 참는다. • 감정이입이 나타난다. • 자기상을 분류하기 위해 자신의 이름이나 인칭대명사를 사용한다. • 자기통제나 만족지연이 나타난다. • 성 정형화된 놀잇감 선택하기 시작한다. • 놀이친구의 행동에 영향을 미치는 말을 사용하게 된다.

5) 2세

구분	2세 발달
신체	• 신장과 체중 증가가 걸음마기 때보다 느리다. • 균형감이 향상된다. • 달리고, 점프하고, 깡충 뛰고, 던지고, 잡는다. • 몇 가지 옷을 입고 벗을 수 있다. • 숟가락을 사용한다.
인지	• 사실적 소품에 덜 의존하며, 덜 자기중심적이며, 좀 더 복잡한 가장놀이를 한다. • 사진과 그림의 상징기능을 이해한다. • 단순화되고 친숙한 상황에서 타인에 대한 조망능력을 갖게 된다. • 재인기억이 발달한다.
언어	• 어휘력이 급속히 증가한다. • 동시에 한 단어 또는 몇 개 단어를 사용하는 데 있어 문법적 규칙을 적용한다. • 세 단어 문장을 만들고, 점차적으로 문법적 형태소를 추가한다. • 대화 주고받기와 대화 유지하기에 참여한다.
사회 · 정서	• 정서를 조절하기 위해 언어를 사용하기 시작한다. • 감정이입이 증가한다. • 기본 정서에 대한 원인, 결과 및 행동적 신호를 이해한다. • 연령, 성, 신체적 특징에 기초하여 자신과 타인을 분류하기 시작한다. • 도구적 공격성을 보인다.

6) 3~4세

구분	3~4세 발달
신체	• 더 균형 있게 달리고, 점프하고, 던지고, 잡는다. • 세발자전거의 페달을 밟아서 나아가고 방향을 돌린다. • 가위를 사용한다. • 사람 그림을 그린다.

인지	• 모형의 상징기능을 이해한다. • 위계적으로 친숙한 사물을 분류한다. • 외형과 실제를 구별할 수 있다. • 사고와 행동을 억제하기 위한 지속적인 주의력과 역량이 증진된다. • 적은 수의 사물에 대한 수 세기를 하고 기수를 이해한다.
언어	• 발음이 크게 향상된다. • 완전히 숙달하지 못한 단어를 대신하는 신조어를 만든다. • 문법적 형식을 광범위한 단어에 일반화시킨다. • 듣는 사람의 관점과 사회적 기대에 맞게 이야기를 조정한다. • 불분명한 메시지를 명확히 하기 위해 다른 사람에게 질문한다.
사회 · 정서	• 자기의식적 정서가 자기평가에 연결된다. • 언어가 향상됨에 따라 정서조절을 위한 적극적 전략을 사용한다. • 언어가 발달함에 따라 더 깊은 감정이입을 하게 된다. • 사회적 관습과 개인적 문제로부터 도덕적 규칙을 구별한다. • 신체적 공격성이 감소하고 언어적 공격성이 증가한다. • 협동놀이가 증가하고 특히 사회적 놀이가 증가한다. • 또래 관계를 형성한다.

7) 5~6세

구분	5~6세 발달
신체	• 신체가 날씬해지고 다리는 길어져 성인의 신체와 유사한 비율이 된다. • 정확한 깡충뛰기와 걸음걸이를 한다. • 던지고 잡는 방식이 능숙해진다. • 더 자연스럽게 달리고 속도가 빨라진다. • 신발 끈을 묶을 줄 안다. • 더 복잡한 그림을 그리고 이름과 단어를 쓴다.
인지	• 가장과 표상적 행동의 사고과정에 대한 인식이 증가하게 된다. • 재인, 회상, 스크립트 기억, 자서전적 기억이 증가된다. • 지식이 확장되고 좀 더 조직화된다. • 글자와 소리가 체계적인 방식으로 연결됨을 이해한다. • 간단한 더하기와 빼기에 참여하여 올림 수 세기와 내림 수 세기를 한다.

언어	• 어휘 수가 10,000단어까지 증가한다. • 복잡한 문법적 구조의 습득이 지속적으로 이루어진다.
사회 · 정서	• 감정이입을 나타내기 위해 언어에 더욱 의존한다. • 타인의 정서적 반응을 해석 · 예측하고, 이에 영향을 미치는 능력이 향상된다. • 사회적 문제해결을 더 잘하게 된다. • 도덕적으로 적절한 여러 가지 규칙과 행동을 획득해 간다. • 동성의 놀이친구에 대한 선호성이 강화된다. • 성 정형화된 신념과 행동이 지속적으로 증가한다. • 성 항상성을 이해한다.

학습내용 확인 답안

제1장 영유아 발달의 이해

1.	×	7.	학습
2.	○	8.	④
3.	×	9.	④
4.	영아기	10.	19~24p 참조
5.	속도	11.	24~26p 참조
6.	질적		

제2장 영유아 발달 이론 Ⅰ

1.	게젤	7.	④
2.	에릭슨	8.	②
3.	×	9.	②
4.	×	10.	②
5.	○	11.	46p 참조
6.	○	12.	47p 참조

제3장 영유아 발달 이론 Ⅱ

1.	비계설정	7.	①
2.	애착	8.	①
3.	미시체계	9.	②
4.	○	10.	54~55p 참조
5.	×	11.	57~58p 참조
6.	×		

제4장 태내 발달과 출산, 신생아

1.	×	7.	③
2.	×	8.	②
3.	×	9.	72p 참조
4.	개구기, 출산기, 후산기	10.	74~75p 참조
5.	배아기		
6.	④		

제5장 영유아 신체 · 운동 발달과 교육

1.	○	7.	①
2.	○	8.	③
3.	○	9.	②
4.	대근육, 소근육	10.	96p 참조
5.	12개월	11.	108~109p 참조
6.	전두엽, 후두엽, 측두엽, 두정엽		

6장 영유아 인지발달과 교육

1.	○	7.	④
2.	×	8.	①
3.	○	9.	③
4.	대상영속성	10.	③
5.	물활론적 사고	11.	127~128p 참조
6.	조망수용	12.	118p 참조

제7장 영유아 언어발달과 교육

1.	○	7.	②
2.	×	8.	②
3.	×	9.	①
4.	촘스키	10.	①
5.	언어습득장치	11.	140p 참조
6.	과잉일반화	12.	148p 참조

제8장 영유아 정서발달과 교육

1.	○	7.	느린
2.	○	8.	②
3.	×	9.	③
4.	안정, 회피, 저항, 혼란	10.	①
5.	까다로운	11.	167~168p 참조
6.	순한	12.	163p 참조

제9장 영유아 사회성 발달과 교육

1. ×
2. ○
3. ○
4. 성역할
5. 친사회적 행동
6. 성 항상성
7. ④
8. ①
9. ①
10. 188~190p 참조
11. 182~183p 참조

제10장 영유아 지능, 창의성 발달과 교육

1. ×
2. ○
3. ×
4. 창의적 지능
5. 동기적 요소
6. 브레인스토밍
7. ③
8. ③
9. ②
10. ②
11. 212p 참조
12. 217p 참조

제11장 영유아 발달과 놀이

1. ×
2. ○
3. ×
4. 병행놀이
5. 상징놀이
6. ③
7. ③
8. ②
9. 228~229p 참조
10. 238p 참조

제12장 영유아 발달장애와 교육

1. ○
2. ×
3. ×
4. 70
5. 부주의, 충동성, 과잉행동
6. 말, 언어
7. ②
8. ④
9. ②
10. 256p 참조
11. 255p 참조

참고문헌

강경석, 박연희(2008). 부모의 양성평등의식이 유아의 성역할 고정관념에 미치는 영향. **아동교육, 17**(1), 41-54.

강나라, 정기섭, 홍성호, 강혜원(2024). 그림책 읽기를 통한 유아의 언어발달 변화연구. **학습자중심교과교육연구, 24**(16), 627-643.

강도희, 장경은(2024). 어머니의 거부민감성이 유아의 불안에 미치는 영향: 어머니-자녀 애착의 조절효과. **유아교육연구, 44**(1), 91-116.

강민정, 강수경, 배소연, 정미라(2024). **영유아 건강교육**. 서울: 양서원.

강문희, 김승경(1998). 영아-어머니간 애착유형과 어머니의 민감성간의 관계 연구. **아동연구, 3**, 7-14.

강정원, 장수진, 김승옥(2011). 유아의 인터넷 게임중독 경향성에 미치는 유아와 가족변인의 영향. **어린이미디어연구, 10**(3), 205-224.

과학창의재단(2010). **배려와 나눔을 실천하는 창의인재육성을 위한 창의 · 인성교육 총론적 고찰**. 과학창의재단.

곽노의, 김경철, 김유미, 박대근(2007). **영유아발달**. 서울: 양서원.

교육부, 경기도교육청(2024). **우리 아이의 안전하고 건강한 디지털 생활을 위한 부모지원 자료**. 세종: 교육부.

교육부, 보건복지부(2019). **2019개정 누리과정 놀이이해자료**. 세종: 교육부, 보건복지부.

교육부(2025). **2024개정 표준보육과정 2세 실행자료**. 세종: 교육부.

교육부(2025). **2024개정 표준보육과정(0~2세) 모든 영아를 위한 지원 자료**. 세종: 교육부.

교육과학기술부(2011). **유치원 기본과정 내실화를 위한 창의성교육 프로그램**. 서울: 교육과학기술부.

구효진, 이진경, 임완정(2014). 통합교육 경험이 비장애 유아의 자기효능감 및 자존감에 미치는 영향. **유아특수교육연구, 14**(3), 391-411.

국립특수교육원 편(2009). **특수교육학 용어사전**. 서울: 하우.

권민균, 권희경, 문혁준, 성미영, 신유림, 안선희, 안효진, 이경옥, 천희영, 한유미, 한유진, 황혜신(2005). **아동발달**. 서울: 창지사.

권정윤, 정미라, 박수경, 이방실(2012). 영아의 정서조절능력 관련 변인 탐색. **유아교육연구, 32**(4),

427-444.

김경철, 김은혜, 정혜승(2024). **영유아발달**. 경기:공동체.

김미영(2017). **영유아발달**. 경기: 정민사.

김순환, 김교령, 박선혜, 손수연, 오지영, 유선영, 장민영, 전우용, 조해연(2023). **유아언어교육**. 경기: 파워북.

김은경(2021). 영유아교사와 어머니의 성인지 감수성이 영유아의 성역할 고정관념에 미치는 영향. 군산대학교대학원 석사학위논문.

김이영, 오성숙, 이시진, 이우언, 김정은, 한현지, 홍성희(2023). **영유아 발달**. 파주: 양성원.

김정원, 남규, 최성진, 최소린(2021). **유아사회교육**. 서울: 창지사.

김향자, 연미희, 이현옥(2017). **영유아 발달과 교육**. 경기: 공동체.

김현호, 김기철, 오선영, 정윤희, 최용득(2017). **영유아발달**. 경기: 정민사.

김혜금, 송영주, 임양미, 김현자, 김진숙, 박진옥(2013). **유아사회교육**. 서울: 학지사.

김희진(2020). **영유아교육기관에서의 행동지도: 주도적으로 판단하고 조절하는 힘 기르기**. 서울: 파란마음.

대한산부인과학회(2012). **산부인과학 지침과 개요(제3판)**. 서울: 군자출판사.

문현숙(2000). 사회극화놀이 활동이 유아의 사회적 능력 발달에 미치는 영향. **한국유아교육연구, 3**, 32-61.

박신규, 이성희(2015). 다문화가족의 영유아 양육환경과 발달상태에 관한 연구. **열린유아교육연구, 20**(1), 159-187.

박성연, 김상희, 김지선, 박응임, 전춘애, 임희수(2003). **부모교육**. 서울: 교육과학사.

박소윤, 김은정(2019). 영유아기 자녀의 미디어 활용 게임 이용 실태와 과몰입에 대한 부모의 인식. **학습자중심교과교육연구, 19**(15), 559-578. http://dx.doi.org/10.22251/jlcci.2019.19.15.559

박은혜(2023). **유아교사론(6판)**. 서울: 창지사.

박은혜(2023). 조기 사교육이 유아에게 미치는 영향 분석 및 대응과제. 유아 사교육에 대한 우리의 책무는 무엇인가? 2023 유아교육포럼. 육아정책연구소.

박찬옥, 정남미, 임경애 공저(2004). **유아놀이지도**. 서울: 학문사.

박찬옥, 황소영, 나혜선(2011). 유아의 언어, 인지, 사회정서 발달과 문제해결력의 관계. **유아교육학논집, 15**(1), 117-140.

박찬옥, 곽현주, 서동미, 이예숙(2023). **영유아발달**. 파주: 양성원.

보건복지부(2020). **제4차 어린이집 표준보육과정 해설서**. 보건복지부.

보건복지부, 육아정책연구소(2013). **영유아 문제행동지도를 위한 어린이집 보육교사 지침서 1**. 보건복지부.

송은영, 이경민(2014). 유치원에서의 따돌림 실태와 교사의 인식. **미래유아교육학회지, 21**(3), 289-315.

송현종, 이순자, 박상희, 박영미, 이미나, 윤은경(2017). 영유아발달. 서울: 학지사.

신명희, 강소연, 김은경, 김정민, 노원경, 서은희, 송수지, 원영실, 임호용(2016). 유아발달. 서울: 학지사.

신명희, 서은희, 송수지, 김은경, 원영실, 노원경, 김정민, 강소연, 임호영(2024). 발달심리학(제3판). 서울: 학지사.

신은수, 김은정, 유영의, 박현정, 백경순(2011). 놀이와 유아교육. 서울: 학지사.

신은영(2017). 영유아발달. 서울: 동문사.

심경화, 임양미, 박은영(2019), 그림책을 활용한 활동이 유아의 언어발달에 미치는 효과에 대한 메타분석. 한국보육지원학회지, 15(4), 115-134.

양옥승, 조유나, 신은미, 이옥주, 손복영, 이은정, 동풀잎, 양유진(2022). 유아교육개론. 경기: 정민사.

양옥승, 김정림, 양유진(2017). 뇌과학 관점에서 본 영유아의 자기조절 발달. 열린부모교육연구, 9(2), 135-155.

우남희, 백혜정, 김현신(2005). 조기 사교육이 유아의 인지적, 정서적, 사회적 발달에 미치는 영향. 유아교육연구, 25(1), 5-24.

우수경(2004). 가정 환경이 유아의 정서능력에 미치는 영향. 유아교육연구, 24(4), 75-95.

유한나, 강경미(2021). 학교폭력에 대한 유치원 교사의 생각. 교육과학연구, 52(4), 1-26.

유효순, 원혜경, 김정희, 문명희(2016). 영유아발달. 서울: 창지사.

육아정책연구소(2023). 2023 유아교육포럼: 유아 사교육에 대한 우리의 책무는 무엇인가? 교육부, 전국시 · 도교육청, 육아정책연구소.

육아정책연구소, 한국육아지원학회(2022). 위험군 영유아 지도를 위한 교사안내자료. 아이의 발달속도에 맞춘 러닝메이트. 서울: 육아정책연구소.

육아정책연구소, 한국육아지원학회(2023). 위험군 영유아 지도를 위한 부모안내자료. 아이의 발달속도에 맞춘 러닝메이트. 서울: 육아정책연구소.

이경우(2001). 개정 총제적 언어: 문학적 접근을 중심으로. 서울: 창지사.

이경화, 이미남(2007). 그룹게임 활용 언어프로그램이 유아의 언어표현력 및 창의성 향상에 미치는 효과. 교육심리연구, 21(4), 781-797.

이기숙, 장영희, 정미라, 엄정애(2021). 유아교육개론 제4판. 경기: 양서원.

이기숙, 심성경, 손순복, 김영아, 조해연, 김민정, 서지아(2023). 영유아발달. 경기: 양서원.

이동은, 임해진(2020). 유아의 정서능력에 대한 인지능력, 언어능력, 자아존중감의 영향. 인지발달중재학회지, 11(2), 1-19.

이명순, 곽승주, 전영희(2014). 영아발달. 경기: 정민사.

이사라, 이주연, 박민선, 송승민, 박선영(2013). 영아발달. 경기: 파워북.

이소현, 박은혜(2001). 장애유아 통합유치원교육과정. 서울: 학지사.

이숙재, 이봉선(1999). 영유아의 발달과 교육. 서울: 창지사.

이숙재, 김경란, 이방실, 강보라(2020). 영유아발달과 교육(제3판). 서울: 창지사.

이연규, 전선옥, 이문정, 김정원(2024). 영유아발달과 교육. 경기: 공동체.

이영, 이정희, 김온기, 이미란, 조성연, 이정림, 유영미, 이재선, 신혜원, 나종혜, 김수연, 정지나(2017). 영유아발달. 서울: 학지사.

이영자(2009). 유아언어발달과 지도. 서울: 양서원.

이영자, 이종숙(1985). 비지시적 지도방법에 의한 유아의 읽기와 쓰기 행동의 발달. 덕성여대논문집, 14, 367-402.

이영자, 이종숙(1990). 유아의 문어 발달과 구어 문어 구별 능력 발달에 대한 질적 분석 연구. 유아교육연구, 10(1), 41-66.

이용남, 강만철, 김계현, 방선욱, 송인섭, 이신동, 이재신, 최진승(1999). 신교육학 심리학. 서울: 학지사.

이정연, 김수영(2020). 2019 개정누리과정에 근거한 자유놀이가 유아의 창의성 및 사회성 발달에 미치는 효과. 상담심리교육복지, 7(4), 241-261.

이지혜, 성소영(2011). 상호작용적 그림책 읽기 활동이 영아의 언어발달과 교사의 언어 태도 변화에 미치는 영향. 어린이미디어연구, 10(1), 113-140.

이항재, 한복연(2000). 총체적 언어 접근 활동이 유아의 문해 능력 신장에 미치는 효과. 미래유아교육학회지, 7(2), 27-56.

이현정, 조성연(2002). 형제, 자매관계에 따른 아동의 사회적 능력. 아동학회지, 23(2), 139-148.

이현림, 김영숙(2016). 새롭게 보는 인간 발달과 교육. 서울: 교육과학사.

이효영(2006). 아버지, 어머니의 성역할 인식과 유아의 성역할 고정관념과의 관계. 성신여자대학교 대학원 석사학위논문.

임근민, 이병인, 배성현(2022). 장애아통합어린이집 유아특수교사와 특수교육 관련서비스 전문가 간 협력적 팀 접근 경험 및 인식: IEP운영을 중심으로. 유아교육 · 보육복지연구, 26(2), 59-90. http://dx.doi.org/10.22590/ecee.2022.26.2.59

임규혁(1996). 교육심리학. 서울: 학지사.

전경원(2006). 유아의 창의성 발달과 계발. 창의성 교육연구, 6(2), 33-46.

전경원, 김경숙(2014). 누리과정이 반영된 유아 창의성 교육. 경기: 정민사.

전선옥(2019). 행복한 가족을 위한 예비 부모교육. 서울: 창지사.

전정민, 진경희, 강순미, 이찬숙, 공수연(2017). 영유아발달. 서울: 학지사.

정옥분(2015). 영아발달. 서울: 학지사.

정옥분(2016). 유아발달. 서울: 학지사.

정옥분(2025). 영유아발달의 이해(4판). 서울: 학지사.

조복희(2006). 아동발달(개정판). 서울: 교육과학사.

조성희(2017). 영유아발달. 경기: 정민사.

조순옥, 이경화, 배인자, 이정숙, 김정원, 민혜영(2013). **개정 유아사회교육**. 서울: 창지사.

조혜진, 김난실(2007). 영아의 사회인지적 놀이행동과 환경 변인과의 관계-놀잇감과 교사 상호작용을 중심으로, **유아교육연구**, 27(1), 199-219

지옥정, 김수영, 정정희, 고미애, 조혜진(2021). **유아교육개론**(5판). 서울: 창지사.

지성애(1994). **유아놀이지도**. 서울: 정민사.

질병관리본부(2017). **2017 소아청소년 성장도표**. 충북: 보건복지부, 질병관리본부.

최경숙(2006). **아동발달심리학**. 경기: 교문사.

최은아, 송하나(2013). 유아의 인지적 실행기능 및 정서적 실행기능과 자기조절 간의 관계: 만 3~5세 유아의 발달 차이를 중심으로. **아동학회지**, 34(5), 99-114.

최현정, 이금구, 우혜진(2020). **2019개정누리과정에 기초한 사회교육**(2판). 서울: 학지사.

EBS아기성장보고서제작팀(2009). **아기성장보고서**. 서울: 예담.

Adler, S. A., Gerhardsten, P., & Rovee-Collier, C.(1998). Levels-of-Processing Effects in Infant Memory?, *Chlid Development, 69*(2), 280-294.

Ainsworth, M. (1983). Patterns of infant-mother attachment as related to maternal care: Their early history and their contribution to continuity. In D. Magnusson & V. L. Allen (Eds.), *Human Development*. New York: Academic Press.

Ainsworth, M. D. S., & Eichberg, C. G. (1991). *Effects on infant-mother attachment of mother's unresolved loss of an attachment figure, or other traumatic experience. In C. M. Parkes, J. Stevenson-Hinde, & P. Marris (Eds.), Attachment Accross the Life Cycle (pp. 160-183).* Tavistock: Poutledge.

Amabile, T. M.(2010). *Creativity in Context*. Colorado: Westview Press, Inc. **심리학의 눈으로 본 창조의 조건**, (고빛샘 역). 서울: 21세기북스. (원저 1996년 출판).

Bandura, A.(1976). *Social learning theory*. Englewood Cliffs, NJ: Prentice-Hall, Inc.

Bandura, A. (1986). *Social foundations of thought and action: A social cognitive theory*. Upper Saddle River, NJ: Prentice-Hall.

Bandura, A. (1989). Social cognition theory. In R. Vasta (Ed.), *Annuals of child development* (Vol. 6. pp. 1-60). Greenwich, CT: JAI Press.

Bandura, A. (1997). *Self-efficacy: The exercise of control*. NY: W. H. Freeman.

Baumeister, R. F., Campbell, J. D., Krueger, J. I., & Vohs, K. D. (2003). Does high self-esteem cause better performance, interpersonal success, happiness or healthier lifestyles? *Psychological Science in the Public Interest, 4*(1), 1-44.

Bem S. L., & Lewis, S. A. (1975) Sex Role Adaptability: One Consequence of Psychological

Androgyny. *Journal of Personality and Special Psychology*, 31, 634-643.

Bem, S. L.(1985). Androgyny and gender schema theory: A conceptual and empirical investigation. In T. B. Sonderegger(Ed.), *Nebraska Symposium on Motivation, 1984: Psychology and gender*. Lincoln: University of Nebraska Press.

Berk, L. E.(2015). **아동발달**[*Child Development* (9th Ed.)]. (이종숙, 신은수, 안선희, 이경옥 공역). 서울: 시그마프레스. (원저 2013년 출판).

Bowlby, J.(1969). *Attachment and loss. Vol. I : Attachment*. New York: Basic Books.

Bowlby, J.(1988). *A secure base: Clinical applications of attachment theory*. London: Routledge.

Bronfenbrenner, U.(1979). *The ecology of human development*. Cambridge, MA: Harvard University Press.

Bronfenbrenner, U. (1992). **인간발달생태학**(*The ecology of human development: Experiments by nature and design)*. (이영 역). 서울: 교육과학사. (원저 1979년 출판).

Bronfenbrenner, U. (1995). The bioecological model from a life course perspective. In P. Moen, G. H. Elder, & K. Luscher (Eds.), *Examining lives in context*. Washington, DC: American Psychological Association.

Brown, J. D. (1998). The Self. New York: McGraw Hill.

Bredekamp, S., & Copple, C. (1997). Developmentally Appropriate Practice in Early Childhood Programs (Revised Edition). Washington, DC: NAEYC.

Bodorva, E. & Leong, D. J. (1998). **정신의 도구: 비고츠키 유아교육**. (김억환, 박은혜 역). 이화여자대학교 출판부. (원저 1996년 출판).

Clay, M. M.(1975). *What did I write?* Auckland, New Zealand: Heinemann Educational Books.

Chess, S. , & Thomas, A.(1986). *Temperament in clinical practice*. New York: Guilford.

Charlesworth, R.(1998). Developmentally appropriate practice is for everyone. *Childhood Education, 74*(5), 274-282.

Crain, W. C.(1983). **발달의 이론**. (서봉연 역). 서울: 중앙적성출판사. (원저 1963년 출판).

Chomsky, N.(1994). *Language and thought*. Wakefield: Moyer Bell.

Csikszentmihalyi, M. (1999). Finding Flow; Brockman, Inc. (이희재 역). **몰입의 즐거움**. 서울: 해냄. (원저 1997년 출판).

Copple, C., & Bredekamp, S.(2009). *Developmentally appropriate practice in early childhood programs: Serving children from birth through age 8*. Washington, DC: NAEYC.

Coopersmith, S. (1967). *The antecedents of self-esteem*. San Francisco: W. H. Freeman and Company.

Campbell, C., Hansen, D. J., & Nangle, D. W. (2010). Social skills and psychological adjustment.

In D. W. Nangle, D. J. Hansen, C. A. Erdley, & P. J. Norton (Eds.), (pp. 51-67). New York: Springer Publishing Company.

Dunn, L, Kontos, Su. (1997). What Have We Learned about Developmentally Appropriate Practice? Research in Review. *Young Children, 52*(5), pp. 4-13.

Eggen, P. D., & Kauchak, D. (2011). **교육심리학: 교육 실제를 보는 창**[*Educational psychology: Windows on Classroom* (8th ed.)]. (김정섭, 김종백, 도승이, 김지현, 서영석 역). 학지사. (원저 2009년 출판)

Erikson, E. H.(1963). *Childhood and society* (2nd ed.). New York: W. W. Norton.

Feldman, R. S. (2016). *Child Development* (7th ed.). Boston: Pearson.

Flavell, J. H., Miller, P. H., & Miller, S. A. (2003). 인지발달 [*Cognitive Development* (4th ed.)]. (정명숙 역). 시그마프레스. (원저 2001년 출판)

Frey, K. S., & Ruble, D. N. (1990). Strategies for comparative evaluation: Maintaining a sense of competence across the life span. In R. J. Sternberg & J. Kolligian, (Eds.), Competence Considered(167~189). New Haven, CT: Yale University Press.

Gestwicki, C. (1999). *Developmentally appropriate practice: curriculum and development in early education*(2nd ed.). NY: Delmar Publishers.

Gardner, H. (2007). **다중지능**. (문용린, 유경재 역). 서울: 웅진지식하우스. (원저 2004년 출판).

Gesell, A., Ilg, F. L., & Ames, L. B.(1974). *Infant and child in the Culture of Today: The Guidance of Development in home and Nursery School* (Rev. ed.). New York: Harper & Row.

Gibson, E. J. & Walk, R. D.(1960). The "visual cliff". *Scientific American, 202,* 64-71.

Ginsburg, H. P. & Opper, S. (2015). **피아제의 인지발달이론** [*Piaget's Theory of Intellectual Development (3rd ed.)*]. (김정민 역). 학지사. (원저 1988년 출판)

Harter, S. (2006). The self. In N. Eisenberg, W. Damon & R. M. Lerner (Eds.), Handbook of Child Psychology (pp. 505-570). Hoboken, NJ: John Wiley & Sons.

Hoffman, M. L. (1971). Identification and conscience development. *Child Development, 42,* 1071-1082.

Hoffman, M. L. (1984). Interation of affect and cognition in empathy. In C. Izard, J. Kagan, & R. Zajonc (Eds.), *Emotion, cognition, and behavior* (pp. 103-131). NY: Cambridge University Press.

Jalongo, M. R.(2000). *Early childhood language arts.* Boston: Allyn and Bacon.

Kail, R. (1997). Phonological skill and articulation time independently contribute to the development of memory span. *Journal of Experimental Child Psychology*, 67(1), 57-68. https://doi.org/10.1006/jecp.1997.2393

Kostelnik, M. J., Whiren, A. P., Soderman, A. K., & Gregory, K. M. (2009). **영유아의 사회정서발달과 교육**. (박경자, 김송이, 권연희, 김지현 역) 서울: 교문사. (원저 2002년 출판).

Leary, M. R., & McDonald, G. (2003). Individual differences in self-esteem: A review and theoretical integration. In M. R. Leary & J. P. Tangney (Eds.), *Handbook of Self and Identity* (pp. 401-418). New York: Guilford.

Leary, M. R., Tambor, E. S., Terdal, S. K., & Downs, D. L. (1995). Self-esteem as an interpersonal monitor: The sociometer hypothesis. *Journal of Personality and Social Psychology*, 68, 518-530.

Muzi, M.J.(2000). *Child development*. NJ: Prentice-Hall.

Pederson, D. R., Moran, G., Sitko, C., Campbell, K., Ghesquire, K., & Acton, H. (1990). Maternal sensitivity and the security of infant-mother attachment: a Q-sort study. *Child Development, 61*, 1974-1983.

Pellegrini, A. d., & Bohn, C. M.(2005). The role of recess in children's cognitive performance and school adjustment. *Educational Researcher, 34*(1), 13-19.

Piaget, J.(1954). *The construcation of reality in the child*. NY: Basic.

Piaget. J.(1985). **아동의 언어와 사고**. (송명자, 이순형 공역). 서울: 중앙적성출판사. (원저 1932년 출판).

Santrock, W. J.(2005). *A topical approach to life-span development*. New York: McGraw-Hill.

Salovey, P., & Mayer, J. D. (1997). What is emotional intellegence. In P. Salovey and D.J. Sluyter(Eds). *Emotional development and emotional intelligence: Educational impication*. New York: Basic Books.

Shaffer, D. R.(1999). *Developmental psychology: Childhood and adolescence* (5th ed.). Brooks/Cole.

Sigelman, C. K., & Shaffer, D. R.(1995). *Life span human development*. Pacific Grove, CA: Brooks/Cole Publishing Co.

Smilansky, S.(1968). *The effects of sociodramatic play on disadvantaged preschool children*. New York: Wiley.

Stenberg, R. J., & Lubart, T. I. (1995). Defying the crowd. New York: The Free Press.

Torrance, E.P. (2005). **토랜스의 창의성과 교육: 왜 높이 날려 하는가**. (이종연 역). 서울: 학지사. (원저 1995년 출판).

Vygotsky, L. S.(1962). *Thought and language*. Cambridge, MA: MIT Press.

Witttmer, D., & Petersen, S. (2011). **영아발달과 반응적 교육**. (이승연, 김은영, 강재희, 문혜련, 이성희 공역). 서울: 학지사. (원저 2006년 출판).

경향신문(2025.4.15.). 영유아기 사교육, 정말 필요할까? https://www.khan.co.kr/article/202504150750001

국민건강보험(2025). https://www.nhis.or.kr/nhis/healthin/retrieveDevlSlctnIsptUseTermInq.do

대한소아청소년과학회(2025. 8.). https://www.pediatrics.or.kr/bbs/index.html?code=infantcare&category=A&gubun=E&page=1&number=8810&mode=view&keyfield=&key=.

서울대학교병원 의학정보(2025. 8.). https://www.snuh.org/health/nMedInfo/nView.do?medid=AA000618

시사위크(2023. 12. 26.). 스마트폰, 유아동 발달 저하 가져온다? https://www.sisaweek.com/news/articleView.html?idxno=210708

여성가족부. 좋은 부모, 행복한 아이. http://www.mogef.go.kr/kps/pec/kps_pec_s001.do?mid=mda777&cd=kps

질병관리청 국가건강정보포털(2025). https://health.kdca.go.kr/healthinfo/

파이낸셜뉴스(2023. 10. 12.). 발달지연 의심 다문화가정 영유아 급증세. 학습격차 우려. https://www.fnnews.com/news/202310120800535177

tvN-미래수업. 아이들의 디지털기기 사용을 제한해야 하는 이유. 뇌발달의 불균형을 초래한다. https://www.youtube.com/watch?v=jb94wUSmuiE

KBS 추적60분(2025. 2. 4). 7세 고시, 누구를 위한 시험인가. https://www.youtube.com/watch?v=DysyxTqFlnY&t=36s

찾아보기

저자 소개

이진희(Lee Jin-hee)

이화여자대학교 교육대학원 유아교육전공(교육학 석사)

전남대학교 대학원 유아교육학과(교육학 박사)

현 제주국제대학교 복지상담학부(아동학전공) 교수

임진형(Lim Jin-hyung)

이화여자대학교 대학원 유아교육학과(문학 석사)

이화여자대학교 대학원 유아교육학과(문학 박사)

현 제주한라대학교 유아교육과 교수

영유아 발달과 교육

Early Childhood Development and Education

2025년 12월 20일 1판 1쇄 인쇄
2025년 12월 30일 1판 1쇄 발행

지은이 • 이진희 · 임진형
펴낸이 • 김진환
펴낸곳 • ㈜학지사
04031 서울특별시 마포구 양화로 15길 20 마인드월드빌딩
대표전화 • 02-330-5114 팩스 • 02-324-2345
등록번호 • 제313-2006-000265호

홈페이지 • http://www.hakjisa.co.kr
인스타그램 • https://www.instagram.com/hakjisabook

ISBN 978-89-997-3577-6 93370

정가 23,000원

저자와의 협약으로 인지는 생략합니다.
파본은 구입처에서 교환해 드립니다.